TRAINING LATEIN

Maria Krichbaumer

Übersetzung im 1. Lektürejahr
Cäsar und Nepos

STARK

Text- und Bildnachweis

Umschlag: Der römische Aquädukt in der spanischen Stadt Segovia,
http://upload.wikimedia.org/wikipedia/commons/4/4e/AcueductoSegovia_edit1.jpg.
Foto: Manuel González Olaechea y Franco, veröffentlicht unter der GNU-Lizenz für freie Dokumentation, Version 1.2 oder später, bearbeitet von Diego pmc und Citypeek

S. 10: © akg-images, Erich Lessing
S. 16: Museum, Olympia
S. 20: Louvre, Paris
S. 26: © Lotos-Film G. Thiem, Kaufbeuren
S. 29, 32, 35, 40, 46, 73: © Prof. Dr. German Hafner
S. 48 f.: erstellt auf der Basis von: Wolfgang Schoedel, Übersetzungstipps für lateinische Texte, in: Grammatische Lego-Bausteine, in: AU 4+5/2003 (Jg. XLVI), S. 61– 66, hier S. 64, mit freundlicher Genehmigung von W. Schoedel.
S. 54: Kästchenmethode: vgl. Maier, Friedrich, Die Version aus dem Lateinischen, 2. Aufl. Bamberg 1990, S. 197 f.
S. 65: bpk
S. 70: © Erwin Böhm, Mainz
S. 81: Syrakus, Museo Regionale
S. 85: © G. DAGLI ORTI, Paris

ISBN 978-3-89449-653-1

www.stark-verlag.de
1. Auflage 2004

Inhalt

Autorin: Maria Krichbaumer

Vorwort

Liebe Schülerin, lieber Schüler,

du kommst bei der Cäsar- oder Neposlektüre mit dem Übersetzen nicht klar und schreibst zudem bald eine Klassenarbeit bzw. eine Schulaufgabe?

Mithilfe dieses Trainingsbandes kannst du die wichtigsten **grammatikalischen Besonderheiten** gründlich einüben und lernen, **im Übersetzen lateinischer Texte sicher** und selbstständig zu werden, sodass du schließlich ohne Angst an eine Klassenarbeit gehen kannst:

- Zu allen häufigeren grammatikalischen Phänomenen, beginnend mit reinen Formenübungen zu den Verben und den Nomina bis hin zu AcI, Ablativus absolutus, nd-Formen und indirekter Rede, bietet dir dieser Band neben **hilfreichen Tipps zu ihrer Übersetzung** zahlreiche **Übungsbeispiele** an, die in aller Regel original aus Cäsar bzw. Nepos genommen und evtl. lediglich gekürzt sind. Im Lösungsteil findest du (außer bei reinen Einzelformen) auch immer die jeweilige Stelle angegeben, sodass du sie notfalls auch noch einmal im Originaltext nachschlagen kannst, wenn du ihren Kontext noch genauer erfassen willst.

- Du kannst dir die Kapitel zu den Grammatikphänomenen herausgreifen, in denen du dich besonders unsicher fühlst, den Band ganz durcharbeiten oder auch nur aus jedem Kapitel einige Beispiele üben, damit du „rundum" sicher wirst.

- In Kapitel 11 findest du eine ausführliche Anleitung zum **systematischen Vorgehen beim Übersetzen** zusammenhängender Texte. Diese Vorgehensweise kannst du gründlich an den **Übersetzungstexten** im 12. Kapitel üben. Die Texte sind jeweils **in Länge, Schwierigkeitsgrad** und Grad der **Selbstständigkeit**, mit der du eine Aufgabe bewältigen sollst, **ansteigend** geordnet. Die Cäsartexte stammen weitgehend aus dem *Bellum Gallicum,* doch sind „zur Sicherheit" auch zwei aus dem *Bellum civile* aufgenommen, da deine Lehrkraft evtl. auch hierauf zurückgreift; die Nepostexte stammen aus verschiedenen Viten des Werkes *De viris illustribus.*

- Dringend sei dir empfohlen, dich an vielen, nach Möglichkeit (der Reihenfolge im Buch nach) allen Texten zu dem von dir gewählten Autor zu üben, denn nur so wirst du wirklich selbstständig und sicher. Anfangs werden dir sehr viele Hilfen gegeben, später sollst du auf diese aber nur noch zurückgreifen, wenn du sie dringend brauchst. Doch auch wenn du erst einen späteren Text herausgreifst, stehen dir ausreichende Erklärungen im Lösungsteil zur Verfügung.

- Nimm dir für einen **Übersetzungstext** so viel **Zeit**, wie du sie in einer Klassenarbeit hättest. Die Faustregel lautet:
  (Anzahl der lateinischen Wörter) : 2 = (Zeit in Minuten).
  D. h. bei einem Text mit 100 Wörtern hast du etwa 50 Minuten Zeit zur Übersetzung. Natürlich arbeitest du anfangs lieber gründlich als genau auf diese Zeit bezogen. Doch wenn die Klassenarbeit bevorsteht, solltest du dich auch bezüglich der Zeit kontrollieren, damit dir der Zeitdruck nicht plötzlich Probleme bereitet.

- Den **autorenspezifischen Wortschatz** solltest du sicher beherrschen. Deine Lehrkraft hat dir bestimmt einen gängigen Cäsarwortschatz bzw. eine Wortschatzliste zu Nepos ausgehändigt. Wörter, die im üblichen Wortschatz der Sprachjahre und im Autorenwortschatz aufgelistet sind, werden bei den Übungen vorausgesetzt.

Und nun **viel Erfolg** und, wenn dieser sich einstellt, auch **viel Spaß!**

Maria Krichbaumer

Maria Krichbaumer

1 Verbformen

Um Verbformen korrekt übersetzen zu können, muss man sie erst einmal **bestimmen** können, d. h. exakt Bescheid wissen, um welche Person, welchen Numerus, welchen Modus, welches Tempus und welches Genus verbi (d. h. Aktiv oder Passiv) es sich handelt.
Wenn du in den Verbformen unsicher bist, wiederhole zunächst einmal die **Konjugationen** und präge dir die verschiedenen **Tempus- und Moduszeichen** wieder gut ein.

Wie geht man beim Übersetzen von Verbformen vor?

Wenn du beim Übersetzen von Verbformen noch nicht ganz sicher bist, solltest du grundsätzlich in Gedanken oder auf deinem Blatt in folgenden drei Schritten vorgehen:

1. Schritt

Überlege zunächst, von welchem **Verb (Infinitiv)** die Verbform abgeleitet ist.

2. Schritt

Bestimme die Form dann nach **Person, Numerus, Modus, Tempus, Genus verbi**.
Achte dabei auch auf **„besondere“ Formen** wie Imperative, Infinitive, Partizipien u. Ä. und gegebenenfalls auf mehrere Lösungsmöglichkeiten.
Lege dir zum Üben auf deinem Blatt, das du quer nimmst, am besten eine Tabelle mit folgenden (breiten) Spalten an.

Verbform	Verb (Inf.)	Pers./ Num.	Modus	Tempus	Genus verbi	‚besondere‘ Form?	Übersetzung

3. Schritt

Übersetze dann die Verbform ins Deutsche.
Wenn dir ein Verb unbekannt ist, so überlege, ob es sich um ein Kompositum von einem dir bekannten Verb handelt. Die Übersetzung erschließt sich dir mithilfe des Präfixes:

a(b)-	weg-, ab-	*per-*	(hin)durch-, ans Ziel*
ad-	da-, (da)bei-, (her)an-, hin-	*prae-*	vor-, voran-
ante-	vor-, voran-	*pro-*	vor-, für (meist etwas umformuliert)
co(n)-	zusammen-*	*re-*	wieder-, zurück-
de-	weg-, herab-	*se-*	weg-, auseinander
di(s)-	weg-, auseinander	*sub-*	unter-, (unmittelbar) nach-, auf (sich)
e(x)-	(her)aus-	*super-*	übrig-/über-
in-	hinein-, ein-	*tra(ns)-*	(hin)über-
ob-	(ent)gegen-		

* Die Präfixe *co(n)-* und *per-* bedeuten manchmal auch nur eine Verstärkung der Bedeutung des verbum simplex.

1.1 Verbformentraining zu Cäsar

In diesem Kapitel kannst du an Verben, die bei Cäsar häufig vorkommen, trainieren, Formen sicher zu bestimmen und zu übersetzen.

Übung 1 Bestimme und übersetze die Formen:

1. praefecerat
2. consuevimus
3. proficiscitur
4. occiderunt
5. occisus est
6. iunxisse
7. traicitur
8. convenire
9. pugnans
10. insequantur
11. arbitratus
12. faciant
13. posset
14. fungebatur
15. accessum est
16. cecidisset
17. prohibitus erat
18. intellexissent
19. noverant
20. premi
21. consistant
22. verebatur
23. misisse
24. ferebant
25. utantur
26. acceperint
27. prohibeantur
28. committit
29. conferri
30. praestate
31. dilectos esse
32. differunt
33. cognitum est
34. vidit

Übung 2 Bestimme und übersetze:

1. remanetis
2. persuaderemus
3. relinquor
4. tribuent
5. ne veriti sitis
6. inferemus
7. videri
8. expugnentur
9. conspiciatur
10. confecti essemus
11. defendite
12. dimisissem
13. disposuistis
14. instruerentur
15. occurrimus
16. ostendens
17. obsidebant
18. sequimini
19. restiteritis
20. tradatur
21. sustulisses
22. transeamus
23. credidi
24. consulatis
25. contendite
26. deerit

27. dedi
28. hiemabimus
29. expellam
30. nascuntur

Übung 3 Bestimme und übersetze:

1. tulit
2. intellegebat
3. minuimus
4. egerunt
5. deterreret
6. obtineo
7. ne prohibueritis
8. progressi eramus
9. reppulerunt
10. datur
11. subsequemur
12. remansisses
13. complent
14. cogi
15. coacti
16. adoriantur
17. dediderunt
18. conaberis
19. moraremini
20. perspexi
21. perspice
22. perspici
23. persuasi sumus
24. pepulerant
25. repperi
26. restitistis
27. collatum sit
28. egrediantur
29. commiseram
30. texerunt
31. ascendite
32. miserabantur
33. comprehensi sint
34. interclusi essent
35. intermittens
36. providete
37. poteritis
38. arbitrabantur
39. recipiar
40. vincet
41. vulnerati sumus
42. coniungantur
43. allatum erat
44. abdunt
45. circumventi sunt
46. deiciet
47. effecisse
48. dividant
49. constabat
50. delecti estis

Übung 4 In dieser Übung findest du leicht verwechselbare Verbformen. Übersetze sie:

1. animadvertitis
2. animadvertistis
3. arcessatis
4. ascendatis
5. cecidi (2)
6. caedi
7. caede
8. cede
9. cessi
10. concessi (2)
11. coniecit
12. consedit

13. confecit
14. confert
15. contendit (2)
16. consulat
17. consistat
18. convenerunt
19. converterunt
20. deficient
21. deficiant
22. dedant
23. deducant
24. defendant
25. discederent
26. disponerent
27. diriperent
28. dimitterent
29. dimicarent
30. educuntur
31. efferuntur
32. efficiuntur
33. egrediuntur
34. impedires
35. imperares
36. impetrares
37. incitares
38. incenderes
39. incolimus
40. intulimus
41. inimus
42. iniimus
43. instituimus (2)
44. instruimus
45. interclusus est
46. interfectus est
47. intermissus est
48. iussi (2)
49. moratus
50. motus
51. nacti sunt
52. nati sunt
53. occiderint (4!)
54. acciderint (2)
55. ostenderint (2)
56. ostendantur
57. oriantur
58. patere (2)
59. perferent
60. perferrent
61. perficient
62. praeficient
63. praesint
64. praestant
65. proficisceris (2)
66. progrederis
67. progredieris
68. progrediaris
69. proponas
70. provideas
71. prohibeas
72. prospicias
73. quaeruntur
74. queruntur
75. quaesiti sunt
76. questi sunt
77. remisi
78. remissi
79. remansi
80. restiti
81. reverti (2)
82. retinui
83. succedens
84. subsequens
85. sustinens
86. tradidistis
87. transitis
88. transistis
89. tribuistis
90. timuistis

1.2 Verbformentraining zu Nepos

Auch bei der Neposlektüre ist die richtige Auflösung der Prädikate wichtig, um einen Satz überhaupt von Grund auf aufbauen zu können. Die folgenden Übungen bieten Formen von Verben, die sich bei Nepos häufig finden.

Übung 5 Bestimme und übersetze die Formen. Gehe dabei vor wie am Anfang des Kapitels empfohlen:

1. redegit
2. ausi sunt
3. effici
4. obstitit
5. completa sunt
6. eduxerunt
7. tradam
8. factum est
9. respiciens
10. coegit
11. fregit
12. proficisci
13. egredere
14. interierunt
15. nolo
16. suscepit
17. instans
18. miserant
19. confugi
20. cupiens
21. sumpsisse
22. prodidit
23. expulsus erat
24. gavisus
25. colloquatur
26. volueris
27. dilexerat
28. cecidit
29. pulsus
30. consecutus est

Übung 6 Bestimme und übersetze:

1. dedisse
2. imposuit
3. anteponi
4. tuebantur
5. consumebat
6. defensa est
7. potitus
8. texit
9. arbitratus est
10. suscipi
11. reditum est
12. contraxerat
13. voluissent
14. maneamus
15. desine
16. pollicitus est
17. transfixit
18. paritur
19. animadvertisse
20. gessit
21. ignosco
22. valuit
23. fallis
24. falleris
25. admiratus est
26. fungens

27. redde
28. cognoscit
29. neglegebat
30. pollicetur
31. adiit
32. posueris
33. efficiebat
34. concidit

Übung 7 Bestimme und übersetze. Da die Formen in dieser Übung schwieriger sind, steht in Klammern, ob eine Form doppel- oder gar mehrdeutig ist.

1. apparebit
2. colloquamini
3. ascenderemus
4. delevisti
5. proderimus
6. statueretur
7. repellemur
8. viverem
9. confligebatur
10. dissolveris (4)
11. fore
12. inquam
13. persuasi essetis
14. contendimus (2)
15. antecedentes
16. admiremini
17. admiraremini
18. steteras
19. sumpsissem
20. prodieris (2)
21. ordiar (2)
22. inicietur
23. mori
24. dimicatum erat

Übung 8 Übersetze:

1. cepisti
2. affectus est
3. adiunxistis
4. faverem
5. peregimus
6. conspiciaris
7. uterer
8. fusi sumus
9. praefueram
10. praedictum est
11. sustulimus
12. persequi
13. institueretur
14. extuleritis
15. invadent
16. obstitissem
17. genuerat
18. relinquor
19. exprimite
20. compellimur
21. auxerim
22. intellexisse
23. offendi
24. contemnebant

2 Kasusformen

Wiederhole, wenn du in den Kasusformen unsicher bist, zunächst gründlich alle Deklinationen in deiner Grammatik.

Wie geht man beim Übersetzen von Kasusformen vor?

Wenn du beim Übersetzen von Kasusformen noch nicht ganz sicher bist, solltest du grundsätzlich in folgenden drei Schritten vorgehen:

1. Schritt
Überlege zunächst, von welchem **Substantiv, Adjektiv oder Pronomen** die Kasusform abgeleitet ist.

2. Schritt
- Bestimme **Kasus und Numerus** genau, ehe du die Form übersetzt!
- Achte auch darauf, dass eine Form gelegentlich **mehrdeutig** sein kann!
- Steht eine Präposition vor der Form bzw. Wendung, so berücksichtige, dass der Kasus, den die Präposition nach sich zieht, im Lateinischen oft ein anderer als im Deutschen ist.

3. Schritt
Übersetze dann die Kasusform ins Deutsche.

2.1 Kasustraining zu Cäsar

Die folgenden Übungen bieten Formen von Nomina, die in Cäsars *Bellum Gallicum* vorkommen.

Übung 9 Bestimme und übersetze die folgenden Formen:

1. legionum
2. quietis
3. nuntios
4. turri
5. misericordiam
6. opera
7. imperii
8. per fines
9. cursu
10. in silvam
11. hostem
12. pellibus
13. aquae
14. montibus
15. omnia
16. sibi
17. in continentem
18. impetu
19. timori
20. potestatem
21. apud Caesarem
22. auxilii
23. ad exercitum
24. initium
25. civitati
26. cum eo

27. clamor
28. quos
29. intra munitiones
30. hostium
31. illi
32. in servitutem
33. in his
34. partes

Übung 10 Die folgenden Substantive haben Genitivattribute, Adjektive oder verschiedene Pronomina bei sich. Übersetze die Wendungen:

1. castra nostra
2. in locum iniquum
3. eodem tempore
4. magno multitudine armorum
5. amplissimo genere
6. tridui spatium
7 adventu Caesaris
8. reliquas civitates
9. complures dies
10. in partes duas
11. principes Galliae
12. hora undecima diei
13. ea de causa
14. praefectus equitum
15. graviori bello
16. legionis nonae et decimae milites
17. in sinistra parte
18. summum iugum montis
19. more et exemplo populi Romani
20. cum legione duodecima et parte equitatus
21. magno cum periculo
22. duo genera hominum
23. servorum loco
24. magno dolore
25. calamitate ceterorum
26. nocte una
27. ex senatus consulto
28. magno fletu
29. crudelitatem Ariovisti
    Ariovistus, -i, m.: Ariovist (König der Sueben)
30. in eadem tristitia
31. magnis itineribus
32. clementia Caesaris
33. quibus rebus
    (am Anfang eines neuen Satzes)
34. incendiis aedificiorum
35. in eius amicitiam
36. situm castrorum
37. a compluribus Galliae civitatibus
38. in communi concilio
39. omnium consensu
40. tempore anni (*hier:* durch ...)
41. harum rerum copiam
42. voluntate sua
43. cum reliquis Belgis
    Belgae, -arum, m.: die Belger (*vgl. B. G. I 1*)
44. complures equitum turmas
45. in citeriore Gallia

2.2 Kasustraining zu Nepos

Bei allen Formen bzw. Wendungen der folgenden Übungen zur Kasusbestimmung handelt es sich um Originalbeispiele aus *De viris illustribus.*

Beachte dabei folgende Besonderheit in Nepostexten: Im **Akkusativ Plural** steht häufig der Ausgang *-is* statt *-es* (vgl. auch Kapitel 12.3).

Übung 11 Bestimme und übersetze die folgenden Substantiv- und Pronominalformen. Gehe dabei vor wie am Kapitelanfang empfohlen:

1. vitiis
2. legatos
3. barbaris
4. senatum
5. damnationis
6. diem
7. litteris
8. omnium
9. in itinere
10. vitam
11. in navis (= naves)
12. haec
13. huic
14. vim
15. virtuti
16. bella
17. ex acie
18. munitiones
19. consilio
20. propter odium
21. in custodiam
22. exercitibus
23. sine dubio
24. prudentia

Übung 12 Die folgenden Substantive haben Genitivattribute, Adjektive oder verschiedene Pronomina bei sich. Übersetze die Wendungen:

1. tali modo
2. propter aetatem
3. in omnibus urbibus
4. magnus homo
5. ante oculos suorum civium
6. virtute sui exercitus
7. regia potestate
8. talem virum
9. ex omnibus
10. procul ab eo loco
11. in eadem epistula
12. classe communi
13. post id proelium
14. barbarorum praesidia
15. ex iis regionibus
16. omnes civitates Graeciae
17. aequalis Themistocli
18. post hominum memoriam
19. magnis muneribus
20. de huius morte
21. apud plerosque
22. aetate proximus
23. plurima mala
24. filiam eius parvulam

25. unius viri prudentia
26. adversarios eius
27. et mari et terra
28. cum publica pecunia
29. rem familiarem
30. consuetudinem civium suorum
31. summa virtus
32. firmitati corporis
33. huius post mortem
34. eo tempore
35. in intimam familiaritatem
36. neque magnas copias neque firmas
37. nullas insidias
38. plura animi bona
39. uno hoc volumine
    volumen, -minis, n. = *liber, libri*, m.
40. vitam excellentium virorum complurium
41. duos collegas
42. vir fortis ac strenuus
    strenuus, -a, -um: tatkräftig, entschlossen, regsam
43. Armeniorum decem milia
    Armenii, -orum, m.: die Armenier
44. cum delecta manu
45. post obitum eius
    obitus, -us, m. = *mors*
46. propter aquae inopiam
47. tertiam partem itineris
48. ad ipsorum luxuriam
49. bini reges
50. adversus Rhodiorum classem
    Rhodii, -orum, m.: die Rhodier (Bewohner v. Rhodos)

Ähnlich wird man sich wohl ein griechisches Kriegsschiff vorstellen müssen.
Griechische Terrakotta, 4. Jh. v. Chr.

3 AcI und NcI

Wiederhole zunächst in der Grammatik die Kapitel zum AcI bzw. NcI.

Wie geht man beim Übersetzen von AcI-/NcI-Konstruktionen vor?

1. Schritt:
Mache dir (anhand des Genus verbi des einleitenden Verbums) klar, ob AcI oder NcI vorliegt.

2. Schritt
Achte besonders auf das zeitliche Verhältnis zwischen dem Verbum, von dem der AcI/NcI abhängt und der AcI/NcI-Handlung: Ist sie gleichzeitig (Inf. Präs.), vorzeitig (Inf. Perfekt) oder nachzeitig (Inf. Futur)?

3. Schritt
- Übersetze mindestens den **AcI** zunächst wörtlich mit einem „dass-Satz" („Sie sahen, dass er kam."); ggf. kannst du dann freier werden („Sie sahen ihn kommen.")
- Den **NcI** kannst du oft sofort freier übersetzen („Er soll siebzig Jahre alt geworden sein.").

Beachte:
- Das Hilfsverb *esse* kann im AcI und NcI oft entfallen.
- Cäsar verwendet statt *se* häufig *sese*.

Verben und Wendungen, denen der AcI folgt

Häufig begegnen dir bei Cäsar und Nepos AcI-Konstruktionen nach folgenden Verben und Wendungen:

Verba dicendi:

certiorem facere	benachrichtigen	*docere*	unterrichten, klar machen
certior fieri	benachrichtigt werden	*iubere*	befehlen
contendere	*hier:* behaupten	*nuntiare*	melden
dicere	sagen		

Verba sentiendi:

animadvertere	wahrnehmen, (be)merken	*existimare*	glauben, meinen
arbitrari	glauben, meinen	*intellegere*	einsehen, erkennen
audire	hören	*iudicare*	meinen
cognoscere	erkennen, erfahren	*putare*	glauben, meinen
comperire	erfahren, ermitteln	*reri* (meist im Perf.)	glauben, meinen
confidere	vertrauen darauf/ festes Zutrauen haben	*ratus* (PPP von *reri*)	in der Meinung
		scire	wissen
credere	glauben	*videre*	sehen

Weitere Verben:

velle	wollen
constat (unpersönl.)	es steht fest, ist bekannt

Verben und Wendungen, denen der NcI folgt

Der NcI steht vorzugsweise nach folgenden Verba dicendi und sentiendi:

traditur / fertur	es wird (man) überliefert, dass er / sie / es …
traduntur / feruntur	es wird (man) überliefert, dass sie (Pl.) …
dicitur	man sagt, dass er / sie / es …; er / sie / es soll …
dicuntur	man sagt, dass sie (Pl.) …; sie sollen …
putatur / existimatur	man glaubt von ihm / ihr, dass er / sie / es …
putantur / existimantur	man glaubt von ihnen, dass sie (Pl.) …
videtur	er / sie / es scheint …
videntur	sie scheinen …

Häufig folgt der NcI auch auf Passivformen von folgenden Verben der Willensäußerung:

*vetor**	man verbietet mir / mir wird verboten, … zu (tun) / dass ich …; ich darf nicht …
*iubeor**	man befiehlt mir, … zu (tun) / dass ich … ; mir wird befohlen, … zu (tun) / dass ich …; ich muss / soll …
*cogor**	man zwingt mich, … zu (tun) / dass ich …; ich muss …

* Hier ist als Beispiel immer 1. Pers. Sg. gewählt. Natürlich sind auch alle anderen Personen möglich.

In den folgenden Übungen kannst du den Umgang mit dem AcI und dem NcI an Sätzen aus Cäsar (3.1 und 3.2) und Nepos (3.3 und 3.4) gründlich trainieren. Es handelt sich zum Teil noch nicht um ganze Sätze, sondern nur um einzelne Wendungen oder um Ausschnitte aus längeren Satzperioden.

3.1 Sätze mit AcI bei Cäsar

Übung 13 Unterstreiche in jedem Satz das Verb (V), das den AcI einleitet, doppelt. Markiere den Akkusativ (Akk.) und den Infinitiv (Inf.) des AcI. Übersetze dann:

1. Cognoscit non longe ex eo loco oppidum abesse.
2. Eum castris se tenere Caesar intellexit.
3. Reverti se in suas sedes regionesque simulaverunt.
4. Eos perterritos senserunt.
5. Dimicandum non existimabat.
6. … arbitratus id bellum celeriter confici posse …
7. Certior fiebat omnes Belgas contra populum Romanum coniurare.
   Belgae, -arum, m.: die Belger (Volksstamm)
8. Hi omnes nuntiaverunt manus cogi et exercitum in unum locum conduci.
9. Caesar sese eos in fidem recepturum et conservaturum dixit.

Gallien zur Zeit Cäsars

10. (Caesar) certior factus est omnes eas civitates in dicionem potestatemque populi Romani redactas esse.
dicio, -onis, f.: Macht, Gewalt

11. Romanos pulsos superatosque castris impedimentisque eorum hostes potitos civitati renuntiaverunt.

12. Conclamant omnes occasionem negotii bene gerendi amittendam non esse.
Übersetze *amittere* hier wie *omittere*.

13. Galba nihil de bello timendum existimaverat.
Galba, -ae, m.: Galba (Legat Cäsars); *de* hier: bezüglich, hinsichtlich

14. Cotta se ad armatum hostem iturum negat.
Cotta, -ae, m.: (Aurunculeius) Cotta (Legat Cäsars)

Übung 14 Unterstreiche in jedem Satz das Verb (V), das den AcI einleitet, doppelt. Markiere den Akkusativ (Akk.) und den Infinitiv (Inf.) des AcI. Übersetze dann:

1. ... cum intellegeret omnes fere Gallos novis rebus studere et ad bellum mobiliter celeriterque excitari, ...
   mobilis, -e: hier: leicht
2. ... cum Sosiates superioribus victoriis freti in sua virtute totius Aquitaniae salutem positam putarent ...
   Sosiates, -ium, m.: die Sosiaten (mächtigste aquitanische Völkerschaft)
   Aquitania, -ae, f.: Aquitanien (der kleinste Teil Galliens)
   fretus, -a, -um = confisus, -a, -um
3. Sed (Rhenum) navibus transire neque satis tutum esse arbitrabatur neque suae neque populi Romani dignitatis esse statuebat.
4. Hanc adepti victoriam in perpetuum se fore victores confidebant.
5. Labienus docet omnes peditatus equitatusque copias Treverorum tria milia passuum longe ab suis castris consedisse.
   Labienus, -i, m.: T. (Atius) Labienus (der bedeutendste Legat Cäsars)
   Treveri, -orum, m.: die Treverer (großes Volk an der unteren Mosel)
6. Exspectare vero, dum hostium copiae augerentur equitatusque reverterentur, summae dementiae esse iudicabat.
   dementia, -ae, f.: Dummheit, Torheit, Verrücktheit
7. Supplicia eorum, qui in furto aut in latrocinio sint comprehensi, gratiora dis immortalibus esse arbitrantur.
   latrocinium, -ii, n.: Raub
8. Caesar ubi intellexit frustra tantum laborem sumi neque hostium fugam reprimi neque iis noceri posse, statuit exspectandam classem.
9. Suos liberos palam ad se adire non patiuntur filiumque puerili aetate in publico in conspectu patris adsistere turpe ducunt.
   puerilis, -e: Adjektiv zu *puer*
   in conspectu: hier wie *iuxta*
10. Illi etsi propter multitudinem et veterem belli gloriam paucitatemque nostrorum se tuto dimicaturos existimabant, tamen tutius esse arbitrabantur obsessis viis commeatu intercluso sine vulnere victoria potiri.
    paucitas, -atis, f.: Substantiv zu *pauci*
11. Cognoverat enim magnam partem exercitus ab iis praedandi frumentandique causa ad Ambivaritos trans Mosam missam; hos exspectari equites atque eius rei causa moram interponi arbitrabatur.
    praedari: Beute machen
    frumentari: Getreide holen
    Ambivare(i)ti, -orum, m.: die Ambivare(i)ter (gallischer Stamm)
    Mosa, -ae, f.: die Maas

3.2 Sätze mit NcI bei Cäsar

Übung 15 Unterstreiche in jedem Satz das Verb (V), das den NcI einleitet, doppelt. Markiere den Nominativ (Nom.) und den Infinitiv (Inf.) des NcI. Dann übersetze:

1. Huic mandat, ut Germanos, qui auxilio a Gallis arcessiti dicebantur, prohibeat.
2. Amissis circiter XL navibus reliquae refici posse magno negotio videbantur.
   negotium hier im Sinn von *opera* gebraucht.
3. Hoc (*erg.* latus) milia passuum octingenta in longitudinem esse existimatur.
4. Id mihi duabus de causis instituisse videntur.
5. Duces ii deliguntur, qui summam scientiam rei militaris habere existimabantur.

3.3 Sätze mit AcI bei Nepos

Übung 16 Unterstreiche in jedem Satz das Verb (V), das den AcI einleitet, doppelt. Markiere den Akkusativ (Akk.) und den Infinitiv (Inf.) des AcI. Übersetze dann:

1. Scio plerosque ita scripsisse Themistoclen Xerxe regnante in Asiam transisse.
   Themistocles, -is, m.: Eigenname eines bedeutenden griech. Feldherrn; ihm gilt die zweite Vita in *De viris illustribus*
   Xerxes, -is, m.: Eigenname eines bekannten persischen Königs
2. Admirari se dixit stultitiam rhetoris Attici.
   Atticus, -a, -um: attisch, aus Attika
   rhetor, -oris, m. (griech. Fremdwort): Redner
3. … cum a Dione se superari videret ingenio, auctoritate, amore populi, …
   Dion, -onis, m.: Dion aus Syrakus; von ihm handelt die 10. Vita in *De viris illustribus*
4. In unius pernicie patriae sitam putabant salutem.
   Beachte, dass *esse* oft entfällt.
5. Se de ea re legatos ad eos missuros dixerunt.
6. Sperabat se imprudentem hostem oppressurum.
   imprudens, -ntis: nichtsahnend, unwissend
7. Ex quo intellegi potest unum hominem pluris quam civitatem fuisse.
8. Illud unum intellegi volumus, illius liberalitatem neque temporariam neque callidam fuisse.
   temporarius, -a, -um: kurze Zeit dauernd, vorübergehend
   liberalitas, -atis, f.: Freigebigkeit, Großzügigkeit, edle Gesinnung

9. Postea vero quam audivit eum in Peloponneso manum comparare sibique bellum facere conari, Dionis uxorem alii nuptum dedit.
Peloponnesus, -i, f.: die Peloponnes (Südhalbinsel Griechenlands)
nuptum dedit = uxorem dedit
Dion: Dion aus Syrakus; von ihm handelt die 10. Vita in *De viris illustribus*

10. Cum patriam obsideri audisset, non quaesivit, ubi ipse tuto viveret, sed unde praesidio posset esse civibus suis.

11. Videbat id sine rege Perse non posse fieri, ideoque eum amicum sibi cupiebat adiungi neque dubitabat facile se consecuturum, si modo eius conveniundi habuisset potestatem.
sine rege Perse = sine rege Persarum

Persischer Helm.
Inschrift am unteren Rand: „Die Athener für Zeus als Siegesbeute von den Medern". Der Helm stellte also einen Teil der Beute aus der Schlacht bei Marathon 490 v. Chr. dar, an der Themistokles (als Strategos) teilnahm.

3.4 Sätze mit NcI bei Nepos

Übung 17 Unterstreiche in jedem Satz das Verb (V), das den NcI einleitet, doppelt. Markiere den Nominativ (Nom.) und den Infinitiv (Inf.) des NcI. Übersetze dann:

1. Neque id sine causa arbitrari videbantur.

2. Hanc (orationem) ei scripsisse Cleon Halicarnassius dicitur.
Cleon Halicarnassius: Kleon aus Halikarnass (ansonsten unbekannter Rhetor)

3. Idque non ad religionem, sed ad coniurationem pertinere existimabatur.

4. Qui quidem cum intellegeret reprimi concitatam multitudinem non posse, cedensque animadvertisset quendam scribentem, ut patria pelleretur, quaesisse ab eo dicitur, quare id faceret aut quid Aristides commisisset, cur tanta poena dignus duceretur.
concitare: synonym zu *excitare*
Aristides, -is, m.: Aristides (athenischer Politiker), von ihm handelt die 3. Vita in *De viris illustribus*

4 Das Participium coniunctum

Wenn du dir unsicher bist, wiederhole in deiner Grammatik zunächst die Kapitel zur Bildung der Partizipialformen und zum Participium coniunctum.

Wie geht man beim Übersetzen eines Participium coniunctum vor?

1. Schritt
Suche in jedem Text bewusst nach Partizipien.

- Unterringle jedes vorkommende **Partizip** und sein **Bezugswort** (KNG-Regel).
- Markiere alle Wörter, die zusätzlich zum **Partizipialausdruck** gehören, das sind in der Regel die Wörter zwischen dem Partizip und seinem Bezugswort (geschlossene Wortstellung).

2. Schritt
Bestimme, um welches Partizip es sich handelt (PPA bzw. PPP).

3. Schritt
Übersetze dann die Partizipialkonstruktion ins Deutsche:

- Achte dabei genau auf das **Zeitverhältnis**: Ist die Partiziphandlung gleichzeitig (PPA) oder vorzeitig (PPP)? Beachte, dass auch die Deponentien ein PPA bilden können.
- Überlege, welche **Sinnrichtung** die richtige ist:
  temporal (während; als / nachdem; nach), kausal (weil; wegen), konzessiv (obwohl; trotz), adversativ (während) oder modal (dadurch, dass; indem; wobei; durch)
- Denke daran, dass du bei der Übersetzung im Satzbau verschiedene Möglichkeiten hast: wörtliche Übersetzung, **Relativsatz, mit einer Subjunktion eingeleiteter Nebensatz, Präpositionalausdruck** oder **Beiordnung** (und dann, und deshalb, und dennoch, …).
- Beachte, dass das PPP eines Deponens häufig präsentische Bedeutung haben kann.

4.1 Das Participium coniunctum bei Cäsar

Die folgenden Wendungen und Sätze finden sich in ähnlicher Form (sie wurden lediglich teilweise vereinfacht) in Cäsars *Bellum Gallicum.*

Übung 18 Übersetze:

1. inopia permotus
2. vulneribus confecti
3. maiorem motum exspectans
4. his rebus adducti
5. iudicium veriti
6. Haeduos cohortatus
   Haedui, -orum, m.: die Häduer (das größte keltische Volk)
7. subito perterriti
8. Galli omnia experti

Übung 19 Gehe bei der Übersetzung der folgenden Sätze so vor wie am Kapitelanfang empfohlen:

1. L. Cotta pugnans interficitur cum maxima parte militum.
   Cotta, -ae, m.: (Aurunculeius) Cotta (Legat Cäsars)
2. His nuntiis litterisque commotus Caesar duas legiones in citeriore Gallia novas conscripsit.
3. Caesar insidias veritus exercitum equitatumque castris continuit.
   Ergänze bei der Übersetzung vor *castris* ein *in!*
4. Discedens Caesar in Italiam, ut quotannis facere consuerat (consueverat), legatis imperat, ut(i) ...
5. Caesar arbitratus id bellum celeriter confici posse, eo exercitum duxit.
6. Tandem confecti vulneribus hostes terga verterunt.
7. His rebus atque auditionibus permoti de summis saepe rebus consilia ineunt.
   auditio, onis, f.: hier das Gehörte; die Kunde; belasse im Deutschen die Zeit des lateinischen Prädikates!
8. Equites nostri flumen transgressi cum hostium equitatu proelium commiserunt.
9. Usipetes et Tenctheri agris expulsi et multis locis Germaniae triennium vagati ad Rhenum pervenerunt
   Usipetes, -um, m.: die Usipeter (germanisches Volk)
   Tenctheri, -orum, m.: die Tenkhterer (germanisches Volk am Niederrhein, südlich von den Usipetern)
   triennium, ii, n. = *tri-ennium,* vgl. *tri-duum*
10. Sed eos fugientes longius Caesar prosequi vetuit.
11. Sabinus suos hortatus cupientibus signum dat.
    Sabinus, - i, m: Titurius Sabinus (Legat Cäsars)
12. Sabinus iussus arma abicere imperatum facit suisque, ut idem faciunt, imperat.
13. Quibus de rebus Caesar a Crasso certior factus, quod ipse aberat longius, naves interim longas aedificari iubet.
    Crassus, -i, m.: P. (Licinius) Crassus (seit 58 v. Chr. Legat Cäsars)
14. (Caesar) in alteram partem cohortandi causa profectus pugnantibus occurrit.
    Ergänze vor *cohortandi* sinngemäß „seine Truppe“ bzw. „seine Leute“
15. Barbari commoti, quod oppidum expugnatum cognoverant, legatos dimittere, coniurare, obsides inter se dare, copias parare coeperunt.
16. Causa transeundi fuit, quod ab Suebis complures annos exagitati bello premebantur.
    Ergänze zu *transeundi* sinngemäß *Rheni; Suebi, -orum,* m.: die Sueben (germanisches Volk)

17. Perfidia et simulatione usi Germani frequentes ad eum in castra venerunt.
Das Partizip wirst du kaum wörtlich übersetzen können.
Überlege dir – nach einer Hilfsübersetzung – eine schöne freie Möglichkeit der Wiedergabe!
perfidia, -ae, f.: Gegenteil zu fides
simulatio, -onis, f.: Substantiv zu simulare

18. Hi novissimos adorti et multa milia passuum prosecuti magnam multitudinem eorum fugientium conciderunt.

19. Sed posteaquam nonnulli principes ex ea civitate et auctoritate Cingetorigis adducti et adventu nostri exercitus perterriti ad Caesarem venerunt, Indutiomarus veritus, ne ab omnibus desereretur, legatos ad Caesarem mittit.
Cingetorix, -igis, m.: Cingetorix (ein Fürst der Treverer; Freund der Römer)
Indutiomarus, -i, m.: Indutiomarus (ein Fürst der Treverer; Feind der Römer)

20. Morini, quos Caesar in Britanniam proficiscens pacatos reliquerat, spe praedae adducti primo (*erg.* milites Romanos) circumsteterunt ac, si sese interfici nollent, arma ponere iusserunt.
Morini, -orum, m.: die Moriner (belgisches Volk)

21. Omnes maiores natu ex oppido egressi manus ad Caesarem tendere et voce significare coeperunt sese in eius fidem ac potestatem venire neque contra populum Romanum armis contendere.
voce significare = vocare, clamare

22. Suspicati hostes huc nostros esse venturos noctu in silvis delituerant.
delitescere, delitesco, delitui: synonym zu *se abdere*

Rekonstruierter Abschnitt der römischen Belagerungswerke in Beaune.

4.2 Das Participium coniunctum bei Nepos

Die folgenden Wendungen und Sätze finden sich alle in ähnlicher Form (sie wurden lediglich teilweise vereinfacht) in *De viris illustribus*.

Übung 20 Übersetze:

1. magna praeda potitus
2. quadraginta annos natus
3. in Asiam profectus
4. Lacedaemonii causam idoneam nacti
   Lacedaemonii, -orum, m.: die Spartaner
5. quem procul conspiciens

Übung 21 Gehe bei der Übersetzung der folgenden Sätze so vor wie am Kapitelanfang empfohlen:

1. Qua victoria elatus coepit maiora concupiscere.
   elatus: Versuche eine etwas freiere Übersetzung!
   concupiscere ≈ cupere
2. Hoc nuntio commotus, sperans se pecunia et potentia periculum instans depellere, domum rediit.
3. Sic liberalitate utens nullas inimicitias gessit.
   liberalitas, -atis, f.: edle Gesinnung, Freigebigkeit
4. Huius rex animi magnitudinem admirans cupiensque talem virum sibi conciliari veniam dedit.
   conciliare: gewinnen; *veniam dare:* hier: eine Bitte gewähren
5. At ille, praestare honestam mortem existimans turpi vitae, comminus pugnans telis hostium interfectus est.
   comminus: in der Nähe

Streitwagen, Attisches Relief (um 500 v. Chr.)

5 Der Ablativus absolutus

Wiederhole zunächst gründlich in deiner Grammatik die Bildung und die grundsätzlichen Übersetzungsmöglichkeiten des Ablativus absolutus (Abl. abs.).

Wie geht man beim Übersetzen eines Ablativus absolutus vor?

1. Schritt

- Markiere das **Partizip im Ablativ** und sein **Bezugswort**.
- Prüfe, ob weitere Wörter zum Ablativus absolutus (Abl. abs.) gehören. Meist sind dies die Wörter, die zwischen dem Partizip und seinem Bezugswort stehen.

2. Schritt

Bestimme, um welches Partizip es sich handelt (PPA bzw. PPP).

3. Schritt

Übersetze dann den Ablativus absolutus ins Deutsche:

- Achte dabei genau auf das **Zeitverhältnis**: Ist die Handlung des Abl. abs. gleichzeitig (PPA) oder vorzeitig (PPP)?
  Im Deutschen ist die Vorzeitigkeit zu einem Vergangenheitstempus mit Plusquamperfekt auszudrücken. Vorzeitigkeit zu einer präsentischen Handlung ist mit Perfekt zu übersetzen.
- Überlege, welche **Sinnrichtung** die richtige ist:
  temporal (während; als/nachdem; nach), kausal (weil; wegen), konzessiv (obwohl; trotz), adversativ (während) oder modal (dadurch, dass; indem; durch)
- Denke daran, dass du bei der Übersetzung im Satzbau verschiedene Möglichkeiten hast: **mit einer Subjunktion eingeleiteter Nebensatz**, **Präpositionalausdruck** oder **Beiordnung** (Anschluss des jeweiligen Hauptverbs durch „und dann"; „und deshalb"; „und dennoch", ...).

Beachte: Gelegentlich kann ein Abl. abs. von einem anderen Satzglied durchbrochen sein.

5.1 Der Ablativus absolutus bei Cäsar

Sehr häufig hat bei Cäsar der Ablativus absolutus temporalen Sinn; die Vorzeitigkeit ist häufiger als die Gleichzeitigkeit. Die Wendungen und Sätze in folgenden Übungen stammen alle aus Cäsars *Bellum Gallicum.*

Übung 22 Übersetze folgende einzelnen Wendungen:

1. praesidio relicto
2. duobus interfectis
3. praemissis equitibus
4. ea re constituta
5. quibus rebus cognitis

6. omni pacata Gallia
7. concilio convocato
8. re frumentaria provisa
9. magno itinere confecto
10. instructo exercitu
11. signo recipiendi dato
    recipere: hier = *se recipere*
12. multis vulneribus acceptis
    bezogen auf ein Substantiv im Nominativ Singular Maskulinum
13. levi equestri proelio facto
14. his datis mandatis
15. sex et quadraginta centurionibus amissis
16. eo absente
17. nullo a nostris dato responso

Übung 23 Übersetze die folgenden Sätze. Gehe dabei so vor wie am Kapitelanfang empfohlen:

1. Dumnorix insciente Caesare domum discedere coepit.
   Dumnorix, -igis, m.: Dumnorix (Häduer, Gegner der Römer)
2. Nostris militibus cunctantibus maxime propter altitudinem maris „Desilite", inquit, „commilitones ..."
   commilitonis, -is, m.: hier zu übersetzen wie *comes*
3. Re frumentaria comparata equitibus delectis iter in ea loca facere coepit, quibus ...
4. Caesar equitatu praemisso subsequebatur omnibus copiis.
5. Legionibus in hiberna deductis in Italiam profectus est.
6. Hi consensu eorum omnium pace facta hunc sibi domicilio locum delegerunt.
   consensus, -us, m.: Substantiv zu *consentire*
   domicilium, -ii, n.: synonym zu *sedes*
7. Hac re cognita omnes Eburonum et Nerviorum copiae discedunt.
   Eburones, -um, m.: die Eburonen (germanisch-belgisches Volk)
   Nervii, -orum, m.: die Nervier (belgisches Volk)
8. His rebus gestis omni Gallia pacata tanta huius belli ad barbaros opinio perlata est, ut(i) ...
   opinio, -onis, f.: hier: Ruf, Kunde, Gerücht
9. Sic omnibus hostium copiis fusis armisque exutis se intra munitiones suas recipiunt.

10. Atuatuci hac pugna nuntiata ex itinere domum reverterunt; cunctis oppidis castellisque desertis sua omnia in unum oppidum egregie natura munitum contulerunt.
    Atuatuci, -orum, m.: die Atuatuker (germanisches Volk)

11. Itaque re frumentaria provisa, auxiliis equitatuque comparato, multis praeterea viris fortibus nominatim evocatis in Sosiatum fines exercitum introduxit.

    Cuius adventu cognito Sosiates magnis copiis coactis equitatuque in itinere agmen nostrum adorti primum equestre proelium commiserunt, deinde equitatu suo pulso atque insequentibus nostris subito pedestres copias ostenderunt.
    nominatim: mit Namen, namentlich
    Sosiates, -ium, m.: die Sosiaten (mächtigste Völkerschaft in Aquitanien)
    insequi = sequi

12. Galba secundis aliquot proeliis factis castellisque compluribus eorum expugnatis, missis ad eum undique legatis obsidibusque datis et pace facta constituit cohortes duas in Nantuatibus conlocare.
    Galba, -ae, m.: Galba (Legat Cäsars); *Nantuates, -ium*, m.: die Nantuaten (keltisches Alpenvolk)

5.2 Der Ablativus absolutus bei Nepos

Die Wendungen und Sätze mit Abl. abs. in folgenden Übungen stammen alle aus Nepos' *De viris illustribus*.

Übung 24 Übersetze:

1. hac oratione habita
2. Hamilcare occiso
   Hamilcar, -aris, m.: Hamilcar (Vater von Hannibal)
3. quo facto
4. rebus his peractis
5. scelere admisso
   admittere: hier = *committere*
6. qua celeriter effecta
   qua: bezogen auf das Wort *classis* im vorausgehenden Satz
   efficere: hier wie *facere*
7. huius voluntate cognita
   voluntas, -atis, f.: hier freier: Wohlwollen, günstige Einstellung
8. hostium navibus captis
9. contione advocata
10. Pelopida duce
    Pelopidas, -ae, m.: Pelopidas (thebanischer Heerführer)

Übung 25 Übersetze die folgenden Sätze. Gehe dabei so vor wie am Kapitelanfang empfohlen:

1. Ineunte adulescentia amatus est a multis.
   adulescentia, -ae, f.: die Zeit eines *adulescens*
2. Nemo illo interfecto se tutum putabat.
3. His rebus ephori cognitis satius putarunt in urbe eum comprehendi.
   ephorus, -i, m.: ein Ephor (einer der fünf höchsten Beamten in Sparta)
   satius: hier = *melius*
4. Tali cohortatione militum facta classis in proelium deducitur.
   cohortatio, -onis, f.: Tätigkeitssubstantiv zu *cohortari*
5. Perire maluit quam armis abiectis navem relinquere, in qua fuerat vectus.
6. M. Claudio L. Furio consulibus Roma legati Carthaginem venerunt.
   M. Claudius, L. Furius: Namen zweier römischer Konsuln
7. Quibus rebus confectis, vulgo ad arma libertatemque vocato, non solum, qui in urbe erant, sed etiam undique ex agris (*erg.* homines) concurrerunt.
8. Hac pugna pugnata Romam profectus est nullo resistente.
9. At Xerxes Thermopylis expugnatis protinus accessit astu idque nullis defendentibus, interfectis sacerdotibus, incendio delevit.
   Xerxes, -is, m.: Xerxes (persischer König); *Thermopylae, -arum*, f.: die Thermopylen (Engpass)
   astu (nur Akk.!): die Stadt Athen
10. Causa cognita capitis absolutus pecunia multatus est.
    multare = punire
11. Amphoras complures praesentibus principibus deponit in templo Dianae, simulans se suas fortunas illorum fidei credere.
    amphora, -ae, f.: die Amphore, der Krug
12. Alcibiades victis Atheniensibus non satis tuta eadem loca sibi arbitrans, penitus in Thraciam se abdidit, sperans ibi facillime suam fortunam occuli posse.
    Thracia, -ae, f.: Thrakien (Landschaft in Nordgriechenland)
    penitus: tief; hier auch: weit
    suam fortunam: im Deutschen freier zu übersetzen
    occulere, -culo, -cului, -cultum = occultare

6 „nd"-Formen: Gerund und Gerundiv

Informiere dich in deiner Grammatik zunächst gründlich über die Formenbildung, die jeweilige grundsätzliche Funktion von Gerund und Gerundiv und insbesondere über die verschiedenen Verwendungsweisen des Gerundivs.

Wie geht man beim Übersetzen von nd-Formen vor?

1. Schritt

- Markiere die **nd-Form** und ggf. ihr **Bezugswort**.
- Prüfe, ob weitere Wörter zur nd-Konstruktion gehören (meistens wenige!).

2. Schritt

- Mache dir klar, ob ein **Gerund oder** ein **Gerundiv** vorliegt.
- Falls ein Gerundiv vorliegt, prüfe, in welcher Verwendung: ohne *esse* (Ersatz für eine Gerundkonstruktion oder attributives Gerundiv), mit *esse* oder mit einem Verb des Gebens, Schickens, Überlassens o. Ä. (prädikatives Gerundiv).

3. Schritt

- Das **Gerund** übersetzt du als substantiviertes Verbum mit **Präpositionalausdruck** oder einer **Infinitivkonstruktion** mit **„zu"**. Das **Gerundiv ohne *esse*** kannst du oft ebenso wie das Gerund übersetzen, ist es attributiv gebraucht, so übersetzt du mit „zu" und Partizip Präsens (z. B. ein zu lobender) oder mithilfe des Suffixes „-wert" (z. B. ein lobenswerter).
- Wenn das **Gerundiv mit** einer Form von ***esse*** verbunden ist, wird es mit **„müssen"** übersetzt (verneint: „nicht dürfen"). Achtung: *esse* entfällt im AcI häufig.
  Die Person, von der etwas getan werden muss, steht im Dativ (sog. Dativus auctoris).
- Beachte die **finale** Verwendung des **Gerundivs** nach **Verben des Gebens, Schickens, Überlassens** u. Ä. Hier übersetzt du in der Regel am besten mit der Präposition **„zu"**.

6.1 Das Gerund bei Cäsar

Übung 26 Markiere jeweils die Gerundkonstruktion. Dann übersetze:

1. tempus pugnandi
2. occasio consulendi
3. spatium de salute cogitandi
   spatium, -ii, n.: hier fast synonym zu *tempus*
4. causae coniurandi
5. animus ad pugnandum paratus
6. satisfaciundi causa
   satisfaciundi = satisfaciendi
7. Cum finem oppugnandi nox fecisset, ...
8. His certam diem conveniendi dicit.

9. Legatos deprecandi causa ad Caesarem mittunt.
10. Caesar alias territando, alias cohortando magnam partem Galliae in officio tenuit.
    alias … alias: bald … bald; *territare = terrere*

6.2 Das Gerundiv bei Cäsar

Übung 27 Folgende Übung enthält Gerundiva, die die gleiche Bedeutung wie ein Gerund haben. Markiere jeweils Gerundiv und Bezugswort(e). Übersetze dann:

1. spes potiundi oppidi
   potiundi = potiendi
2. difficultates belli gerendi
3. signum proelii committendi
4. in quaerendis suis
   suis bezogen auf ein Subjekt im Maskulinum Singular
5. commeatus petendi causa
6. loco ad aciem instruendam natura opportuno atque idoneo
7. Caesar in his locis navium parandarum causa moratur.
8. Agros Remorum popularentur, qui magno nobis usui ad bellum gerendum erant.
   Remi, -orum, m.: die Remer (belgischer Volksstamm)
   populari: verwüsten; übersetze den Konjunktiv bei *popularentur* mit „sie sollten …“
9. Eos, qui in spem potiendorum castrorum venerant, undique circumventos interficiunt.

Römische Soldaten beim Lagerbau, wie man ihn sich auch zu Cäsars Zeit vorstellen kann. Relief der Traianssäule in Rom (Traian: röm. Kaiser 98–117 n. Chr.)

Übung 28 Folgende Sätze enthalten Gerundiva mit *esse*. Markiere jeweils das Gerundiv und sein(e) Bezugswort(e). Dann übersetze. Beachte: Im AcI entfällt *esse* oft!

1. Militibus simul et de navibus desiliendum et in fluctibus consistendum et cum hostibus erat pugnandum.
2. Germanico bello confecto multis de causis Caesar statuit sibi Rhenum esse transeundum.
3. Non omittendum sibi consilium Nervii existimaverunt.
   Nervii, -orum, m.: die Nervier (belgischer Volksstamm)

4. Tum vero dubitandum non existimavit, quin ad eos proficisceretur.
5. Docet longe alia ratione bellum gerendum, atque antea gestum sit; omnibus modis huic rei studendum, ut pabulatione et commeatu Romani prohibeantur.
   atque: hier: als *(alia ratione ... atque antea)*
   pabulatio, -onis, f.: Futterholen, Futterbeschaffung

Übung 29 In folgenden Sätzen steht das Gerundiv in finaler Verwendung. Markiere jeweils das Gerundiv und sein(e) Bezugswort(e). Dann übersetze:

1. Hos Haeduis custodiendos tradidit.
2. Obsides civitatum ad magistratum deducendos curaverunt.
3. Reliquum exercitum legatis in Menapios ducendum dedit.
   Menapii, -orum, m.: die Menapier (belgischer Volksstamm)

Übung 30 Folgende Sätze enthalten Gerundia und Gerundiva. Markiere jeweils die nd-Form(en) (ggf. mit Bezugswort/en und Präposition). Dann übersetze.

1. Quibus ad consilia capienda Caesar nihil spatii dandum existimabat.
2. Certior factus est magnas Gallorum copias oppugnandi sui causa convenisse.
3. Causa transeundi fuit, quod ab Suebis complures annos exagitati bello premebantur.
   Suebi, -orum, m.: die Sueben (germanisches Volk)
4. Id aliquot de causis acciderat, ut subito Galli belli renovandi legionisque opprimendae consilium caperent.
5. Qui Avarico expugnato refugerant, armandos vestiendosque curat.
   Avaricum, -i, n.: Avaricum (Hauptstadt des Stammes der Bituriger)
   vestire: mit Kleidung ausstatten
6. Caesar infirmitatem Gallorum veritus, quod sunt in consiliis capiendis mobiles et novis plerumque rebus student, nihil his committendum existimavit.
   infirmitas: hier: Unzuverlässigkeit; *mobilis, -e:* hier: unberechenbar
7. Ut ad bella suscipienda Gallorum alacer et promptus est animus, sic mollis ac minime resistens ad calamitates ferendas mens eorum est.
   alacer, -cris, -cre: hier: begeisterungsfähig
   promptus, -a, -um: bereit, entschlossen
8. Conclamant omnes occasionem negotii bene gerendi amittendam non esse.
   Übersetze *amittere* hier wie *praetermittere / omittere*

6.3 Gerund und Gerundiv bei Nepos

Gerund und Gerundiv kommen bei Nepos ebenso häufig vor wie bei Cäsar. Gehe beim Übersetzen vor wie am Kapitelanfang empfohlen.

Übung 31 Markiere jeweils das Gerund (und ggf. die zugehörige Präposition). Übersetze dann:

1. in respondendo
2. haec diu faciendo
3. Instabat tempus ad bellum proficiscendi.
4. ... quo facilius causam bellandi reperiret, ...
   bellare: Krieg führen

Übung 32 Folgende Übung bietet Gerundiva, die die gleiche Bedeutung wie ein Gerund haben. Markiere jeweils Gerundiv und Bezugswort(e). Übersetze dann:

1. ad me sanandum
2. primus gradus rei publicae capessendae
3. de Graecia opprimenda
4. rei publicae conservandae causa
5. fructus servandi gratia
6. ad classis (!) aedificandas exercitusque comparandos

Übung 33 Folgende Sätze enthalten Gerundiva in prädikativer Verwendung. Markiere jeweils das Gerundiv und ggf. sein(e) Bezugswort(e). Übersetze dann:

1. Cognovit sibi esse pereundum.
2. Castris est vobis utendum, non palaestra.
   palaestra, -ae, f.: Ringkunst, Ringschule
3. Non est praetereunda gravitas Lacedaemoniorum hoc loco.
   Lacedaemonii, -orum, m.: die Spartaner
   gravitas, -atis, f.: Ernst, Würde
4. Dolo erat pugnandum, cum par non esset armis.
5. Ossaque eius ad matrem atque uxorem liberosque eius deportanda curarunt.
   os, ossis, n.: Knochen; Plural: Gebeine

Übung 34 Folgende Sätze enthalten Gerundia und Gerundiva. Markiere jeweils die nd-Form(en) (ggf. mit Bezugswort/en und Präposition). Übersetze dann:

Alkibiades (ca. 450–404 v. Chr.), Kassel

1. Eo tempore aeger erat vulneribus, quae in oppugnando oppido acceperat.
2. Habuit obtrectatorem Meneclidem quendam, satis exercitatum in dicendo.
   obtrectator, -oris, m.: Gegner, Neider;
   Meneclides, -is, m.: Meneklides (männl. griech. Eigenname)
   exercitatus, -a, -um: PPP zu *exercere*
3. Sic se gerendo minime est mirandum, si et vita eius fuit secura et mors acerba.
   securus, -a, -um: sicher
4. Ad quod gerendum ipse dux delectus est, duo praeterea collegae dati.
   quod: zu beziehen auf *bellum* im vorausgehenden Satz
5. Ea manus mirabili flagrabat pugnandi cupiditate.
   mirabilis, -e: vgl. *mirari; flagrare ≈ ardere*
6. Neque minus in rebus gerendis promptus quam excogitandis erat.
   promptus, -a, -um: bereit, entschlossen
7. Tanta fuit omnium exspectatio visendi Alcibiadis, ut ad eius triremem vulgus conflueret.
   exspectatio, -onis, f.: Tätigkeitssubstantiv zu *exspectare*
   triremis, -is, f.: Trireme (Dreiruderer)
8. Miltiades hortatus est custodes, ne a fortuna datam occasionem liberandae Graeciae dimitterent.
9. Putavit se Graeca lingua loquentes, qui Asiam incolerent, sub sua retenturum potestate, si amicis suis oppida tuenda tradidisset.
10. Inimici vero eius quiescendum in praesenti et illud tempus exspectandum decreverunt, quo exisset, ut absentem aggrederentur.
    in praesenti: vgl. das Fremdwort „Präsens“

7 Temporalsätze

Nicht jedes Mal benutzt Cäsar Partizipialkonstruktionen, um ein zeitliches Neben- oder vor allem Nacheinander zweier Handlungen auszudrücken, sondern häufig auch temporale Nebensätze. Auch bei Nepos kommen Temporalsätze oft vor. Diese können mit verschiedenen Subjunktionen eingeleitet sein.

Hinweise zur Übersetzung temporaler Nebensätze

Besonders häufig ist ***cum*** **(mit Konjunktiv): „als", „nachdem"**.

- Beachte, dass *cum* auch an zweiter Stelle im Satz stehen kann.
- Verwechsle die Subjunktion *cum* (als, nachdem) nicht mit der Präposition *cum* (mit).
- Achte darauf, ob *cum* nicht besser in kausaler Sinnrichtung („da", „weil") zu übersetzen ist.*
- Nepos verwendet häufiger (Cäsar gelegentlich) auch *cum* (mit Konjunktiv) in den Bedeutungen „obwohl" (konzessiv) oder „während" (adversativ).

Bei einmaligen Handlungen in der Bedeutung **„sobald (als)"** kommen häufig vor:
ut, ubi, ut primum, ubi primum, cum primum, gelegentlich auch ***simul(atque)***.

- Beachte, dass zwar im Lateinischen der Indikativ Perfekt folgt (wenn nicht wegen Modusangleichung oder innerer Abhängigkeit der Konjunktiv steht), du jedoch **im Deutschen** besser je nach Sinn **Imperfekt** oder **Plusquamperfekt** wählst.
- Achte darauf, die Subjunktion *ubi* (sobald als) nicht mit dem Fragepronomen *ubi* (wo) zu verwechseln.

Häufig wird auch ***postquam/posteaquam***, **„nachdem"** verwendet. Auch hier steht im Lateinischen Indikativ Perfekt, **ins Deutsche** wird diese vorzeitige Handlung aber mit **Plusquamperfekt** übertragen.

Die Subjunktion ***priusquam***, **„ehe, bevor"** drückt dagegen aus, dass die Nebensatzhandlung gegenüber der Hauptsatzhandlung nachzeitig ist. Es kann Indikativ oder Konjunktiv darauf folgen; der Konjunktiv hierbei drückt oft aus, dass eine bestimmte Möglichkeit zur Zeit der Nebensatzhandlung (noch) nicht bestand.

Gleichzeitigkeit wird gerne durch ***dum***, **„während"** (mit Indikativ **Präsens**) ausgedrückt. Beachte dabei, dass du – um die Gleichzeitigkeit zum Ausdruck zu bringen – **im Deutschen** die **gleiche Zeit** wählen musst, in der das **Verbum des Hauptsatzes** steht.

* Bei Cäsar finden sich jedoch in kausalen Zusammenhängen häufiger indikativische Nebensätze, eingeleitet mit *quod* (oder auch *quoniam*, seltener *quia*).

7.1 Temporalsätze bei Cäsar

Die Sätze der folgenden Übungen stammen alle aus Cäsars *Bellum Gallicum.* Achtung: Die Übung enthält auch einige Nebensätze mit kausaler Sinnrichtung!

Übung 35 Übersetze:

1. Caesar cum ab hoste non amplius passuum XII milibus abesset, ad eum legati revertuntur.
2. Caesar cum iniquo loco pugnari hostiumque copias augeri videret, ad T. Sextium legatum misit, ut cohortes ex castris celeriter educeret.
   T. Sextius, -ii, m.: Titus Sextius (ein Legat Cäsars)
3. Eo cum esset ventum, exploratores hostium inopinantes a nostris opprimuntur.
   inopinans, -ntis: nichtsahnend
4. Caesar cum septimam legionem urgeri ab hoste vidisset, tribunos militum monuit, ut legiones coniungerent et signa in hostes inferrent.
5. Cum finem oppugnandi nox fecisset, Iccius Remus nuntium ad eum mittit.
   Iccius (-ii) Remus, (-i), m.: der Remer(fürst) Iccius
6. Eodem tempore a Publio Crasso, quem cum legione una miserat ad Venetos, certior factus est omnes eas civitates in dicionem potestatemque populi Romani redactas esse.
   Publius Crassus (-i), m.: Publius Crassus (röm. Legat); *Veneti, -orum, m.:* die Veneter (Stamm in der Bretagne)
   omnes eas civitates: Cäsar hatte davor noch eine Reihe anderer Stämme aufgezählt.
   dicio, -onis, f.: Macht, Gewalt
7. Ipse, cum primum per anni tempus potuit, ad exercitum contendit.
8. D. Brutum adulescentem classi Gallicisque navibus praeficit et, cum primum posset, in Venetos proficisci iubet.
   (Decimus Iunius) Brutus, -i, m.: Brutus (von Cäsar begünstigter junger Legat, später einer seiner Mörder)
9. Itaque cum intellegeret omnes fere Gallos novis rebus studere et ad bellum mobiliter celeriterque excitari, partiendum sibi ac latius distribuendum exercitum putavit.
   mobilis, -e: hier: leicht
   partire (und *partiri*): teilen
10. Non respuit condicionem Caesar, cum id, quod antea denegasset, ultro polliceretur.
    respuere, -uo, -ui: hier: zurückweisen, verschmähen
    condicio: hier: Vorschlag
11. Quas legationes Caesar, quod in Italiam Illyricumque properabat, initio proximae aestatis ad se reverti iussit.
    Illyricum, -i, n.: römische Provinz (umfasste Istrien und Dalmatien)

Übung 36 Übersetze folgende Sätze.

Vorsicht: Es handelt sich nicht immer um Temporalsätze! Manche lateinischen Wörter, die als temporale Subjunktionen verwendet werden, können noch andere Bedeutungen und Funktionen haben (vgl. Hinweise am Kapitelanfang).

1. Caesar ubi intellexit frustra tantum laborem sumi neque hostium fugam reprimi neque iis noceri posse, statuit exspectandam classem.
2. Quod ubi auditum est, conclamant omnes occasionem negotii bene gerendi amittendam non esse.
   amittere: hier wie *omittere* zu übersetzen
3. Quod ubi Crassus animadvertit, non cunctandum existimavit.
4. Ubi omnes idem sentire intellexit, posterum diem pugnae constituit.
5. Quod ubi Caesar comperit, se in Galliam recepit pontemque rescidit.
   rescindere, -scindo, -scidi, -scissum: einreißen, abbrechen
6. At hostes ubi primum nostros equites conspexerunt, impetu facto celeriter nostros perturbaverunt.
7. Ipse in Carnutes quaeque civitates propinquae his locis erant, ubi bellum gesserant, legionibus deductis in Italiam profectus est.
   Carnutes, -um, m.: die Carnuten (keltischer Stamm)
   quaeque civitates = et ad eas civitates, quae …
8. Ex quibus alter, simulatque de Caesaris legionumque adventu cognitum est, ad eum venit.

Übung 37 Übersetze:

1. Caesar postquam per exploratores comperit Suebos se in silvas recepisse, constituit non progredi longius.
   Suebi, -orum, m.: die Sueben (germanisches Volk)
2. Quod postquam fieri barbari animadverterunt, fuga salutem petere contendebant.
3. Postquam id animadvertit, copias suas Caesar in proximum collem subducit.
4. Eo postquam Caesar pervenit, obsides, arma, servos, qui ad eos perfugissent, poposcit.

Vercingetorix, römischer Denar, 48 v. Chr.

5. Vercingetorix, priusquam munitiones ab Romanis perficiantur, consilium capit omnem ab se equitatum noctu dimittere.
   Vercingetorix, -igis, m.: Vercingetorix (ein Arverner, treibende Kraft des Aufstandes der Gallier gegen Cäsar)
6. Caesar deiecto praesidio, priusquam subsidio ex oppido veniri posset, potitus loco duas ibi legiones collocavit.
7. Nondum hieme confecta de improviso in fines Nerviorum contendit et, priusquam illi aut convenire aut profugere possent, in deditionem venire atque obsides sibi dare coegit.
   Nervii, -orum, m.: die Nervier (ausgesprochen römerfeindlicher belgischer Stamm)
   de improviso: unversehens, unvermutet
   in deditionem venire: im Deutschen etwas freier zu übersetzen

Übung 38 Übersetze:

1. Dum haec apud Caesarem geruntur, Labienus cum quattuor legionibus Luteciam profectus est.
   Labienus, -i, m.: T. (Atius) Labienus (bedeutendster Legat Cäsars)
   Lutecia, -ae, f.: (die Stadt) Lutetia (das heutige Paris)
2. Dum haec a Caesare geruntur, Treveri magnis coactis peditatus equitatusque copiis Labienum adoriri parabant.
   Treveri, -orum: die Treverer (großes Volk an der unteren Mosel)
3. Dum haec ad Gergoviam geruntur, Convictolitavis Haeduus ab Arvernis pecunia sollicitatus cum quibusdam adulescentibus colloquitur.
   Gergovia, -ae, f.: Gergovia (Hauptstadt der Arverner)
   Convictolitavis, -is, m.: Convictolitavis (Häduer, der auf Intervention Cäsars die Führung über diesen Stamm erhält)
   Arverni, -orum, m.: die Arverner (keltisches Volk in der heutigen Auvergne)
4. Dum longius ab munitione aberant Galli, multitudine telorum plus proficiebant.

7.2 Temporalsätze bei Nepos

Übung 39 Übersetze:

1. Lysander domum cum redisset, librum a Pharnabazo datum tradidit.
   Lysander, -dri, m.: Lysander (spartanischer Feldherr); *Pharnabazus, -i,* m : Pharnabazus (persischer Satrap)
2. Huius cum sententiam plurimi essent secuti, Miltiades Chersonesum reliquit ac rursus Athenas demigravit.
   Miltiades, -is, m.: Miltiades (athenischer Feldherr; ihm gilt die erste Vita aus *De viris illustribus*)
   Chersonesus, -i, f.: die Chersones (Halbinsel)
3. Hic cum Phylen confugisset, non plus habuit secum triginta de suis.
   Phylen: nach Phyle (Kastell an der Straße von Athen nach Theben)
   triginta: hier Ablativ!
4. Cum Xerxes et mari et terra bellum universae inferret Europae, cum tantis eam copiis invasit, quantas habuit neque ante nec postea quisquam.
   Xerxes, -is, m.: Xerxes (persischer König)
5. Quibus rebus cum (Cimon) unus in civitate maxime floreret, incidit in eandem invidiam quam pater suus ceterique Atheniensium principes.
   Cimon, -onis, m.: bedeutender Staatsmann und Feldherr (vgl. Vita 5 in *De viris illustribus*)
   unus: prädikativ zu übersetzen
   florere: hier: anerkannt werden (sein)
6. Id ille ut audivit, domum reverti noluit.
7. In quo proelio Alexandrum ut animadvertit, incensus ira equum in eum concitavit.
   concitare: hier: (an)treiben, jagen, hetzen
8. Hic ut e navi egressus est, unum omnes illum prosequebantur.
9. Qui ubi ad naves adversariorum pervenit, statim ad Eumenem deductus est.
10. Hic simulatque imperii potitus est, persuasit Lacedaemoniis, ut exercitum emitterent in Asiam.
11. Cuius belli cum ei summa esset data eoque cum exercitu profectus esset, non dubitavit, simulac conspexit hostem, confligere.
    summa, -ae, f.: hier: Oberbefehl
12. Thraeces, postquam eum cum magna pecunia venisse senserunt, insidias fecerunt.
    Thraex, Thraecis, m.: der Thraker (meist Plural)
13. At Hamilcar, posteaquam mare transiit in Hispaniamque venit, magnas res secunda gessit fortuna.
    Hamilcar, -aris, m.: Hamilcar (Vater Hannibals)
14. Id postquam audivit, „satis“ inquit, „vixi: invictus enim morior.“

15. Priusquam signum pugnae daretur, Hannibal, ut palam faceret suis, quo loco Eumenes esset, tabellarium in scapha cum caduceo mittit.
palam: offenkundig, bekannt
Eumenes: -is, m.: Eumenes (König von Pergamon, einer hellenistischen Stadt)
tabellarius, -ii, m.: Briefbote
scapha, -ae, f.: Kahn, Boot
caduceus, -i, m.: Heroldsstab

16. Quae dum in Asia geruntur, accidit casu, ut legati Prusiae Romae apud T. Quinctium Flaminium consularem cenarent.
Prusias, -ae, m.: Prusias (König von Bithynien)
T. Quinctius Flaminius (-ii), m.: Titus Quinctius Flaminius (ehemaliger Konsul)

Eumenes II. (221–159 v. Chr.)

Übung 40 Die folgende Übung enthält Sätze, die man leicht mit Temporalsätzen verwechseln kann (vgl. Hinweise am Kapitelanfang). Übersetze und überlege jeweils, welche Sinnrichtung die Subjunktion hat:

1. Illi cum ferro aggredi non auderent, noctu ligna contulerunt circa casam eam, in qua quiescebat, eamque succenderunt.
casa, -ae, f.: Hütte; *succendere = incendere*

2. Hic cum in patria sine satellitibus se tutum non arbitraretur, Athenas sine ullo praesidio venit.
satelles, -itis, m.: Leibwächter, Trabant

3. Cum victori praeesset exercitui maximamque haberet fiduciam regni Persarum potiundi, tanta modestia audiens fuit iussis absentium magistratuum, ut si esset privatus.
victor, -oris, m.: hier Adj.: siegreich
audiens fuit: freier zu übersetzen
iussum, -i, n.: hier Substantiv zu *iubere*
magistratus, -uum (Pl.): hier: die Regierung
ut si: als ob
privatus, -i, m.: hier substantivisch zu übersetzen

8 Besonderheiten bei Relativsätzen

Relativsätze sind oft ein Kapitel für sich. Wiederhole zunächst die Deklination des Relativpronomens und das Kapitel zu den Besonderheiten bei Relativsätzen in deiner Grammatik.

Wie geht man beim Übersetzen von Relativsätzen vor?

1. Schritt
Markiere das **Relativpronomen** (z. B. durch Umkreisen).

2. Schritt
Prüfe, worauf sich das Relativpronomen bezieht. Markiere ggf. den Bezug durch einen Pfeil.

- Beginnt ein Satzgefüge mit einem Relativpronomen und bezieht sich dieses auf ein Wort des vorangehenden Satzes oder auf den gesamten Satzinhalt, so liegt ein **relativer Satzanschluss** vor. Achte aber darauf, ob nicht lediglich ein Relativsatz einem Hauptsatz vorangeht; auch dann könnte ein Satzgefüge mit einem Relativpronomen beginnen.
- Verwechsle Relativsätze nicht mit indirekten Fragesätzen (die im Konjunktiv stehen!).
- Gelegentlich wird das Bezugswort in den Relativsatz hineingezogen und sein Kasus an den des Relativpronomens angeglichen.
- Ist in einen Relativsatz ein AcI, ein weiterer Nebensatz oder ein Ablativus comparationis einbezogen, handelt es sich um einen **verschränkten Relativsatz**.

3. Schritt

- Übersetze das Relativpronomen beim **relativen Satzanschluss** wie ein Demonstrativpronomen (dieser, diese, dieses …).
- Steht ein Relativsatz nicht im Indikativ, sondern im **Konjunktiv**, so soll dadurch häufig eine bestimmte **Sinnrichtung** ausgedrückt werden:
  Bei Cäsar finden sich in der Regel **finale** Relativsätze. Deren Handlung wird ins Deutsche mit **„sollen“** übersetzt.
  Gelegentlich verwendet Cäsar, häufiger Nepos, auch konsekutive, ab und an kausale Relativsätze.
  Der Konjunktiv steht im Relativsatz gelegentlich aber auch nur aus Gründen der Modusangleichung, muss also dann nicht als solcher übersetzt werden.
- Den **verschränkten Relativsatz** übersetzt du am besten zunächst mit der Hilfsübersetzung „von dem / der“ (z. B. „von dem bekannt ist, dass er …“).
  Dann wähle eine der folgenden Übersetzungsmöglichkeiten:
  - Parenthese („– es ist bekannt, dass er … –“)
  - Präpositionalausdruck (z. B. „der unseres Wissens …“)
  - Adverb („der bekanntlich …“)

  Bei Verschränkung mit einem Ablativus comparationis übersetzt du am besten mit einem Superlativ (z. B. „der beste, der …“).

8.1 Relativsätze bei Cäsar

Die Sätze in folgenden Übungen stammen alle aus Cäsars *Bellum Gallicum.*

Übung 41 Diese Übung enthält nur Sätze mit relativem Satzanschluss. Übersetze:

1. Quas legationes Caesar initio proximae aestatis ad se reverti iussit.
2. Quod ubi Crassus animadvertit, non cunctandum existimavit.
3. Quod ubi Caesar comperit, se in Galliam recepit.
4. Caesar duabus de causis Rhenum transire constituit; quarum una erat, quod auxilia contra se Treveris miserant, altera, ne ad eos Ambiorix receptum haberet.
   Treveri, -orum: die Treverer (großes Volk an der unteren Mosel)
   miserant, eos: gemeint sind hier die Germanen
   Ambiorix, -igis, m.: Ambiorix (Fürst der Eburonen, Römerfeind)
   receptus, -us, m.: Substantiv zu *se recipere*
5. Quarum rerum magnam partem temporis brevitas impediebat.
   brevitas, -atis, f.: Substantiv zu *brevis, -e*

Übung 42 Übersetze die folgenden konjunktivischen Relativsätze:

1. Exploratores centurionesque praemittit, qui locum castris idoneum deligant.
2. Ad eum legati veniunt, qui polliceantur obsides dare atque imperio populi Romani obtemperare.
3. Interim ad praefectos, qui cum omni equitatu antecesserant, mittit, qui nuntiarent, ne hostes proelio lacesserent.
4. Ea qui conficeret, C. Trebonium legatum relinquit.
   C. Trebonius, -ii: Gaius Trebonius (Volkstribun im Jahr 55 v. Chr., 54 als Legat nach Gallien berufen)
5. Omni Gallia pacata tanta huius belli ad barbaros opinio perlata est, ut(i) ab iis nationibus, quae trans Rhenum incolerent, legati ad Caesarem mitterentur, qui se obsides daturas, imperata facturas pollicerentur.
   opinio: hier: Ruf, Kunde, Gerücht

Übung 43 Übersetze folgende verschränkten Relativsätze:

1. Cassivellaunus Cantium, quod esse ad mare supra demonstravimus, nuntios mittit.
   Cassivellaunus, -i, m.: Cassivellaunus (Anführer der Britannier)
   Cantium, -ii, n.: Kent (Grafschaft Britanniens)
2. Equites nostri peditesque, quos primo hostium impetu pulsos dixeram, adversis hostibus occurrebant.
3. *Aus der Schilderung Cäsars über die Bräuche der Gallier:*
   Funera sunt magnifica et sumptuosa; omniaque, quae vivis cordi fuisse arbitrantur, in ignem inferunt.
   magnificus, -a, -um: großartig, prächtig
   sumptuosus, -a, -um: Adjektiv zu *sumptus, -us*
4. Paulo supra hanc memoriam servi et clientes, quos ab iis dilectos esse constabat, una cremabantur.
   una: gemeint ist: mit den Toten
5. Cingetorigi, quem ab initio permansisse in officio demonstravimus, principatus atque imperium est traditum.
   Cingetorix, -igis, m.: Cingetorix (ein Treverer, Freund der Römer; später einer der vier Herrscher in Cantium)
   officium, -i, n.: bei Cäsar oft im Sinne von: Pflicht (Schuldigkeit, Gehorsam) eines unterworfenen Gegners
6. Ex his omnibus longe sunt humanissimi, qui Cantium incolunt, quae regio est maritima omnis.
   Cantium, -ii, n.: Kent (Grafschaft Britanniens)
   maritimus, -a, -um: am Meer gelegen

Übung 44 Die folgenden Sätze enthalten verschiedene Typen von Relativsätzen. Übersetze sie:

1. Remi ad eum legatos primos civitatis miserunt, qui dicerent se suaque omnia in fidem atque potestatem populi Romani permittere neque se cum reliquis Belgis consensisse.
   Remi, -orum, m.: die Remer (belgischer Volksstamm)
   Belgae, -arum: die Belger (vgl. B. G. I 1)
2. Neque eam, quam profuisse aliis vim celeritatemque viderant, imitari potuerunt.
3. Quibus de rebus Caesar certior factus naves interim longas aedificari iubet.
4. Ad Ambiorigem contendit, quo in loco cum paucis equitibus esse dicebatur.
   Ambiorix, -igis, m.: Ambiorix (Fürst der Eburonen, Römerfeind)
5. Ad quos cum Caesar nuntios misisset, qui postularent, eos, qui sibi Galliaeque bellum intulissent, sibi dederent, responderunt: …

8.2 Relativsätze bei Nepos

Übung 45 Bei Nepos kommt der relative Satzanschluss häufig vor.
Übersetze die folgenden Sätze:

1. Quo factum est, ut plus quam collegae Miltiades valeret.
   Miltiades, -is, m.: Miltiades (athenischer Feldherr; ihm gilt die erste Vita aus *De viris illustribus*)
2. Quae contumelia non fregit eum, sed erexit.
   contumelia, -ae, f.: Schmach
3. Qua fortuna Alcibiades non erat contentus.
4. Quare (Lacedaemonii) eos quam infirmissimos esse volebant.
5. De cuius morte multimodis apud plerosque scriptum est.
   multimodis = multis modis
6. Ex quo intellegi potest unum hominem pluris quam civitatem fuisse.
7. Quibus consulibus interierit, non convenit.
   convenit: hier: man ist sich einig

Übung 46 Auch im folgenden Textabschnitt sind relative Satzanschlüsse enthalten.
Übersetze den lateinischen Text:

Aristides und Themistokles sind politische Gegner. Nepos reflektiert darüber, dass Aristides (genannt „der Gerechte") die integrere Persönlichkeit besaß, jedoch trotzdem von Themistokles zu Fall gebracht und vom „Scherbengericht" zu zehn Jahren Verbannung verurteilt wurde.

Qui (= Aristides) quidem cum intellegeret reprimi concitatam multitudinem non posse, cedensque animadvertisset quendam scribentem, ut patria pelleretur, quaesisse ab eo dicitur, quare id faceret aut quid Aristides commisisset. Cui ille respondit se ignorare Aristiden, sed sibi non placere, quod tam cupide elaborasset, ut praeter ceteros Iustus appellaretur.

concitare = excitare
Aristiden: ans Griech. angeglichener Akkusativ
elaborare: sich bemühen, sich anstrengen

Übung 47 Übersetze folgende Sätze mit konjunktivischen oder (bei Nepos seltener vorkommenden) verschränkten Relativsätzen:

1. Postquam autem audierunt muros (in)strui, legatos Athenas miserunt, qui id fieri vetarent.
2. Lacedaemonii legatos Athenas miserunt, qui eum absentem accusarent.
   Lacedaemonii, -orum, m.: die Spartaner
3. His de rebus si quid geri volueris, certum hominem ad eum mittas face, cum quo colloquatur.
   mittas face: verstärkter Imperativ
4. At ille, qui officia amicis praestanda sine factione existimaret semperque a talibus se consiliis removisset, respondit: ...
   sine factione: ohne Parteirücksichten, Parteinahme
5. Legationes vero omnes, quae essent illustriores, per Dionem administrabantur.
   legatio, -onis, f.: Tätigkeitssubstantiv zu *legatus*
   illustris, -e: bedeutend
   Dion, -onis, m.: Dion (409–354 v. Chr., Schwager und Schwiegersohn des Tyrannen Dionysios I.)
6. Patres conscripti, qui Hannibale vivo numquam se sine insidiis futuros existimarent, legatos in Bithyniam miserunt, in his Flaminium, qui ab rege peterent, ne inimicissimum suum secum haberet sibique dederet.
   Bithynia, -ae, f.: Bithynien (Landschaft in Kleinasien);
   Flaminius, -ii: T. Quinctius Flaminius (ehem. Konsul)
7. De quibus quoniam satis esse dictum putamus, non incommodum videtur non praeterire Hamilcarem et Hannibalem, quos et animi magnitudine et calliditate omnes in Africa natos praestitisse constat.
   Hamilcar, -aris, m.: Hamilkar (Vater Hannibals)
   calliditas, -atis, f.: Substantiv zu *callidus, -a, -um*

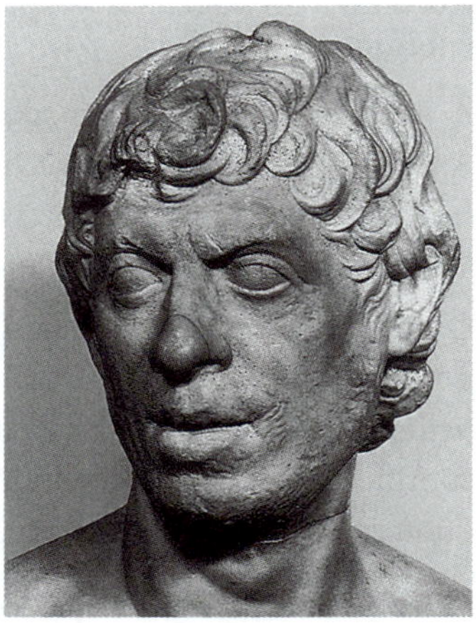

Hannibal (246–183 v. Chr.), Madrid

9 Oratio obliqua

Die Beherrschung der Regeln der Oratio obliqua (indirekten Rede) ist v. a. unverzichtbar für die erfolgreiche Cäsarübersetzung. Wiederhole die Regeln der indirekten Rede in deiner Grammatik erst einmal gründlich.

Wie geht man beim Übersetzen von indirekter Rede vor?

1. Schritt
Dass eine indirekte Rede vorliegt, erkennst du an einem (tatsächlich im Text vorhandenen, gelegentlich aber auch nur sinngemäß zu ergänzenden) **Verb des Sagens**.
In der auf das Verb folgenden Passage finden sich dann nur:

- Verbformen im **Infinitiv** (gehörend zu AcI-Konstruktionen) oder
- Verbformen im **Konjunktiv** (in Nebensätzen, Fragen oder Aufforderungs-/Wunschsätzen), nur sehr selten im Indikativ (falls der Schriftsteller die indirekte Rede durchbricht, um eine Feststellung zu treffen oder eine Anmerkung zu machen.).

2. Schritt
Achte darauf, ob ein **Infinitiv** (Hauptsätze, die eine Aussage enthalten; rhetorische Fragesätze) oder ein **Konjunktiv** (Wunsch- und Begehrsätze, auszudrücken mit „sollen“, ein Nebensatz oder eine Frage) vorliegt.

3. Schritt
Im Deutschen ist die indirekte Rede mit **Konjunktiv I** wiederzugeben („sei“, „habe“, „gehe“, „sage“, ...), lediglich bei möglicher Verwechslung mit einem gleichlautenden Indikativ kannst du Formen des Konjunktiv II („würde“, „hätte“, ...) benutzen.

Die Textausschnitte in den folgenden Übungen sind relativ lang, um einen zumindest kurzen Zusammenhang vorstellen zu können.
Solltest du mit der Übersetzung generell Schwierigkeiten haben, so ziehe die Übersetzungstipps im Kapitel 11 zu Rate.

9.1 Oratio obliqua bei Cäsar

Bei Cäsar kommt die indirekte Rede sehr häufig vor. Die folgenden Übungen bieten Textabschnitte aus dem *Bellum Gallicum*.

Übung 48 Unterstreiche das Verbum, von dem eine indirekte Rede abhängig ist, doppelt. Markiere jeweils vorkommende AcI-Konstruktionen. Vorkommende Konjunktive unterstreiche einfach. Übersetze dann die Sätze:

1. Conclamat omnis multitudo summum esse Vercingetorigem ducem nec de eius fide dubitandum.
   Vercingetorix, -igis, m.: Vercingetorix (Arverner, treibende Kraft des Aufstandes der Gallier gegen Cäsar)

2. *Cäsar referiert über die Göttervorstellungen der Gallier:*
   De his eandem fere quam reliquae gentes habent opinionem: Apollinem morbos depellere, Minervam operum atque artificiorum initia tradere, Iovem imperium caelestium tenere, Martem bella regere.
   De his: gemeint sind die im folgenden Satz genannten Götter
   opus, -eris, n.: freier übersetzen
   caelestis, -e: Adjektiv zu *caelum, -i* (Himmel)

3. Hi milites se esse legionarios dicunt; fame atque inopia adductos clam ex castris exisse, simili omnem exercitum inopia premi nec iam vires sufficere cuiusquam; itaque statuisse imperatorem, si nihil in oppugnatione oppidi profecisset, triduo exercitum deducere.

4. Pro his Diviciacus facit verba: Bellovacos omni tempore in fide atque amicitia civitatis Haeduae fuisse; impulsos ab suis principibus, qui dicerent Haeduos a Caesare in servitutem redactos omnes iniquitates contumeliasque perferre, et ab Haeduis defecisse et populo Romano bellum intulisse. Qui eius consilii principes fuissent, quod intellegerent, quantam calamitatem civitati intulissent, in Britanniam profugisse. Petere non solum Bellovacos, sed etiam pro iis Haeduos, ut sua clementia ac mansuetudine in eos utatur.
   Diviciacus, -i, m.: Diviciacus (mit den Römern befreundeter Häduer; Bruder des Römerfeindes Dumnorix)
   Bellovaci, -orum, m.: die Bellovaker (belgisches Volk)
   Haedui, -orum, m.: die Häduer (das größte keltische Volk); *Haeduus, -a, -um:* Adjektiv zu *Haedui*
   iniquitas, -atis, f.: hier synonym zu *iniuria*
   mansuetudo, -inis, f.: Milde

5. Haec ab iis cognovit: Suebos, posteaquam per exploratores pontem fieri comperissent, more suo concilio habito nuntios in omnes partes dimisisse, uti de oppidis demigrarent, liberos uxores suaque omnia in silvis deponerent atque omnes, qui arma ferre possent, unum in locum convenirent; ...
   Suebi, -orum, m: die Sueben (germanisches Volk an Rhein und Lahn)

6. *Es wird gemeldet, die Germanen seien schon im Anmarsch auf das römische Lager. Es erhebt sich ein Streit, ob man ohne Befehl Cäsars das Lager räumen solle, doch spricht sich eine Reihe namhafter Soldaten dagegen aus:*
   Magnas copias Germanorum sustineri posse docebant; rem esse testimonio, quod primum hostium impetum multis vulneribus inlatis fortissime sustinuerint; re frumentaria non premi; interea ex proximis hibernis et a Caesare conventura subsidia; postremo quid esse levius aut turpius quam auctore hoste de summis rebus capere consilium?
   testimonium, -i, n.: Zeugnis, Beweis
   res frumentaria: hier etwas freier zu übersetzen
   subsidia, -orum, n. = *auxilia, -orum,* n.

7. *Die bei Cäsar auf den Satz 6 folgende Passage lautet:*

Contra ea Titurius clamitabat: Brevem consulendi esse occasionem. (Se) Caesarem arbitrari profectum in Italiam; sese non hostem auctorem, sed rem spectare; Rhenum subesse, magno esse Germanis dolori Ariovisti mortem et superiores nostras victorias; ardere Galliam tot contumeliis acceptis sub populi Romani imperium redactam. Postremo quis hoc sibi persuaderet sine certa spe Ambiorigem ad eius modi consilium descendisse? Suam sententiam in utramque partem esse tutam: si nihil sit durius, nullo cum periculo ad proximam legionem perventuros; si Gallia omnis cum Germanis consentiat, unam esse in celeritate positam salutem.

Titurius, -ii, m.: Q. Titurius Sabinus (Legat Cäsars)
clamitare: Verbum intensivum zu *clamare*
subesse: hier: nahe sein
Ariovistus, -i, m.: Ariovist (König der Sueben)
contumelia, -ae, f.: Schande, Schmach
Ambiorix, -igis, m.: Ambiorix (Fürst der Eburonen, Römerfeind)

8. *Während Cäsar in Italien weilt, schmieden die unterworfenen Gallier Pläne für einen Krieg:*

Imprimis rationem esse habendam dicunt, ut Caesar ab exercitu intercludatur. Id esse facile, quod neque legiones audeant absente imperatore ex hibernis egredi neque imperator sine praesidio ad legiones pervenire possit. Postremo in acie praestare interfici, quam non veterem belli gloriam libertatemque, quam a maioribus acceperint, recuperare.

recuperare: wiedererlangen, -gewinnen

9. *Cäsar gibt den Ubiern (römerfreundliches germanisches Volk) den Auftrag, Kundschafter zu den Sueben zu schicken:*

Illi paucis diebus intermissis referunt: Suebos omnes, posteaquam certiores nuntii de exercitu Romanorum venerint, cum omnibus suis sociorumque copiis, quas coegissent, penitus ad extremos fines se recepisse; silvam ibi esse infinita magnitudine; hanc longe introrsus pertinere et Cheruscos ab Suebis Suebosque a Cheruscis iniuriis incursionibusque prohibere. Ad eius silvae initium Suebos adventum Romanorum exspectare constituisse.

penitus: ganz und gar
introrsus: nach innen, in das Innere
germanische Völker: *Cherusci, -orum, m.*: die Cherusker; *Suebi, -orum, m.*: die Sueben
incursio, onis, f.: der Einfall (vgl. *in-currere*)

10. *Cäsar ist entschlossen, die Germanen anzugreifen:*

A quibus cum paucorum dierum iter abesset, legati ab iis venerunt, quorum haec fuit oratio: Germanos neque priores populo Romano bellum inferre neque tamen recusare, si lacessantur, quin armis contendant, quod Germanorum consuetudo haec sit a maioribus tradita, quicumque bellum inferant, resistere neque deprecari. Si suam gratiam Romani velint, posse iis utiles esse amicos; vel sibi agros attribuant vel patiantur eos tenere, quos armis possederint: sese unis Suebis concedere, quibus ne di quidem immortales pares esse possint; reliquum quidem in terris esse neminem, quem non superare possint.

deprecari: um Gnade bitten
Suebi, -orum, m.: die Sueben (germanisches Volk)

9.2 Oratio obliqua bei Nepos

Übung 49 Unterstreiche das Verbum, von dem eine indirekte Rede abhängig ist, doppelt. Markiere jeweils vorkommende AcI-Konstruktionen. Vorkommende Konjunktive unterstreiche einfach. Übersetze dann die Sätze:

1. Miltiades hortatus est pontis custodes, ne a fortuna datam occasionem liberandae Graeciae dimitterent. Nam si cum iis copiis, quas secum transportarat, interiisset Darius, non solum Europam fore tutam, sed etiam eos, qui Asiam incolerent Graeci genere, liberos a Persarum futuros dominatione et periculo. Id et facile effici posse. Ponte enim rescisso regem vel hostium ferro vel inopia paucis diebus interiturum.

   Miltiades, -is, m.: Miltiades (athenischer Feldherr; ihm gilt die erste Vita aus *De viris illustribus*)
   transportarat = transportaverat
   Darius, -ii, m.: Darius (persischer König)
   eos, qui ... Graeci genere = eos Graecos, qui ...; incolere, -colo, -colui, -cultum: wohnen, bewohnen
   dominatio, -onis, f.: (Gewalt-)Herrschaft
   rescindere, -scindo, -scidi, -scissum: einreißen, abbrechen

2. Noctu de servis suis, quem habuit fidelissimum, ad regem misit, ut ei nuntiaret adversarios eius in fuga esse; qui si discessissent, maiore cum labore et longinquiore tempore bellum confecturum, cum singulos consectari cogeretur; quos si statim aggrederetur, brevi universos oppressurum.

   fidelis, -e: hier ≈ *fidus, -a, -um*
   longinquus, -a, -um: hier wie *longus, -a, -um* zu übersetzen
   consectari: verfolgen, jagen

3. *Die Idee wird erörtert, für die Cäsarmörder einen Hilfsfond einzurichten. Ein Freund des Brutus appelliert an Atticus, „mit gutem Beispiel voranzugehen“:* At ille, qui officia amicis praestanda sine factione existimaret semperque a talibus se consiliis removisset, respondit: si quid Brutus de suis facultatibus uti voluisset, usurum, se neque cum quoquam de ea re collocuturum neque coiturum.

   sine factione: ohne Parteinahme, -rücksichten
   Brutus, -i, m.: Brutus (einer der Cäsarmörder)
   facultates, -um (Pl. zu *facultas*): Mittel, Vermögen
   usurum: der Inf. Futur hat *hier* den Charakter einer Aufforderung
   coire: hier: eine Vereinbarung treffen

4. Ad magistratus senatumque Lacedaemoniorum adiit et apud eos liberrime professus est: Athenienses suo consilio, quod communi iure gentium facere possent, deos publicos suosque patrios ac penates, quo facilius ab hoste possent defendere, muris saepsisse. Nam illorum urbem ut propugnaculum oppositum esse barbaris; apud quam iam bis classes regias fecisse naufragium. Lacedaemonios autem male et iniuste facere, qui id potius intuerentur, quod ipsorum dominationi quam (id,) quod universae Graeciae utile esset.

penates, -ium, m.: die Penaten (Schutzgötter der Familie und des Staates)
saepire, saepio, saepsi, saeptum: umgeben, einschließen
propugnaculum, -i, n.: Schutzmauer, Bollwerk
naufragium, -ii, n.: Schiffbruch
dominatio, -onis, f.: Herrschaft

5. *Nepos schreibt in seiner Vita über den umstrittenen Feldherrn Alkibiades, die meisten Schriftsteller hätten dessen Ruf als schlecht dargestellt, drei der führenden Geschichtsschreiber hätten ihn hingegen gelobt:*

Namque ea, quae supra scripsimus, de eo praedicarunt atque hoc amplius: Cum Athenis, splendidissima civitate, natus esset, omnes splendore ac dignitate superasse vitae; postquam inde expulsus Thebas venerit, adeo studiis eorum inservisse, ut nemo eum labore corporisque viribus posset aequiperare – omnes enim Boeotii magis firmitati corporis quam ingenii acumini inserviunt –; eundem apud Lacedaemonios sic duritiae se dedisse, ut parsimonia victus atque cultus omnes Lacedaemonios vinceret; fuisse apud Thraecas, homines vinolentos rebusque veneriis deditos: Hos quoque in his rebus antecessisse; venisse ad Persas, apud quos summa laus esset fortiter venari, luxuriose vivere: horum sic imitatum consuetudinem, ut illi ipsi eum in his maxime admirarentur. Quibus rebus effecisse, ut, apud quoscumque esset, princeps poneretur habereturque carissimus.

splendidus, -a, -um: glänzend, bedeutend, ruhmvoll; *splendor, -oris,* m.: Glanz
Thebae, -arum, f.: (die griechische Stadt) Theben
studia: hier: Interessen, Vorlieben
inservire: hier: sich richten nach, nachgeben; auch: betreiben, fördern
labor, -oris, m.: hier: Ausdauer
aequiperare: gleichkommen, erreichen (häufig mit Akk.)
Boeotii, -orum, m.: die Böotier (Einwohner der Landschaft Böotien in Mittelgriechenland)
acumen, -minis, n.: Substantiv zu *acer, acris, acre*
Lacedaemonii, -orum, m.: die Spartaner
duritia, -ae, f.: Substantiv zu *durus, -a, -um*
parsimonia, -ae, f.: Sparsamkeit
Thraex, Thraecis, m.: der Thraker (Bewohner von Thrakien; Landschaft nordöstl. von Griechenland)
vinolentus, -a, -um: trunksüchtig
venerius, -a, -um: zur (sinnlichen) Liebe gehörig, unzüchtig, wollüstig
Persae, -arum, m.: die Perser
venari: jagen
luxuriosus, -a, -um: vgl. „luxuriös“
ponere: hier: zu etw. rechnen, zählen, als etw. betrachten

10 Personenbeschreibungen bei Nepos

Nepos beschreibt in seinen Biografien nicht nur denkwürdige Taten seiner Figuren, sondern charakterisiert sie auch in ihrem Verhalten und in ihren Eigenschaften. Um diese Charakteristiken flüssig übersetzen zu können, solltest du gezielt die sprachlichen Phänomene üben, derer sich Nepos hier bedient.

Personenbeschreibungen bei Nepos

- Charakterisierungen enthalten naturgemäß eine Fülle von Adjektiven oder Substantiven, die das Äußere bzw. die Wesensart eines Menschen beschreiben. Denke daran, dass bestimmte **Adjektive** den **Genitiv** nach sich haben (z. B. *cupidus, memor, potens, peritus, plenus*).
- Oft verwendet werden **Genitivus und Ablativus qualitatis** sowie der **Ablativus limitationis**. Wiederhole die Redewendungen hierzu in deiner Grammatik.
- Gerne gebraucht Nepos auch zu Adjektiven **erstarrte Partizipien**; in der Verbindung **mit *esse*** können sie häufig als Verbalhandlung übersetzt werden (z. B. *audiens esse* = *audire*).
- ***uti*** wird oft in der Bedeutung **„haben"** verwendet.

Übung 50 Bei dieser Übung sind keine Wortangaben gemacht: Übe dich im Nachschlagen in einem der gängigen Lexika. Erscheint dir deine Übersetzung allzu wörtlich, suche nach einer freieren Möglichkeit der Wiedergabe.

1. Nobili genere natus …
2. Natus in amplissima civitate summo genere …
3. Erat antiquo genere …
4. Educatus est in domo Pericli, eruditus a Socrate.
   Pericles, -is, m.: Perikles (athenischer Staatsmann)
5. (Cimon) habebat autem in matrimonio sororem germanam suam, non magis amore quam more ductus.
6. Ille sororem Dionis habuit in matrimonio, ex qua duos filios procreavit totidemque filias.
   Dion, -onis, m.: Dion (409–354 v. Chr.), Schwager und Schwiegersohn des Tyrannen Dionysios I. von Syrakus

Sokrates, griechischer Philosoph (469–399 v. Chr.)

7. (Erat) ad omnes res aptus consiliique plenus, disertus, laboriosus, patiens, liberalis, splendidus, luxuriosus, libidinosus.
8. (Erat) homo et callidus et ad fraudem acutus, sine ulla religione et fide.
9. Fuit disertus, impiger, laboriosus, rei militaris peritus neque minus civitatis regendae.
10. Habebat satis eloquentiae, summam liberalitatem, magnam prudentiam cum iuris civilis tum rei militaris.
11. Multa ab natura habuit bona, in his ingenium docile, come, magnam corporis dignitatem.
12. Neminem huic praefero fide, constantia, magnitudine animi, in patriam amore.
13. Erat dignitate regia.
14. Excellebat abstinentia.
15. Fuit et animo magno et corpore imperatoriaque forma.
16. In omnibus rebus singulari fuit industria: Nam et agricola sollers et peritus iuris consultus et magnus imperator et probabilis orator et cupidissimus litterarum fuit.
17. In labore nimis remissus parumque patiens …
18. Idem (Epaminondas) … non solum populi, sed etiam amicorum ferens iniurias …
19. Patre usus est diligente.
20. Duro initio usus est adulescentiae.

11 Grundsätzliche Übersetzungstipps für lateinische Texte

11.1 Systematisches Vorgehen beim Übersetzen

Gewöhne dir an, an Texte **langsam und systematisch** heranzugehen. Bei einfacheren Sätzen oder Texten wirst du dann nach kurzer Zeit feststellen, dass du durch die Übung dieses Vorgehens vieles „vom Blatt" übersetzen kannst.

Wie geht man beim Übersetzen systematisch vor?

1. Schritt

Mache dir zunächst den **Aufbau eines Satzgefüges** klar. Kläre als erstes, worin der **Hauptsatz** (HS) und worin die **Nebensätze** (Gliedsätze) bestehen:

- Nebensätze (Gliedsätze) erkennst du daran, dass sie mit einem **neben-/gliedsatzeinleitenden Wort** beginnen: einer Subjunktion (z. B. *cum*, *postquam*), einem Relativpronomen (achte aber darauf, ob nicht ein relativer Satzanschluss vorliegen könnte!) [1] oder einem Fragepronomen (bei indirekten Fragesätzen).
  Markiere diese neben-/gliedsatzeinleitenden Wörter, z. B. durch Einkreisen.
  Beachte, dass ein Nebensatz nicht nach einem Komma beginnen muss, sondern auch ein Satzgefüge einleiten kann.
- Prüfe, auf welche Nomina sich z. B. Relativpronomina beziehen könnten oder welche anderen Wortverbindungen (wie *tantus … quantus; sic … ut*) die direkte **Unterordnung** eines Satzes unter einen anderen nahe legen. Solche **Bezüge** kannst du durch Pfeile markieren.
- Wenn du auf diese Weise die Gliedsätze herausgefunden hast, kann der verbleibende Teil des Satzgefüges nur der Hauptsatz sein oder zum Hauptsatz gehören.

2. Schritt

Unterstreiche alle **Prädikate**, das (bzw. die) des Hauptsatzes doppelt. Beachte dabei:

- Zu Formen von *esse* tritt in der Regel ein Prädikatsnomen. Es gehört zum Prädikat.
- Infinitivformen sind in der Regel (abgesehen vom historischen Infinitiv) keine Prädikate.
- Wenn du in einem Teilsatz **kein Prädikat** entdeckst, mache dir einen kurzen **Vermerk**. Er erinnert dich daran, dass du in einer späteren Zeile noch ein Prädikat finden musst.
- Wenn du überhaupt kein Prädikat findest, überprüfe, ob evtl. eine **Ellipse** (Auslassung) vorliegt (z. B. bei *est*). Auch eine **parallele Satzkonstruktion** könnte dazu führen, dass ein Prädikat nur einmal genannt ist.

Markiere bei Schwierigkeiten zu jedem Prädikat das **Subjekt** (z. B. gestrichelt unterstreichen).

- Die **Person**, in der das **Prädikat** steht, gibt dir einen Hinweis auf den Numerus, in dem das Subjekt stehen muss.
- Wenn du **kein Subjekt** findest, ist es vielleicht nur **nicht ausdrücklich genannt**, z. B. da es dasselbe ist wie in einem anderen Teilsatz oder weil es sich um eine 1./2. Person handelt.
- Ist das **Subjekt nicht eindeutig** erkennbar, da es sich bei mehreren Formen um einen Nominativ handeln könnte, so lasse es vorläufig unübersetzt.

3. Schritt

Erstelle bei Sätzen mit mehreren Nebensätzen auf der Basis deiner bisherigen Ergebnisse eine Satzanalyse mit **Einrückmethode** oder **Kästchenmethode** (vgl. Kapitel 11.2).

4. Schritt

Mache dir klar, welche **Wortblöcke** zusammengehören.[2]

- Eine Hilfe dafür, zusammengehörige Substantive und Adjektive oder Pronomina zu finden, ist die **KNG-Regel** (Kasus-Genus-Numerus-Regel).
- Achte auf **Präpositionen**, die mit den darauf folgenden Nomina (im Akk. oder Abl.) ebenfalls einen Wortblock bilden.
- **Genitive** sind in der Regel auf das **nächstgelegene Nomen** (meist das vor dem Genitiv stehende) zu beziehen.

5. Schritt

Prüfe, welche **grammatikalischen Strukturen** in dem Satz enthalten sind.

- **Markiere** zentrale Grammatikphänomene wie **AcI** oder **NcI, Participium coniunctum, Ablativus absolutus, Gerund/Gerundiv** oder **indirekte Rede**, am besten in einer jeweils nur dafür bestimmten Markierung.
- Eine andere Möglichkeit besteht darin, dir einfach am Rand einen **Vermerk** auf das jeweilige Grammatikphänomen zu machen. Die Kästchenmethode sieht darüber hinaus bestimmte Symbole dafür vor (vgl. Kapitel 11.2).

6. Schritt

Übersetze nun zunächst den **Hauptsatz (HS)**, dann in einem zweiten Schritt die **Nebensätze (NS**, bzw. Gliedsätze, GS) – **Schritt für Schritt**.

- Bei einem **HS** empfiehlt es sich oft, nach einem **Dreischritt** vorzugehen:
  1. Übersetze zunächst (ggf. nach der einleitenden Konjunktion) das erste Wort oder die erste Wortgruppe,
  2. als zweites das Prädikat,
  3. dann den Rest des Satzes der Reihe nach.
- Ein **Nebensatz** lässt sich dagegen meist **der Reihe nach** übersetzen.
- Oft werden **Partizipialkonstruktionen** und der **AcI**, in bestimmten Fällen auch Gerund/ Gerundiv **im Deutschen** als (zusätzliche) **Nebensätze** wiedergegeben.

1 Ein relativer Satzanschluss findet sich am Anfang eines neuen Satzes nach Punkt oder Strichpunkt; nach einem Komma dagegen nie.

2 Du kannst diese natürlich durch Klammern, Kästchen o. Ä. eingrenzen. Doch vermeide Verwirrung durch allzu viele Markierungen. Oft genügt an Stellen, auf die du später bei der Übersetzung besonders achten willst, ein einfaches Ausrufezeichen, ein Stichwort im Text o. Ä.

Beispiel

Text

Ubi se diutius duci intellexit et diem instare, quo die frumentum militibus metiri oporteret, convocatis eorum principibus, quorum magnam copiam in castris habebat, in his Diviciaco et Lisco, qui summo magistratui praeerat, quem vergobretum appellant Haedui, qui creatur annuus et vitae necisque in suos habet potestatem, graviter eos accusat, quod, cum frumentum neque emi neque ex agris sumi possit, tam necessario tempore, tam propinquis hostibus ab iis non sublevetur.

B. G. 16,5–6 mit Auslassung

1. und 2. Schritt

- In einer ersten Analyse markierst du **Subjunktionen** bzw. andere **nebensatzeinleitende Wörter.** Prüfe, soweit hier schon möglich, auf welcher Ebene die Gliedsätze stehen: Finde heraus, worauf sich z. B. die Relativpronomina beziehen könnten. Diese **Bezüge** kannst du mit Pfeilen kennzeichnen.
- Unterstreiche dann die **Prädikate**, das des Hauptsatzes doppelt. Das zugehörige **Subjekt** kannst du, falls du Schwierigkeiten hast, unterstricheln.

Ubi se diutius duci intellexit et diem instare, quo die frumentum militibus metiri oporteret, convocatis eorum principibus, quorum magnam copiam in castris habebat, in his Diviciaco et Lisco, qui summo magistratui praeerat, quem vergobretum appellant Haedui, qui creatur annuus et vitae necisque in suos habet potestatem, graviter eos accusat, quod, cum frumentum neque emi neque ex agris sumi possit, tam necessario tempore, tam propinquis hostibus ab iis non sublevetur.

Auf Folgendes kommst du durch Überlegen:

- Bei *convocatis eorum principibus ... in his Diviciaco et Lisco ... graviter eos accusat* muss es sich um den **Hauptsatz** handeln, da diese Passagen nicht mit nebensatzeinleitenden Wörtern beginnen.
- In den mit *ubi, quorum* und *quod* beginnenden Teilsätzen findet sich kein ausdrücklich genanntes **Subjekt**: Das Prädikat verlangt ein Subjekt in der 3. Pers. Sg. Wenn du den Kontext kennst, weißt du, dass vorher Cäsar Subjekt war: Er muss es also auch hier wieder sein (also „er“).
- In dem mit *quo* beginnenden Gliedsatz findet sich mit *oporteret* eine unpersönliche Formulierung („man musste“), daher steht hier kein Subjekt.
- Schwierigkeiten machen dir unter Umständen zunächst parallele Aufzählungen wie *tam necessario tempore, tam propinquis hostibus,* weil zwischen ihnen Kommata stehen. Da sich in dieser Passage jedoch kein nebensatzeinleitendes Wort findet, kannst du ausschließen, dass sie voneinander abhängig sind.

3. Schritt

Bei umfangreichen Satzgefügen wie dem Beispieltext empfiehlt es sich, die Abhängigkeiten der Teilsätze mit einer Satzanalysemethode zu veranschaulichen (vgl. Kapitel 11.2, dort ist der lateinische Satz in beiden Satzanalysemethoden dargestellt). Hier ist die Einrückmethode gewählt.

4. und 5. Schritt

- Markiere, wo du Schwierigkeiten hast, die zusammengehörigen Wortblöcke, setze sie z. B. in Klammern.
- Prüfe, welche grammatikalischen Strukturen in dem Text zu finden sind und markiere sie (z. B. wie auf S. 55 vorgeschlagen).

HS	NS 1	NS 2	NS 3	
	Ubi se diutius duci intellexit et diem instare,			AcI
		(quo die) frumentum militibus metiri oporteret,		
(convocatis eorum principibus),				Abl. abs.
	quorum (magnam copiam) (in castris) habebat,			
(in his) Diviciaco et Lisco,				
	qui (summo magistratui) praeerat,			
		quem vergobretum appellant Haedui,		
			qui creatur annuus et vitae necisque (in suos) habet potestatem,	
graviter eos accusat,				
	quod,			
		cum frumentum neque emi neque (ex agris) sumi possit,		
	(tam necessario tempore), (tam propinquis hostibus) (ab iis) non sublevetur.			Abl. abs.

Auf Folgendes kommst du durch Überlegen:
Die beiden Abl. abs. in der vorletzten Zeile sind hier jeweils von einem Substantiv und einem Adjektiv gebildet: sinngemäß ist das (im klassischen Latein nicht existierende) Partizip von *esse* mitzudenken.

6. Schritt

- Übersetze zuerst den Hauptsatz:
  HS: …, nachdem er deren Anführer zusammengerufen hatte *(einleitende Wortgruppe)*, unter diesen Diviciacus und Liscus *(vorgezogen, da nur Apposition zur vorherigen Abl.-abs.-Konstruktion)*, …, klagte *(Prädikat)* er sie heftig an, …

- Dann übersetze der Reihe nach die Nebensätze:
  NS 1: Als er erkannte, dass er länger hingehalten wurde und der Tag bevorstand,
  NS 2: an dem (Tag) den Soldaten das Getreide zugeteilt werden musste, ...
  NS 1: ..., von denen er eine Menge (*freier:* größere Zahl) im Lager hatte, ...
  NS 1: ..., der dem höchsten Amt vorstand (das höchste Amt bekleidete),
  NS 2: das die Häduer Vergobret nennen,
  NS 3: der (*schöner:* ein Amt, dessen Inhaber) jährlich gewählt wird und die Gewalt über Leben und Tod gegenüber seinen Leuten hat, ...
  NS 1: ..., weil (er),
  NS 2: da man (doch) weder etwas kaufen noch von den Feldern holen könne,
  NS 1: von ihnen in einer so bedrängten Lage (solchen Notlage) und wo doch (da) die Feinde (bereits) in der Nähe seien, nicht unterstützt werde.
- Nun setze das Satzgefüge zusammen:
  Als er erkannte, dass er länger hingehalten wurde und der Tag bevorstand, an dem man den Soldaten das Getreide zuteilen musste (den Soldaten das Getreide zugeteilt werden musste), klagte er, nachdem er deren Anführer zusammengerufen hatte, unter diesen Diviciacus und Liscus, der das höchste Amt bekleidete (*wörtl.* der dem höchsten Amt vorstand), das die Häduer Vergobret nennen, der (*schöner:* ein Amt, dessen Inhaber) jährlich gewählt wird und die Gewalt über Leben und Tod gegenüber seinen Leuten hat, sie heftig an, weil er, da man (doch) weder etwas kaufen noch von den Feldern holen könne, von ihnen in einer so bedrängten Lage (solchen Notlage), (und) wo doch (da) die Feinde (bereits) in der Nähe seien (bei einer solchen Nähe der Feinde), nicht unterstützt werde.
- Überlege, ob du ein solch langes Satzgefüge nicht im Deutschen in mehrere kürzere Satzperioden unterteilen kannst. Achte dabei darauf, die einzelnen Sätze logisch zu verknüpfen. Eine der denkbaren Möglichkeiten zur Wiedergabe des Satzgefüges ist folgende:
  Er erkannte, dass er länger hingehalten wurde und der Tag bevorstand, an dem man den Soldaten das Getreide zuteilen musste. Also rief er deren Anführer zusammen, unter diesen Diviciacus und Liscus. Letzterer bekleidete das höchste Amt, das die Häduer Vergobret nennen – ein Amt, dessen Inhaber jährlich gewählt wird und die Gewalt über Leben und Tod gegenüber seinen Leuten hat. Er klagte sie hierauf heftig an, weil er, da man (doch) weder etwas kaufen noch von den Feldern holen könne, von ihnen in einer solchen Notlage, und wo doch die Feinde bereits in der Nähe seien, nicht unterstützt werde.

11.2 Methoden der Satzanalyse

Methoden der Satzanalyse dienen dazu, komplexere Satzgefüge schneller und besser überschaubar und damit auch übersetzbar zu machen.

Wie kann man komplexe Satzgefüge veranschaulichen?

- Die Satzanalysemethoden veranschaulichen zunächst, auf welcher **Ebene** ein **Teilsatz** steht: ob er den **Hauptsatz** (oder einen Teil davon) oder einen **Nebensatz** (Gliedsatz) bildet, und, falls letzteres, ob dieser Nebensatz direkt **vom Hauptsatz abhängig** ist oder von einem anderen, ihm **übergeordneten Nebensatz**.

  Dabei kürzt man wie folgt ab:

HS	Hauptsatz
NS 1 (GS 1)	Nebensatz (Gliedsatz) 1. Grades (d. h. direkt vom HS abhängig)
NS 2 (GS 2)	Nebensatz (Gliedsatz) 2. Grades (d. h. von einem NS 1 abhängig) usw.

- In diese Schemata kannst du **zusätzlich wichtige grammatikalische Strukturen** einzeichnen. Dadurch wird die Anschaulichkeit eines solchen Satzbildes noch erhöht, da du so gut wie alle Informationen auf einen Blick vor dir hast, die du brauchst, um den Aufbau eines Satzes in seiner Logik nachzuvollziehen.

Die Einrückmethode

- Die einzelnen **Teilsätze** oder Teilstücke von Sätzen werden **untereinander** geschrieben.
- Sie werden je nach dem Grad ihrer Abhängigkeit nach rechts eingerückt.
  Man beginnt am linken Rand mit dem HS, ein NS 1 wird um eine Einheit nach rechts verschoben, ein NS 2 um zwei Einheiten, usw.

Beispiel:

HS	**NS 1**	**NS 2**	**NS 3**
	Ubi se diutius duci intellexit et diem instare,		
		quo die frumentum militibus metiri oporteret,	
convocatis eorum principibus,			
	quorum magnam copiam in castris habebat,		
in his Diviciaco et Lisco,			
	qui summo magistratui praeerat,		
		quem vergobretum appellant Haedui,	
			qui creatur annuus et vitae necisque in suos habet potestatem,
graviter eos accusat,			
	quod,		
		cum frumentum neque emi neque ex agris sumi possit,	
	tam necessario tempore, tam propinquis hostibus ab iis non sublevetur.		

In dieses Schema kannst du weitere Veranschaulichungen deiner Wahl einzeichnen, z. B. farbliche **Markierung von AcI, Abl. abs., Participium coniunctum** usw. (vgl. S. 55). Natürlich kannst du dabei auch die Symbole der Kästchenmethode verwenden.

Die Kästchenmethode

Der Hauptsatz und die Nebensätze werden in Kästchen geschrieben.
Diese werden je nach Abhängigkeitsgrad des Satzes höher oder tiefer gesetzt:

- Der **HS** steht **ganz oben** (das Kästchen, das ihn umgibt, kann dicker gezeichnet werden), ein NS 1 wird um eine Einheit nach unten verschoben, ein NS 2 um zwei, usw.
- **Nebensätze gleichen Grades** oder **Teilstücke desselben Satzes** stehen auf der **gleichen Linie** (in letzterem Fall wird das Kästchen am Ende nicht geschlossen, sondern erhält eine gestrichelte rechte Linie, die Fortsetzung des Teilsatzes in einem neuen Kästchen eine gestrichelte linke Linie).
  In die Kästchen werden nur die für das Erschließen des Teilsatzes wichtigsten Wörter bzw. Formen (Prädikat, Subjekt, Subjunktionen, Infinitiv- und Partizipialkonstruktionen) eingetragen.
- Bei der Kästchenmethode sind Symbole vorgegeben, durch die sich wichtige Elemente verkürzt und einfach darstellen lassen:

V	(finites) Verb	△	Participium coniunctum
VI	Verbum im Infinitiv*	▽	Ablativus absolutus
▱	AcI	◁	Relativer Satzanschluss
⬭	Gerund/Gerundiv		

Beispiel:

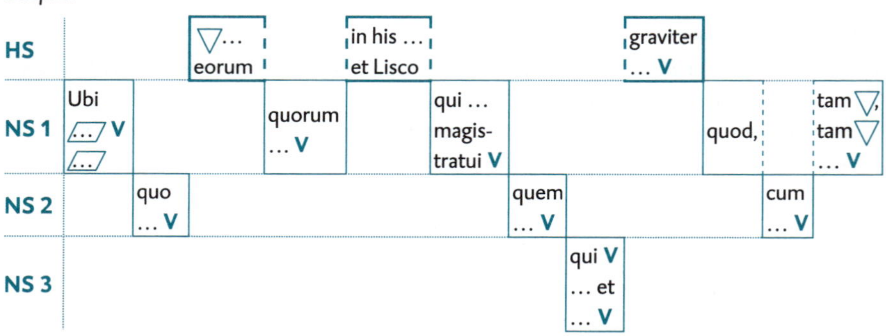

Tipp

Die Kästchenmethode erfordert grundsätzlich – jedenfalls, wenn die Satzperioden länger sind – wesentlich mehr Platz zur Veranschaulichung als die Einrückmethode.
Verwende bei der Kästchenmethode daher **Blatt oder Heft quer**.

* bei historischem Infinitiv

12 Übersetzungstexte

Anhand der folgenden 15 Cäsartexte *(Bellum Gallicum: BG; Bellum civile: BC)* und acht Nepostexte kannst du das systematische Übersetzen gründlich trainieren. Die **Texte steigern sich im Schwierigkeitsgrad** und in der Länge.

Du kannst folgende **Markierungen und Abkürzungen** verwenden.

- Unterstreiche Prädikate, Prädikate der Hauptsätze doppelt.* Prädikatsnomina gehören zum Prädikat. Unterstreiche sie also entsprechend.
- Unterstrichle Subjekte.*
- Kreise nebensatzeinleitende Wörter ein; z. B. *cum* ..., *qui* ...
- Markiere dunkelgrau Participia coniuncta, notiere am Rand **P. C.**
- Markiere hellgrau Ablativi absoluti, vermerke am Rand **Abl. abs.**
- Markiere durch Klammern (zusammengehörende Wortblöcke), besonders bei Konstruktionen mit P. C., Abl. abs., Gerund und Gerundiv.
- Markiere mit dunkelgrünem Buntstift AcI und NcI, schreibe an den Rand **AcI** oder **NcI**.
- Markiere Gerundia und Gerundiva hellgrün, notiere am Rand **Gerund** bzw. **Gerundiv**.
- Markiere Oratio obliqua jeweils mit geschweifter Klammer am Rand, vermerke zusätzlich **Oratio obliqua**.
- Markiere relative Satzanschlüsse durch einen nach links gerichteten Pfeil; z. B. *Qui* ... und schreibe an den Rand **relativer Satzanschluss (rel. SA)**.

Du kannst selbstverständlich auch andere Phänomene am Rand vermerken, z. B. **verschränkter Relativsatz (vs. RS)** oder **indirekter Fragesatz (ind. FS)**. Natürlich kannst du auch eigene Markierungen wählen (z. B. unterschiedliche Farben). Verwende aber auch dann in allen Übungen für ein bestimmtes Phänomen dieselbe Markierung.

* Markiere entsprechend in Passagen indirekter Rede im AcI die Prädikate (Infinitive) und Subjekte (Akkusative) der ursprünglichen Hauptsätze.

12.1 Sprachliche Besonderheiten bei Cäsar

Achte auf folgende im Sprachgebrauch Cäsars oft vorkommenden Phänomene:

Sprachliche Besonderheiten bei Cäsar

- Häufig benutzt Caesar die Vergangenheitstempora, v. a. das Imperfekt (für Schilderungen von Zuständen) und das Perfekt (für einmalige Handlungen). Daneben benutzt er oft das **(historische) Präsens** – besonders wenn die Schilderung den Leser mitten in das Geschehen „hineinnehmen" will. Du kannst es in der deutschen Übersetzung nachahmen, gerne aber auch mit Vergangenheit übersetzen.
- Bei Caesar steht häufig ***sese*** statt ***se***.

12.2 Cäsartexte

Text 1: Bellum Gallicum V 38

Der Stammesfürst Ambiorix, ein gefährlicher Feind der Römer, hatte 54 v. Chr. fünfzehn römische Kohorten vernichtet:

(1) Hac victoria sublatus Ambiorix[1] statim cum equitatu in Atuatucos[2], qui erant eius regno finitimi, proficiscitur; neque noctem neque diem intermittit peditatumque subsequi iubet.
(2) Re demonstrata Atuatucisque[2] concitatis[3] postero die in Nervios[4] pervenit hortaturque, ne sui in perpetuum liberandi atque ulciscendi Romanos pro eis, quas acceperint, iniuriis occasionem dimittant:
(3) Interfectos esse legatos duos magnamque partem exercitus interisse demonstrat; nihil esse negotii[5] subito oppressam legionem, quae cum Cicerone[6] hiemet, interfici; se ad eam rem profitetur[7] adiutorem[8].
(4) Facile hac oratione Nerviis[3] persuadet. *79 lat. Wörter*

1 *Ambiorix, -igis*, m.: Ambiorix (Fürst der Eburonen)
2 *Atuatuci, -orum*, m.: die Atuatuker (gallischer Stamm)
3 *concitare*: synonym zu *incitare*
4 *Nervii, -orum*, m.: die Nervier (gallischer Stamm)
5 *nihil negotii est*: es kostet keine Mühe
6 *Cicero, -onis*, m.: Gemeint ist hier Quintus Tullius Cicero, der Bruder des berühmten Redners; er war im Gallischen Krieg Legat.
7 *(se) profiteri*: (sich) anbieten als
8 *adiutor, -oris*, m.: männliches (Tätigkeits-)Substantiv zu *adiuvare*

Übung 51

1. Kreise alle nebensatzeinleitenden Wörter (Subjunktionen, Relativpronomina, evtl. Fragewörter) ein und unterstreiche alle Prädikate (die des Hauptsatzes doppelt). Unterstrichle alle Subjekte, soweit ausdrücklich genannt. Veranschauliche dir die Satzstruktur des Textes mit der Einrückmethode. Du kannst deine Lösung vor Bearbeitung der Aufgabe 2 überprüfen.
2. Markiere, sofern diese Strukturen im Text vorkommen, AcI (bzw. NcI), Participium coniunctum, Ablativus absolutus, Gerund und Gerundiv (Markierungsvorschläge vgl. S. 55).
   Prüfe, ob ggf. in einem AcI/NcI irgendwo *esse* entfallen ist und ob eine Passage in indirekter Rede vorliegt.
   Wenn du unsicher bist, kannst du deine Lösung vor Bearbeitung der Aufgabe 3 kontrollieren.
3. Erstelle nun die Übersetzung.

Text 2: Bellum Gallicum V 46

Die Nervier haben das römische Lager eingeschlossen. Diese Belagerung ist sehr bedrückend, zumal die römischen Soldaten von ihren Verwundungen entkräftet sind. Doch einer der Nervier ist zu Cicero (einem Legat im römischen Heer, dem Bruder des berühmten Redners Cicero), übergelaufen und schickt einen Sklaven mit der Nachricht zu Cäsar, in welcher Bedrängnis sich seine Leute befinden:

(1) Caesar acceptis litteris hora circiter XI diei statim nuntium in Bellovacos[1] ad M. Crassum[2] quaestorem mittit, cuius hiberna aberant ab eo milia passuum XXV; iubet media nocte legionem proficisci celeriterque ad se venire.
(2) Exit cum nuntio Crassus[3].
(3) Alterum ad Gaium Fabium[4] legatum mittit, ut in Atrebatium[5] fines legionem adducat, qua[6] sibi iter faciendum sciebat.
(4) Scribit Labieno[7], si rei publicae commodo facere posset, cum legione ad fines Nerviorum[8] veniat.
(5) Reliquam partem exercitus, quod paulo aberat longius, non putat exspectandam; equites circiter quadringentos ex proximis hibernis colligit.

85 lat. Wörter

1 *Bellovaci, -orum,* m.: die Bellovaker (belgischer Volksstamm)
2 *M. Crassus, -i,* m.: M. (Licinius) Crassus (wichtiger Mann in Cäsars Heer)
3 Gemeint ist: *Ubi nuntius advenit, Crassus proficiscitur.*
4 *C. Fabius, -i,* m.: Fabius (wichtiger Mann in Cäsars Heer)
5 *Atrebates, -ium,* m.: die Atrebaten (belgischer Volksstamm)
6 Übersetze *qua* hier wie *per quos.*
7 *Labienus, -i,* m.: Titus (Atius) Labienus (bedeutendster Legat Cäsars)
8 *Nervii, -orum,* m.: die Nervier (belgischer Volksstamm)

Übung 52

1. Kreise alle nebensatzeinleitenden Wörter ein, unterstreiche alle Prädikate (die des Hauptsatzes doppelt) und unterstrichle die Subjekte. Solltest du dir über die Satzstruktur noch nicht im Klaren sein, so bearbeite die betreffenden Sätze nach der Einrückmethode.
Du kannst deine Lösung vor Bearbeitung der Aufgabe 2 kontrollieren.
2. Markiere, soweit vorhanden, AcI (bzw. NcI), Part. Coni. und Abl. Abs., Gerundia und Gerundiva (vgl. S. 55). Vergiss nicht, dass im AcI bzw. NcI *esse* entfallen kann und achte auch auf mögliche Besonderheiten bei Relativsätzen. Entdeckst du eine Passage in indirekter Rede?
Wenn du unsicher bist, kannst du deine Lösung vor Bearbeitung der Aufgabe 3 kontrollieren.
3. Übersetze den Text.

Text 3: Bellum Gallicum VII 18

Cäsar belagert die Stadt Avaricum[1]. Vercingetorix[2] ist Cäsar in Richtung Avaricum gefolgt und hat ein Lager 16 Meilen von dieser Stadt entfernt aufgeschlagen. Cäsars Truppen befinden sich infolge der Überfälle von Vercingetorix' Leuten und der Unzuverlässigkeit der Verbündeten in bedrängter Lage, doch sind sie sich einig, man dürfe die Belagerung von Avaricum nicht abbrechen:

(1) Cum iam muro turres appropinquassent[3], ex captivis Caesar cognovit Vercingetorigem[2] consumpto pabulo castra movisse propius Avaricum[1] atque ipsum cum equitatu expeditisque[4], qui inter equites proeliari[5] consuessent, insidiarum causa eo profectum, quo nostros postero die pabulatum[6] venturos arbitraretur.
(2) Quibus rebus cognitis media nocte silentio profectus ad hostium castra mane[7] pervenit.
(3) Illi celeriter per exploratores adventu Caesaris cognito carros[8] impedimentaque sua in artiores[9] silvas abdiderunt, copias omnes in loco edito[10] atque aperto instruxerunt.
(4) Qua re nuntiata Caesar celeriter sarcinas[11] conferri, arma expediri[12] iussit.

81 lat. Wörter

1 *Avaricum, -i,* n.: Hauptstadt der Bituriger; heutiges Bourges; ergänze in S. 1 im Dt. zwischen *propius* und *Avaricum* ein „an".
2 *Vercingetorix, -rigis,* m.: Vercingetorix (ein Arverner; die treibende Kraft des gallischen Aufstandes gegen die Römer im Jahr 52 v. Chr.)
3 An dieser Stelle das Verb freier übersetzen.
4 *expediti:* hier: leichtes (leichtbewaffnetes) Fußvolk; kampfbereite Truppen
5 *proeliari:* Verbum zu *proelium*
6 *pabulatum:* hier liegt ein sog. Supin vor; übersetze im Deutschen mit „zum ..."
7 *mane:* morgens, in der Frühe
8 *carrus, -i,* m.: Karren
9 *artus, -a, -um:* dicht
10 *editus, -a, -um* (eigtl. PPP zu *edere*): hier: erhöht
11 *sarcinae, -arum,* f.: (Marsch-)Gepäck (der Soldaten)
12 *expedire, expedio, expedivi, expeditum:* hier: herbeischaffen, bereitstellen

Übung 53

1. Kreise alle nebensatzeinleitenden Wörter ein, unterstreiche alle Prädikate und unterstrichle die Subjekte. Übe anhand dieses Textes einmal die Kästchenmethode. Wichtig ist eine Analyse bei dem sehr komplexen Satz 1. (Du kannst den Satz natürlich auch nach der Einrückmethode analysieren.)
2. Markiere, soweit vorhanden, AcI (bzw. NcI), Part. Coni. und Abl. Abs., Gerund und Gerundiv (vgl. S. 55). Vergiss nicht, dass im AcI bzw. NcI *esse* entfallen kann. Achte auch auf verkürzte Verbformen. Der Text enthält außerdem einen verschränkten Relativsatz.
3. Übersetze den Text.

Text 4: Bellum Gallicum VII 87

Es tobt der Kampf um die Festung Alesia, in der Cäsar Vercingetorix und seine Leute eingeschlossen hat. Er selbst beobachtet das Kampfgeschehen und schickt bedrohten Truppenteilen Hilfe:

(1) Mittit primo Brutum[1] adulescentem cum cohortibus Caesar, post cum aliis Gaium Fabium[2] legatum; postremo ipse, cum vehementius pugnaretur, integros[3] subsidio adducit.
(2) Restituto[4] proelio ac repulsis hostibus eo, quo Labienum[5] miserat, contendit; cohortes quattuor ex proximo castello deducit, equitum partem sequi, partem circumire exteriores munitiones et ab tergo hostes adoriri iubet.
(3) Labienus, postquam neque aggeres neque fossae vim hostium sustinere poterant, coactis undecim cohortibus, quas ex proximis praesidiis deductas fors obtulit, Caesarem per nuntios facit certiorem, quid faciendum existimet.
(4) Accelerat[6] Caesar, ut proelio intersit. *83 lat. Wörter*

1 *(Decimus Iunius) Brutus, -i,* m.: Brutus (von Cäsar stark begünstigter junger Legat, trotzdem später einer seiner Mörder)
2 *Gaius Fabius, -ii,* m.: Gaius Fabius (ein Legat Cäsars)
3 *integer, -gra, -grum:* hier: frisch; ergänze zu *integros: milites* (o. Ä.)
4 *restituere, restituo, restitui, restitutum:* hier: wiederherstellen (im Sinn von: ausgleichen)
5 *T. (Atius) Labienus, -i,* m.: Titus Atius Labienus (bedeutendster Legat Cäsars)
6 *accelerare:* Synonym zu *properare*

Übung 54 Mittlerweile bist Du geübter: Versuche daher, eine Übersetzung zu erarbeiten, ohne vorher alle Zwischenschritte im Lösungsteil zu kontrollieren.

1. Erschließe die Satzstruktur: Markiere zunächst immer das jeweilige Prädikat eines Teilsatzes, die Subjekte und die nebensatzeinleitenden „kleinen“ Wörter. Eine Satzanalyse brauchst du wohl nur zu Satz 3 anzufertigen. Wähle die Methode, die dir besser liegt.
   Kontrolliere deine Lösung vor dem nächsten Schritt nur an den Stellen, die dir Probleme bereitet haben.
2. Untersuche den Text auf grammatikalische Schwierigkeiten hin (AcI / NcI, P.C., Abl. abs., Gerund / Gerundiv, evtl. Besonderheiten in Relativsätzen und indirekte Rede) und markiere diese (vgl. S. 55). Entdeckst du weitere wichtige Phänomene?
   Überprüfe die Lösung zu dieser Aufgabe nur dann vor Erarbeitung der Übersetzung, wenn du dir wirklich sehr unsicher bist.
3. Übersetze den Text.

Text 5: Bellum Gallicum VII 13

Gallien hat sich unter der Führung des Vercingetorix gegen die Römer erhoben. Cäsar hat gerade einige gallische Städte eingenommen und beginnt mit dem Zug gegen eine weitere: Avaricum:

(1) Caesar ex castris equitatum educi iubet proeliumque equestre committit:
(2) Laborantibus iam suis Germanos equites circiter CCCC summittit[1], quos ab initio secum habere instituerat.
(3) Eorum impetum Galli sustinere non potuerunt atque in fugam coniecti multis amissis se ad agmen receperunt.
(4) Quibus profligatis[2] rursus oppidani[3] perterriti comprehensos eos, quorum opera plebem concitatam[4] existimabant, ad Caesarem perduxerunt seseque ei dediderunt.
(5) Quibus rebus confectis Caesar ad oppidum Avaricum[5], quod erat maximum munitissimumque in finibus Biturigum[6] atque agri fertilissima[7] regione, profectus est, quod eo oppido recepto civitatem Biturigum se in potestatem redacturum[8] confidebat.

88 lat. Wörter

1 *summittere:* vgl. *subvenire*
2 *profligare:* überwältigen, niederwerfen, schlagen
3 *oppidanus, -i,* m.: der Stadtbewohner
4 *concitare = incitare*
5 *Avaricum, -i, n.:* Hauptstadt der Bituriger; heutiges Bourges
6 *Bituriges, -um,* m.: die Bituriger (großes keltisches Volk)
7 *fertilis, -e:* fruchtbar, (ertrag)reich
8 redigere, redigo, redegi, redactum: hier: (in einen Zustand) bringen

Übung 55 Erarbeite den obigen Text, ohne die Zwischenschritte vor der Übersetzung zu kontrollieren.

1. Mache dir die Satzstruktur klar. Kreise zunächst alle nebensatzeinleitenden Wörter ein, markiere Prädikate und Subjekte. Natürlich kannst du bei Schwierigkeiten für einzelne Sätze eine Satzanalyse vornehmen. Dies empfiehlt sich v. a. zu Satz 5.
2. Markiere grammatikalische Schwierigkeiten wie AcI / NcI, P. C., Abl. abs., Gerund / Gerundiv, evtl. Besonderheiten in Relativsätzen und indirekte Rede (vgl. S. 55).
3. Übersetze den Text.

Text 6: Bellum Gallicum II 12

Die Belger sind gerade von den Römern besiegt. Das gallische Bundesheer löst sich auf. Die Flucht verläuft – zumal auch noch die Kunde eintrifft, die (mit den Römern verbündeten) Häduer seien im Anrücken begriffen – reichlich ungeordnet, und so kann Cäsar ein fortlaufendes Rückzugsgefecht gegen den Feind führen, das diesem einige Verluste bringt:

(1) Postridie eius diei[1] Caesar, priusquam se hostes ex terrore ac fuga reciperent[2], in fines Suessionum[3], qui proximi Remis[4] erant, exercitum duxit et magno itinere confecto ad oppidum Noviodunum[5] contendit.
(2) Id ex itinere oppugnare conatus, quod vacuum ab defensoribus[6] esse audiebat, propter latitudinem fossae murique altitudinem paucis defendentibus expugnare non potuit.
(3) Castris munitis vineas agere[7] quaeque ad oppugnandum usui erant comparare coepit.
(4) Interim omnis ex fuga Suessionum[3] multitudo in oppidum proxima nocte convenit.
(5) Celeriter vineis ad oppidum actis[7], aggere iacto turribusque constitutis, magnitudine operum, quae neque viderant ante Galli neque audierant, et celeritate Romanorum permoti legatos ad Caesarem de deditione mittunt et petentibus Remis[4], ut conservarentur, impetrant. *106 lat. Wörter*

1 *postridie:* am folgenden Tag; *postridie eius diei* ist ein Pleonasmus
2 *se recipere:* hier: sich erholen, sich sammeln, sich wieder fassen
3 *Suessiones, -um,* m.: die Suessionen (belgischer Volksstamm)
4 *Remi, -orum,* m.: die Remer (belgischer Volksstamm, mit den Suessionen befreundet)
5 *Noviodunum, -i,* n.: häufiger vorkommender Ortsname in Gallien (eigtl. „Neustadt"); hier *Noviodunum* im Gebiet der Suessionen
6 *defensor, -oris,* m.: männl. Tätigkeitssubstantiv zu *defendere*
7 *vinea, -ae,* f.: Schutzdach; *vineas agere:* Schutzdächer aufstellen, voranschieben

Übung 56 Kontrolliere deine Lösungen erst nach der Übersetzung.

1. Mache dir die Satzstruktur klar. Kreise zunächst alle nebensatzeinleitenden Wörter ein, unterstreiche alle Prädikate und unterstrichle die Subjekte. Zu den Sätzen 1, 2 und 5 könnte eine Satzanalyse hilfreich sein.
2. Markiere grammatikalische Schwierigkeiten (vgl. S. 55). Beachte besonders:
   - *Quaeque* (Satz 3) ist **keine** Form von *quisque*.
   - Achte auf die Übersetzung von *de* (Satz 5).
3. Übersetze den Text.

Text 7: Bellum Gallicum VI 44

Cäsar ist im Gebiet der Eburonen eingefallen, um sich für deren Übergriffe auf ein römisches Lager zu rächen. Doch deren Fürst Ambiorix, einem gefährlichen Feind der Römer (vgl. Text 1), ist mehrfach die Flucht gelungen. Die Senonen wiederum haben einen Aufstand versucht:

(1) Tali modo vastatis regionibus exercitum Caesar duarum cohortium damno[1] Durocortorum[2] Remorum[3] reducit concilioque in eum locum Galliae indicto[4] de coniuratione Senonum et Carnutum[5] quaestionem habere[6] instituit et de Accone[7], qui princeps eius consilii fuerat, graviore sententia pronuntiata[8] more maiorum supplicium sumpsit.
(2) Nonnulli iudicium veriti profugerunt.
(3) Quibus cum aqua atque igni interdixisset[9], duas legiones ad fines Treverorum[10], duas in Lingonibus[11], sex reliquas in Senonum[5] finibus in hibernis collocavit frumentoque exercitui proviso, ut instituerat, in Italiam ad conventus agendos[12] profectus est. *79 lat. Wörter*

1 Übersetze den Kasus hier etwas freier.
2 *Durocortorum, -i, n.:* Durocortorum (Hauptort der Remer)
3 *Remi, -orum, m.:* die Remer (belgisches Volk)
4 *indicere, -dico, -dixi, -dictum:* hier: einberufen
5 *Senones, -um, m.:* die Senonen (großes keltisches Volk)
Carnutes, -um, m.: die Carnuten (ebenfalls ein keltisches Volk)
6 *quaestio, -onis, f.:* Untersuchung; *quaestionem habere:* freier zu übersetzen
7 *Acco, -onis, m.:* Acco (ein Fürst der Senonen)
8 *pronuntiare:* hier: (ein Urteil) verhängen
9 *alicui aqua et igni interdicere:* jemanden ächten, jemanden für vogelfrei erklären
10 *Treveri, -orum, m.:* die Treverer (großes Volk an der unteren Mosel, vielleicht germanischen Ursprungs; sein Hauptort war das heutige Trier.)
11 *Lingones, -um, m.:* die Lingonen (keltisches Volk)
12 *conventus, -us, m.:* hier: Gerichtstag; *agere* ist freier zu übersetzen.

Übung 57 Überprüfe deine Lösungen erst, wenn du versucht hast, die gesamte Übersetzung ohne Nachschlagen anzufertigen.

1. Mache dir die Satzstruktur klar. Kreise zunächst alle nebensatzeinleitenden Wörter ein, unterstreiche alle Prädikate und unterstrichle die Subjekte. Entscheide selbst, bei welchen Sätzen eine Satzanalyse sinnvoll ist.
2. Markiere grammatikalische Schwierigkeiten (AcI / NcI, P. C., Abl. abs., Gerund / Gerundiv, evtl. Besonderheiten in Relativsätzen und indirekte Rede; vgl. S. 55).
3. Übersetze den Text.

Text 8: Bellum Gallicum V 48

Die Nervier sind von den Römern abgefallen und führen Angriffe gegen sie, die der Legat Q. Tullius Cicero abzuwehren versucht. Der Legat Labienus schreibt Cäsar, er könne das Winterlager nur unter größter Gefahr verlassen, da die Feinde in der Nähe dieses Lagers Stellung bezogen hätten. Cäsars Eingreifen ist also gefordert:

(1) Venit (Caesar) magnis itineribus in Nerviorum[1] fines.
(2) Ibi ex captivis cognoscit, quae apud Ciceronem[2] gerantur, quantoque in periculo res sit.
(3) Tum cuidam ex equitibus Gallis magnis praemiis persuadet, uti ad Ciceronem epistulam deferat.
(4) Hanc Graecis conscriptam litteris mittit, ne intercepta[3] epistula nostra ab hostibus consilia cognoscantur.
(5) Si adire non possit, monet, ut tragulam[4] cum epistula ad amentum[5] deligata[6] intra[7] munitionem castrorum abiciat.
(6) In litteris scribit se cum legionibus profectum celeriter adfore; hortatur, ut pristinam virtutem retineat.
(7) Gallus periculum veritus, ut erat praeceptum, tragulam[4] mittit.
(8) Haec casu ad turrim adhaesit neque ab nostris biduo[8] animadversa tertio die a quodam milite conspicitur, dempta ad Ciceronem defertur.
(9) Ille perlectam in conventu[9] militum recitat maximaque omnes laetitia adficit.
(10) Tum fumi[10] incendiorum procul videbantur; quae res omnem dubitationem[11] adventus legionum expulit.

126 lat. Wörter

1 *Nervii, -orum,* m.: die Nervier (belgisches Volk)
2 *Quintus Tullius Cicero,* Legat im gallischen Krieg, Bruder des Redners Cicero
3 *intercipere, -cipio, -cepi, -ceptum:* hier: abfangen
4 *tragula, -ae,* f.: Wurfspieß
5 *amentum, -i,* n.: Wurfriemen (am Speer)
6 *deligare = alligare*
7 Übersetze *intra* hier wie *in.*
8 *biduum, -i,* n.: gebildet analog zu *triduum*
9 *conventus, -us,* m.: Substantiv zu *convenire*
10 *fumus, -i,* m.: Rauch
11 *dubitatio, -onis,* f.: Substantiv zu *dubitare*

Römischer Centurio mit Brustpanzer, Relief

Übung 58 Dieser Text ist länger und auch – vor allem wegen der zum Teil recht knappen Ausdrucksweise – schwerer zu übersetzen. Falls du dich sehr unsicher fühlst, kontrolliere vor der Übersetzung alle Zwischenschritte.

1. Mache dir die Satzstruktur klar. Kreise zunächst alle nebensatzeinleitenden Wörter ein, unterstreiche alle Prädikate und unterstrichle die Subjekte. Möglicherweise hast du teilweise Schwierigkeiten mit der Satzstruktur: Achte in diesem Text gut darauf, welche Teilsätze wirklich Nebensätze sind und wo nur ein paralleler Aufbau vorliegt. Schaffe durch eine Satzanalyse Klärung.
2. Markiere AcI / NcI, P. C., Abl. abs., Gerund / Gerundiv, evtl. Besonderheiten in Relativsätzen und indirekte Rede (vgl. S. 55). Entdeckst du weitere wichtige Phänomene?
3. Übersetze. Ein Tipp: Die häufigen partizipialen Wendungen sind an den meisten Stellen am besten durch Beiordnung zu übersetzen.

Text 9: Bellum Gallicum VII 38

Litaviccus, ein junger Reiterführer der Häduer, will seine Stammesgenossen zum Abfall von den Römern provozieren. Zu diesem Zweck erzählt er ihnen Schauermärchen über die Grausamkeiten von Cäsars Leuten:

(1) Litaviccus accepto exercitu, cum milia passuum circiter XXX ab Gergovia[1] abesset, convocatis subito militibus lacrimans[2], „Quo proficiscimur," inquit, „milites?
(2) Omnis noster equitatus, omnis nobilitas interiit; principes civitatis, Eporedorix et Viridomarus[3], insimulati proditionis[4] ab Romanis interfecti sunt.
(3) Haec ab ipsis cognoscite, qui ex ipsa caede fugerunt: nam ego fratribus atque omnibus meis propinquis interfectis dolore prohibeor, quae gesta sunt, (pro)nuntiare."
(4) Producuntur hi, quos ille (e)docuerat, quae dici vellet, atque eadem, quae Litaviccus pronuntiaverat, multitudini exponunt:
(5) Multos equites Haeduorum interfectos, quod collocuti cum Arvernis[5] dicerentur; ipsos se inter multitudinem militum occultasse atque ex media caede fugisse.
(6) Conclamant Haedui et Litaviccum obsecrant, ut sibi consulat.
(7) „Num dubitamus, quin nefario facinore admisso Romani iam ad nos interficiendos concurrant?

(8) Proinde, si quid in nobis animi est, persequamur eorum mortem, qui indignissime interierunt, atque hos latrones[6] interficiamus."
(9) Nuntios tota civitate Haeduorum dimittit, in eodem mendacio[7] de caede equitum et principum permanet.

145 lat. Wörter

1 *Gergovia, -ae, f.*: Gergovia (Hauptstadt des Stammes der Arverner)
2 *lacrimare: flere*
3 *Eporedorix, -rigis, m.*: Eporedorix (Anführer der Hilfsreiter der Häduer); *Viridomarus, -i, m.*: Eigenname (eines Häduers; stets zusammen mir Eporedorix genannt)
4 *proditio, -onis, f.*: Tätigkeitssubstantiv zu *prodere*
5 *Arverni, -orum, m.*: die Arverner (keltisches Volk in der heutigen Auvergne)
6 *latro, -onis, m.*: Räuber
7 *mendacium, -ii, n.*: Lüge

Übung 59 Der Text ist gegenüber dem Originaltext zwar gekürzt, enthält jedoch einige Schwierigkeiten und Besonderheiten. So solltest du, wenn du dir nicht mehr sicher bist, die Regeln und einige Übungssätze zur Oratio obliqua noch einmal aufgreifen und selbstständig in deiner Grammatik Besonderheiten der Fragesätze wiederholen. Wenn du dir schon sehr sicher bist, kannst du die Schritte 1 und 2 nicht schriftlich, sondern nur in Gedanken ausführen.

1. Mache dir die Satzstruktur klar. Kreise zunächst alle nebensatzeinleitenden Wörter ein, unterstreiche alle Prädikate und unterstrichle die Subjekte. Erstelle – zumindest bei längeren Sätzen – eine Satzanalyse.
2. Markiere AcI / NcI, P. C., Abl. abs., Gerund / Gerundiv, evtl. Besonderheiten in Relativsätzen und indirekte Rede (vgl. S. 55).
3. Übersetze nun den Text.

Der sterbende Gallier, eine Skulptur aus dem 2. Jh. v. Chr. Archäologisches Nationalmuseum, Neapel. © bpk

Text 10: Bellum Gallicum V 6

Cäsar plant seine Britannienexpedition. Da er während seiner Abwesenheit einen Aufstand in Gallien befürchtet, lässt er nur die unter den führenden Adeligen dort zurück, deren Treue ihm sicher erscheint, die übrigen plant er als Geiseln mitzunehmen:

(1) Erat una cum ceteris Dumnorix Haeduus [1], de quo ante ab nobis dictum est.
(2) Hunc secum habere in primis [2] constituerat, quod eum cupidum rerum novarum, cupidum imperii, magni animi, magnae inter Gallos auctoritatis cognoverat.
(3) Accedebat huc, quod in concilio Haeduorum Dumnorix [1] dixerat sibi a Caesare regnum civitatis deferri; quod dictum Haedui graviter ferebant, neque recusandi aut deprecandi [3] causa legatos ad Caesarem mittere audebant.
(4) Id factum ex suis hospitibus Caesar cognoverat.
(5) Ille omnibus primo precibus petere contendit, ut in Gallia relinqueretur, partim [4] quod insuetus [5] navigandi mare timeret, partim [4] quod religionibus [6] impediri sese diceret.
(6) Post(ea)quam id obstinate [7] sibi negari vidit, omni spe impetrandi adempta principes Galliae sollicitare, sevocare singulos hortarique coepit, ut(i) in continenti remanerent; metu territare [8]: non sine causa fieri, ut Gallia omni nobilitate spoliaretur; id esse consilium Caesaris, ut, quos in conspectu Galliae interficere vereretur, hos omnes in Britanniam traductos necaret; fidem reliquis interponere [9].
(7) Haec a compluribus ad Caesarem deferebantur. *149 lat. Wörter*

1 *Dumnorix, -rigis,* m.: Dumnorix (ein Häduer: *Haeduus, -i*), Schwiegersohn des Orgetorix und Feind der Römer
2 zu übersetzen wie *imprimis*
3 *deprecari:* um Gnade bitten, durch Bitten (etw.) abzuwenden versuchen
4 *partim ... partim:* teils ... teils
5 *insuetus, -a, -um* (mit Gen.): nicht gewöhnt an (vgl. *consuescere*)
6 *religiones:* hier: religiöse Bedenken, religiöse Pflichten
7 *obstinatus, -a, -um:* fest, beharrlich, hartnäckig
8 *territare:* Verbum intensivum zu *terrere;* achte hier besonders auf die Form und überlege, warum sie hier gewählt ist.
9 *interponere:* hier zu übersetzen wie *imponere;* zur Form vgl. *territare* (Anm. 8)

Übung 60 Dieser Text enthält in großer Dichte die von dir vorgeübten Grammatikphänomene. Besonders die Regeln der indirekten Rede solltest du sicher beherrschen.

Da der Text sehr lang ist, kannst du dir durchaus nach etwa der Hälfte (ab Satz 4 oder 5) eine Pause gönnen. Bearbeite dabei jedoch bei jeder Texthälfte nacheinander die drei folgenden Schritte:

1. Markiere bei Unsicherheit alle nebensatzeinleitenden Wörter, unterstreiche alle Prädikate und unterstrichle die Subjekte. Hilfreich ist es, wenn du versuchst, die Sätze (abgesehen von den ganz kurzen) nach der von dir bevorzugten Satzanalysemethode vorzustrukturieren. Du kannst vor der Übersetzung die Lösung hierfür einsehen.
2. Kennzeichne die wichtigen grammatikalischen Strukturen, z. B. AcI / NcI, P. C., Abl. abs., Gerund / Gerundiv, evtl. Besonderheiten in Relativsätzen und indirekte Rede (vgl. S. 55).
3. Übersetze den Text.

Aus der Themse geborgener Schild (3. bis spätes 1. Jh. v. Chr.) mit typisch britannischem Rundbuckel

Text 11: Bellum Gallicum VII 4

Cäsar schildert in diesem Text, wie der Arverner Vercingetorix nach anfänglichem Misstrauen seines Stammes zum Anführer vieler keltischer Stämme (und damit später zur treibenden Kraft des Aufstandes gegen die Römer) wird:

(1) Vercingetorix[1] Arvernus[2], summae potentiae adulescens, cuius pater principatum Galliae totius obtinuerat et ob eam causam, quod regnum appetebat, ab civitate erat interfectus, convocatis suis clientibus facile incendit.
(2) Cognito eius consilio ad arma concurritur.
(3) Prohibetur ab Gobannitione[3], patruo[4] suo, reliquisque principibus, qui hanc temptandam fortunam non existimabant; expellitur ex oppido Gergovia[5]; non destitit tamen atque in agris habet dilectum[6] egentium ac perditorum[7].
(4) Hac coacta manu, quoscumque adit ex civitate ad suam sententiam perducit; hortatur, ut communis libertatis causa arma capiant, magnisque coactis copiis adversarios suos, a quibus paulo ante erat eiectus, expellit ex civitate.
(5) Rex ab suis appellatur.
(6) Dimittit quoque versus[8] legationes; obtestatur[9], ut in fide maneant.

(7) Celeriter sibi Senones, Parisios, Pictones, Cadurcos, Turonos, Aulercos, Lemovices, Andos[10] reliquosque omnes, qui Oceanum attingunt[11], adiungit: omnium consensu[12] ad eum defertur imperium.
(8) Qua oblata potestate omnibus his civitatibus obsides imperat, certum numerum militum ad se celeriter adduci iubet, imprimis equitatui studet.
(9) Summae diligentiae summam imperii severitatem[13] addit; magnitudine supplicii dubitantes cogit. *157 lat. Wörter*

1 *Vercingetorix, -igis,* m.: Vercingetorix
2 *Arvernus, -i,* m.: ein Arverner (gallischer Stamm)
3 *Gobannitio, -onis,* m.: *Gobannitio* (Onkel des Vercingetorix)
4 *patruus, -i,* m.: Onkel (väterlicherseits)
5 *Gergovia, -ae,* f.: Gergovia (Hauptstadt der Arverner)
6 *dilectus, -us,* m.: Aushebung
7 *egens, -ntis* und *perditus, -i:* hier als Substantive zu übersetzen
8 *versus:* hier: überallhin
9 *obtestari:* bitten, beschwören
10 Bei dieser Aufzählung handelt es sich um eine Reihe von keltischen Stämmen (jeweils m.):
Senones, -um: die Senonen
Parisii, -orum: die Parisier (in der Gegend des heutigen Paris lebend)
Pictones, -um: die Pictonen
Cadurci, -orum: die Cadurcer
Turoni, -orum: die Turoner (in der Gegend des heutigen Tours lebend)
Aulerci, -orum: die Aulercer
Lemovices, -um: die Lemovicen
Andi, -orum: die Anden
11 Wähle hier eine etwas freiere Übersetzung.
12 *consensus, -us,* m.: Substantiv zu *consentire*
13 severitas, -atis, f.: Substantiv zu severus, -a, -um

Übung 61 Auch dieser Text gehört zu den längeren und schwereren. Du kannst nach der Hälfte des Textes – also etwa nach Satz 4 – durchaus eine Pause einlegen. Erledige jedoch bei jeder Texthälfte nacheinander Schritt 1 bis 3.

1. Markiere bei Unsicherheit alle nebensatzeinleitenden Wörter, unterstreiche alle Prädikate und unterstrichle die Subjekte. Fertige mindestens zu den Sätzen 1 und 4 eine Satzanalyse an.
2. Kennzeichne die wichtigen grammatikalischen Strukturen (AcI / NcI, P. C., Abl. abs., Gerund / Gerundiv, evtl. Besonderheiten in Relativsätzen und indirekte Rede; vgl. S. 55).
3. Übersetze den Text.

Text 12: Bellum Gallicum V 44

In folgendem Text schildert Cäsar einen Wettkampf an Tapferkeit zwischen zwei Zenturionen, Titus Pullo und Lucius Vorenus:

(1) Erant in ea legione fortissimi viri, centuriones, qui primis ordinibus appropinquarent[1], Titus Pullo et Lucius Vorenus[2].
(2) Hi perpetuas inter se controversias habebant, quinam[3] anteferretur, omnibusque annis de locis summis contendebant.
(3) Ex his Pullo, cum acerrime ad munitiones pugnaretur, „Quid dubitas," inquit, „Vorene?
Aut quem locum[1] tuae probandae virtutis exspectas?
Hic dies de nostris controversiis iudicabit."
(4) Haec cum dixisset, procedit extra munitiones, quaque pars hostium confertissima[4] est visa, irrumpit.
(5) Ne Vorenus quidem tum sese vallo continet[5], sed omnium veritus existimationem[6] subsequitur.
(6) Mediocri[7] spatio relicto Pullo pilum in hostes immittit atque unum ex multitudine procurrentem traicit; quo percusso[8] et exanimato[9] hunc scutis[10] protegunt, in hostem tela universi coniciunt neque dant regrediendi facultatem.
(7) Transfigitur scutum Pulloni et verutum[11] in balteo[12] defigitur[13].
(8) Impeditum hostes circumsistunt.
(9) Succurrit inimicus illi Vorenus et laboranti subvenit.
(10) Ad hunc se confestim[14] a Pullone omnis multitudo convertit: illum veruto[11] arbitrantur occisum.
(11) Gladio comminus[15] rem gerit Vorenus atque uno interfecto reliquos paulum propellit; dum cupidius instat, in locum deiectus inferiorem concidit.
(12) Huic rursus circumvento fert subsidium Pullo, atque ambo incolumes compluribus interfectis summa cum laude sese intra[16] munitiones recipiunt.
(13) Sic fortuna in contentione[17] et certamine utrumque versavit[18], ut alter alteri inimicus auxilio salutique esset, neque (di)iudicari posset, uter utri virtute anteferendus videretur.

201 lat. Wörter

1 Versuche hier eine freiere Übersetzung.
2 *Titus Pullo (-onis); Lucius Vorenus (-i):* Titus Pullo; Lucius Vorenus (zwei Zenturionen)
3 *quinam: qui-nam*
4 *confertus, -a, -um:* dicht gedrängt
5 Ergänze vor *vallo* im Dt. ein „in"; übersetze *continere* hier wie *tenere.*
6 *existimatio, -onis,* f.: Substantiv zu *existimare*
7 *mediocris, -e:* mittelmäßig, mäßig groß, gering
8 *percutere, -cutio, -cussi, -cussum:* treffen, durchbohren
9 *exanimatus, -a, -um = occisus, -a, -um*
10 *scutum, -i,* n.: Schild

11 *verutum, -i,* n: der Wurfspieß
12 *balteus* (und *balteum*), *-i,* n.: Gürtel, Wehrgehenk
13 *defigere:* hier zu übersetzen wie *affigere*
14 *confestim* = *sine mora*
15 *comminus:* aus der Nähe
16 *intra:* hier: in
17 *contentio, -onis,* f.: Kampf, Streit
18 *versare* (m. Akk.): hier: sein Spiel treiben (mit jemandem)

Übung 62 Der Text ist vergleichsweise lange und du kannst dir etwa die doppelte Zeit wie bei einer Klassenarbeit zugestehen. Du kannst ihn auch in zwei Etappen bearbeiten, doch erledige dann für jeden Satz oder jede Hälfte des Textes nacheinander die drei folgenden Aufgaben. Kontrolliere deine Lösung erst nach der Übersetzung.

1. Markiere bei Unsicherheit alle nebensatzeinleitenden Wörter, unterstreiche alle Prädikate und unterstrichle die Subjekte. Die Satzstruktur selbst sollte eigentlich keine größeren Schwierigkeiten verursachen. Doch kannst du dir natürlich durch eine Satzanalyse Klärung verschaffen.
2. Auf Partizipialkonstruktionen solltest du in diesem Text recht häufig gefasst sein. Auch alle anderen grammatikalischen Schwierigkeiten wie AcI / NcI, Gerund / Gerundiv, evtl. Besonderheiten in Relativsätzen und indirekte Rede solltest du markieren (vgl. S. 55).
   Hinweis: *Quaque* in S. 4 kommt nicht von *quisque,* sondern ist ein Synonym zu *ubi.*
3. Übersetze den Text.

Grabstein des römischen Ritters Gaius Romanius Capito aus Celeia, 1. Jh. n. Chr.

Text 13: Bellum Gallicum VIII* 7

Nach der Kapitulation des Vercingetorix bei Alesia schmieden die Gallier neue Kriegspläne. Unter anderen rüsten die Bellovaker (Bellovaci, -orum, m.), ein belgischer Stamm, der als besonders tapfer und mächtig galt, sich für einen Aufstand. Cäsar greift zu Gegenmaßnahmen:

(1) His copiis coactis ad Bellovacos proficiscitur castrisque in eorum finibus positis equitum turmas[1] dimittit in omnes partes ad aliquos excipiendos[2], ex quibus hostium consilia cognosceret.
(2) Equites officio functi renuntiant paucos in aedificiis esse inventos, atque hos, non qui agrorum colendorum causa remansissent, sed qui speculandi[3] causa essent remissi.
(3) A quibus cum quaereret Caesar, quo loco multitudo esset Bellovacorum quodve esset consilium eorum, inveniebat Bellovacos omnes, qui arma ferre possent, in unum locum convenisse, locum castris excelsum[4] in silva circumdata palude delegisse, impedimenta omnia in silvas contulisse.
(4) Complures esse principes belli auctores, sed multitudinem maxime Correo[5] obtemperare, quod ei summo esse odio nomen populi Romani intellexissent.
(5) Paucis ante diebus ex his castris Atrebatem Commium[6] discessisse ad auxilia Germanorum adducenda.
(6) Constituisse autem Bellovacos omnium principum consensu[7], summa plebis cupiditate, si Caesar cum tribus legionibus veniret, offerre se ad dimicandum, si maiores copias adduceret, in eo loco permanere, quem delegissent, pabulatione autem et frumentatione[8] et reliquo commeatu ex insidiis prohibere Romanos.

158 lat. Wörter

1 *turma, -ae,* f.: „Schwadron", Abteilung
2 *excipere, -cipio, -cepi, -ceptum:* hier: abfangen, aufgreifen;
aliquos: hier am besten eine etwas freiere Übersetzung wählen.
3 *speculari:* auskundschaften, belauern; hier auch: spionieren
4 *excelsus, -a, -um:* hoch(ragend, -gelegen)
5 *Correus, -i,* m.: Correus (ein Bellovakerfürst)
6 *Commius, -ii,* m.: Commius (König des belgischen Volkes der Atrebaten, die bei diesem Aufstand auf Seiten der Bellovaker stehen, obwohl Commius vorher eine Zeitlang die Römer unterstützt hatte)
7 *consensus, -us,* m.: Substantiv zu *consentire*
8 *pabulatio, -onis,* f.: das Futterholen
frumentatio, -onis, f.: das Getreideholen, die Verproviantierung

* Das VIII. Buch des *Bellum Gallicum* stammt nicht mehr von Cäsar selbst, sondern von seinem „Stabschef" Aulus Hirtius, der es aber weitgehend in Cäsars Stil verfasste. Deine Lehrkraft kann also durchaus auch einen Text aus dem VIII. Buch wählen.

Übung 63 Dieser (gegenüber dem Originaltext leicht gekürzte) Text hat es durchaus „in sich". Kontrolliere deine Lösung aber erst nach Erarbeitung der Übersetzung.

1. Markiere bei Unsicherheit alle nebensatzeinleitenden Wörter, unterstreiche alle Prädikate und unterstrichle die Subjekte.
   Fertige mindestens zu Satz 3 und 6 eine Satzanalyse nach der von dir bevorzugten Methode an. Auch zu den anderen Sätzen kann sie durchaus hilfreich sein. Gehe hier nicht in die Falle: Einige Abschnitte könnte man auf den ersten Blick für Nebensätze halten, doch in Wirklichkeit handelt es sich lediglich um parallele Formulierungen.
2. Kennzeichne die wichtigen grammatikalischen Strukturen wie AcI / NcI, P. C., Abl. abs., Gerund / Gerundiv, evtl. Besonderheiten in Relativsätzen (S. 55). Achte besonders darauf, welches grammatikalische Phänomen ab Satz 3 den Text prägt.
3. Übersetze den Text.

Text 14: De bello civili I 8

Cäsar kehrt vom Feldzug in Gallien nach Italien zurück. Er hatte sich in einem Schreiben gegenüber dem Senat bereit erklärt, das Kommando über das Heer niederzulegen, falls sein Gegner Pompejus, dessen Statthalterschaft über die spanischen Provinzen gerade für fünf Jahre verlängert worden war, dasselbe tue. Falls nein, werde er sein eigenes Interesse und, wie er sich ausdrückte, das des Vaterlandes wahren. Nach Cäsars Darstellung kam es durch eine kleine Gruppe von Kriegshetzern dazu, dass die Senatoren eingeschüchtert waren und man sich für schärfste Maßnahmen gegen ihn entschied. Cäsar ist also entschlossen, seine Truppen nicht am Rubikon, dem Grenzfluss zwischen der Gallia Cisalpina und Italien, zu entlassen, sondern seine eigentlichen Machtbefugnisse zu überschreiten:

(1) Cognita militum voluntate Ariminum[1] cum ea legione proficiscitur ibique tribunos plebis, qui ad eum profugerant, convenit[2]; reliquas legiones ex hibernis evocat et subsequi iubet.
(2) Eo L. Caesar adulescens[3] venit, cuius pater Caesaris erat legatus.
(3) Is reliquo sermone confecto, cuius rei causa venerat, habere se a Pompeio ad eum privati officii[4] mandata[5] demonstrat:
(4) Velle Pompeium se Caesari[6] purgatum[7], ne ea, quae rei publicae causa egerit, in suam contumeliam[8] vertat.
(5) Semper se rei publicae commoda privatis necessitudinibus habuisse potiora[9].

(6) Caesarem quoque pro sua dignitate debere et studium et iracundiam suam rei publicae dimittere neque adeo graviter irasci inimicis, ut, cum illis nocere se speret, rei publicae noceat.
(7) Pauca eiusdem generis addit cum excusatione[10] Pompei coniuncta.

113 lat. Wörter

1 *Ariminum, -i.,* n.: Ariminum (das heutige Rimini)
2 *convenire:* hier: treffen
3 *L. Caesar:* ein Anhänger des Pompeius
4 *officium:* hier wie *natura* zu übersetzen
5 *mandatum, -i,* n.: Sunstantiv zu *mandare*
6 Ergänze im Deutschen „gegenüber".
7 *purgare:* reinigen, hier: rechtfertigen, entschuldigen
8 *contumelia, -ae,* f.: Beleidigung, Schmach
9 *necessitudo, -inis,* f.: hier: Freundschaft, Verbindung; *potiora habere:* synonym zu *praeponere/anteponere*
10 *excusatio, -onis,* f.: vgl. engl. *„excuse me"*.

Übung 64 Wenn du die vorangegangenen Texte durchgearbeitet hast, solltest du diesen Text bewältigen können, ohne vor der Übersetzung deine Lösungen abzugleichen.

1. Markiere bei Schwierigkeiten die nebensatzeinleitenden Wörter, die Prädikate und Subjekte. Erstelle, wo es dir nützlich erscheint, eine Satzanalyse.
2. Kennzeichne wichtige grammatikalische Strukturen wie AcI / NcI, P. C., Abl. abs., Gerund / Gerundiv und eventuelle Besonderheiten bei Relativsätzen (vgl. S. 55). Achte auch darauf, ob der Text eine Oratio obliqua enthält.
3. Übersetze den Text.

Pompejus. Kopenhagen

Cäsar. Kopf aus Tusculum, Turin

Text 15: De bello civili III 13

Pompejus war nach der Rückkehr Cäsars aus Italien gewichen und hatte nach Dyrrachium im heutigen Albanien übergesetzt. Cäsar folgte ihm. Nachdem ihm bereits die Stadt Oricum in die Hände gefallen war, öffneten ihm auch die Bewohner von Apollonia, einer Stadt in der Nähe des Flusses Apsus, ihre Tore. Weitere Städte schlossen sich an. Bei Pompejus war Labienus, einer der besten Generäle Cäsars im Gallischen Krieg, der nun auf die andere Seite übergewechselt war:

(1) Pompeius cognitis his rebus, quae erant Orici[1] et Apolloniae[1] gestae, Dyrrachio[1] timens diurnis eo nocturnisque[2] itineribus contendit.
(2) Simul Caesar appropinquare dicebatur; tantusque terror incidit eius exercitui, quod properans noctem diei coniunxerat neque iter intermiserat, ut paene omnes ex Epiro[3] finitimisque regionibus signa relinquerent, complures arma proicerent ac fugae simile iter videretur.
(3) Sed cum prope Dyrrachium Pompeius constitisset castraque metari[4] iussisset, perterrito etiam tum exercitu princeps Labienus[5] procedit iuratque se eum non deserturum eundemque casum subiturum, quemcumque ei fortuna tribuisset.
(4) Hoc idem reliqui iurant legati; hos tribuni militum sequuntur atque idem omnis exercitus iurat.
(5) Caesar ad Dyrrachium[1] finem properandi facit castraque ad flumen Apsum[6] ponit in finibus Apolloniatium[7], ut castellis vigiliisque bene meritae civitates tutae essent praesidio, ibique reliquarum ex Italia legionum adventum exspectare et hiemare constituit.
(6) Hoc idem Pompeius fecit et trans flumen Apsum[6] positis castris eo copias omnes auxiliaque conduxit.

141 lat. Wörter

1 Städtenamen: *Oricum, -i, n.*: Oricum; *Apollonia, -ae, f.*: Apollonia; *Dyrrachium, -i, n.*: Dyrrachium
2 *diurnus, -a, -um*: Adjektiv zu *dies*; *nocturnus, -a, -um*: Adjektiv zu *nox*
3 *Epirus, -i, m.*: Epirus (Landschaft in Nordwestgriechenland)
4 *metari*: abstecken
5 *Labienus, -i, m.*: T. (Atius) Labienus (Legat Cäsars)
6 *Apsus, -i, m.*: (der Fluss) Apsus
7 *Apolloniates, -ium, m.*: die Bewohner der Stadt Apollonia

Übung 65 Wenn du dir bei Ortsangaben nicht mehr sicher bist, wiederhole dieses Kapitel in deiner Grammatik. Kontrolliere deine Lösung zu Text 15 erst am Schluss.

1. Markiere bei Schwierigkeiten die nebensatzeinleitenden Wörter, Prädikate und Subjekte. Erstelle, wo es dir nützlich erscheint, eine Satzanalyse.
2. Kennzeichne wichtige grammatikalische Strukturen (vgl. S. 55).
3. Übersetze den Text.

12.3 Sprachliche Besonderheiten bei Nepos

Achte bei der Übersetzung auf folgende Besonderheiten im Sprachgebrauch des Nepos:

Sprachliche Besonderheiten bei Nepos

- Häufig findet sich im **Akkusativ Plural** der Ausgang ***-is* statt *-es*.**
- Gelegentlich kommen (im Perfektstamm) **verkürzte Verbformen** vor, z. B. *penetrassent* statt *penetravissent* o. Ä.
- Im **Plusquamperfekt Passiv** ersetzt Nepos oft die Imperfektformen von *esse* durch **Plusqamperfektformen von *esse***, z. B. *vectus fuerat* statt *vectus erat*.
- ***cum*** in der Bedeutung **„wenn"** hat im Gegensatz zum klassischen Sprachgebrauch häufig den **Konjunktiv** bei sich.

12.4 Nepostexte

Text 1: Aus der Vita des Kimon, Vita V, 4

Nepos zieht nach seiner Beschreibung des Atheners Kimon, des Sohnes des Miltiades, folgendes Fazit:

(1) Hunc Athenienses non solum in bello, sed etiam in pace diu desideraverunt.
(2) Fuit enim tanta liberalitate[1], ut, cum compluribus locis praedia[2] hortosque haberet, numquam in eis custodem imposuerit fructus servandi gratia, ne quis impediretur, quominus eius rebus[3] frueretur.
(3) Semper eum pedisequi[4] cum nummis[5] sunt secuti, ut, si quis opis eius indigeret[6], haberet, quod statim daret.
(4) Saepe, cum[7] aliquem offensum[8] fortuna videret minus bene vestitum, suum amiculum[9] dedit.
(5) Cottidie sic cena ei coquebatur[10], ut, quos invocatos[11] vidisset in foro, omnis devocaret[12], quod facere nullum diem praetermittebat[13].
(6) Nulli fides eius, nulli opera, nulli res familiaris defuit; multos locupletavit[14].
(7) Sic se gerendo minime est mirandum, si et vita eius fuit secura[15] et mors acerba.

111 lat. Wörter

1 *liberalitas, -atis*, f.: Freigebigkeit
2 *praedium, -ii*, n.: Landgut
3 *res*: hier: Habe, Besitz
4 *pedisequus, -i*, m.: Diener, Lakai (wörtl.: auf dem Fuße folgend)
5 *nummus, -i*, m.: Münze
6 *indigere, indigeo, indigui* (mit Gen. oder Abl.): bedürfen, nötig haben, brauchen

7 Bei Nepos steht nach *cum iterativum* häufig der Konjunktiv.
8 *offensus, -a, -um:* hier: benachteiligt
9 *amiculum, -i,* n.: Mantel
10 *coquere, coquo, coxi, coctum:* kochen
11 *invocatus, -a, -um:* hier: uneingeladen
12 *devocare:* hier: zu Tisch laden
13 Übersetze diesen Teilsatz zunächst wörtlich, dann etwas freier.
14 *locupletare:* bereichern, reich beschenken
15 *securus, -a, -um:* sicher

Übung 66 Wenn du die „abhängigen Begehrsätze“ (insbesondere nach den Verben des Hinderns) und die „Indefinitpronomina“ nicht sicher beherrschst, wiederhole zunächst die entsprechenden Kapitel in deiner Grammatik.
Gehe in folgenden Schritten vor, wobei du Schritt 1 und 2 jeweils im Lösungsteil kontrollieren kannst, bevor du die Übersetzung anfertigst:

1. Mache dir die Satzstruktur klar: Kreise zunächst alle nebensatzeinleitenden Wörter (Subjunktionen, Relativpronomina, evtl. Fragewörter) ein, unterstreiche Prädikate (die des Hauptsatzes doppelt) und unterstrichle Subjekte. Zu Satz 2, 3 und 5 empfiehlt es sich, eine Satzanalyse zu erstellen.
2. Markiere, sofern diese Strukturen im Text vorkommen, AcI bzw. NcI, Participium coniunctum, Ablativus absolutus, Gerund und Gerundiv (Markierungsvorschläge vgl. S. 55). Achte auch auf etwaige Besonderheiten bei Relativsätzen und das evtl. Vorkommen einer indirekten Rede.
Überlege, welche Bedeutung die Subjunktion *cum* jeweils haben könnte.
3. Erstelle nun die Übersetzung.

Text 2: Aus der Vita des Dion, Vita X,1,2–2,1

Dion (409–354 v. Chr.) war der Schwager und Schwiegersohn des Tyrannen Dionysios I. von Syrakus. Seit dem Besuch des Platon in Syrakus war er ein leidenschaftlicher Bewunderer dieses Philosophen. In den Diensten des Dionysios I. erwarb er sich ein großes Vermögen und hohes Ansehen.
Nepos geht am Anfang seiner Vita auf diese Dienste für Dionysios ein:

(1) Dion autem praeter generosam propinquitatem[1] nobilemque maiorum famam multa alia ab natura habuit bona, in iis ingenium docile[2], come[3], aptum[4] ad artis optimas, magnam corporis dignitatem, quae non minimum commendat[5], magnas praeterea divitias a patre relictas, quas ipse tyranni muneribus auxerat.
(2) Erat intimus[6] Dionysio priori[7], neque minus propter mores quam adfinitatem[8].

(3) Namque etsi Dionysii crudelitas ei displicebat[9], tamen salvum propter necessitudinem[10], magis etiam suorum causa studebat[11].
(4) Aderat (ei) in magnis rebus, eiusque consilio multum movebatur tyrannus.
(5) Legationes vero omnes, quae essent illustriores[12], per Dionem administrabantur[13]; quas quidem ille diligenter obeundo[14], fideliter[15] administrando crudelissimum nomen[16] tyranni sua humanitate[17] leniebat[18].
(6) Hunc a Dionysio missum Carthaginienses sic suspexerunt[19], ut neminem umquam Graeca lingua loquentem magis sint admirati.
(7) Neque vero haec Dionysium fugiebant: nam quanto esset sibi ornamento[20], sentiebat.
(8) Quo fiebat, ut uni huic maxime indulgeret[21] neque eum secus[22] diligeret ac filium.

138 lat. Wörter

1 *generosus, -a, -um:* adelig, edel; *propinquitas, -atis,* f.: vgl. *propinquus, -i* (als Subst.)
2 *docilis, -e:* gelehrig
3 *comis, -e:* leutselig, freundlich, zuvorkommend
4 *aptus, -a, -um:* geeignet, passend
5 *commendare:* empfehlen; ergänze im Dt. „einen Menschen" oder „eine Person"
6 *intimus, -a, -um:* hier etwas freier zu übersetzen
7 *Dionysius prior:* gemeint ist der oben angesprochene Dionysios I.
8 *ad-finitas, -atis,* f. = *affinitas* : synonym zu *propinquitas*
9 *displicere, displiceo, displicui:* Gegenteil zu *placere*
10 *necessitudo, -inis,* f.: synonym zu *propinquitas*
11 *salvum studebat* = *eum salvum esse volebat*
12 *illustris, -e:* hier: bedeutend, hervorragend
13 *legatio:* die Tätigkeit eines *legatus*;
administrare: hier: (aus)führen, ausüben, auch: übernehmen
14 *obire, obeo, obii* (und *obivi*), *obitum:* hier: übernehmen, antreten
15 *fidelis, -e:* getreu, zuverlässig
16 *nomen:* hier wie *fama*
17 *humanitas, -atis,* f.: Substantiv zu *humanus, -a, -um*
18 *lenire:* mildern
19 *suspicere, suspicio, suspexi, suspectum:* hier: bewundern, verehren
20 *ornamentum, -i,* n.: hier: Ehre, Auszeichnung
21 *indulgere, indulgeo, indulsi, indultum:* hier ≈ *favere*
22 secus = aliter

Übung 67 Mit deinem Wissen über nepostypische Charakterisierungen (vgl. Kap. 10) solltest du den Text weitgehend bewältigen können. Es ist empfehlenswert, vor Bearbeitung des Textes in der Grammatik die Verbindung einiger Subjunktionen mit *neque* sowie Besonderheiten bei Vergleichssätzen zu wiederholen. Du kannst deine Lösungen zu Aufgabe 1 und 2 jeweils kontrollieren, bevor du die Übersetzung anfertigst.

1. Kreise zunächst alle nebensatzeinleitenden Wörter (Subjunktionen, Relativpronomina, evtl. Fragwörter) ein, unterstreiche alle Prädikate (die des Hauptsatzes doppelt) und unterstrichle die Subjekte.

Erstelle bei Schwierigkeiten zu einzelnen Sätzen eine Satzanalyse. Achte besonders darauf, wo Aufzählungen bzw. parallele Formulierungen vorliegen, um nicht fälschlicherweise Passagen in einem Satzgefüge für Nebensätze zu halten.

2. Markiere, sofern diese Strukturen im Text vorkommen, AcI bzw. NcI, P. C., Abl. abs., Gerund / Gerundiv und indirekte Rede (vgl. S. 55). Achte auch auf etwaige Besonderheiten bei Relativsätzen.
   Auf den Satz 5 solltest du dich besonders konzentrieren. Auch den zweiten Teil von Satz 7 solltest du dir genauer ansehen: Wie begründet sich wohl der Modus von *esset*?
3. Erstelle nun die Übersetzung.

Text 3: Aus der Vita des Timoleon, Vita XX, 4, 1–4 a

Nepos schildert die Einschränkungen, die der korinthische Feldherr Timoleon im Alter zu tragen hatte, und die Haltung, mit der er diese ebenso wie triumphale Ereignisse in seinem Leben ertrug:

(1) Hic cum aetate iam provectus esset[1], sine ullo morbo lumina[2] oculorum amisit.
(2) Quam calamitatem ita moderate[3] tulit, ut neque eum querentem quisquam audierit neque eo minus privatis publicisque rebus interfuerit.
(3) Veniebat autem in theatrum, cum ibi concilium populi haberetur[4], propter valetudinem vectus iumentis iunctis[5] atque ita de vehiculo[6] dicebat.
(4) Neque hoc illi quisquam tribuebat superbiae; nihil enim umquam neque insolens[7] neque gloriosum[8] ex ore eius exiit.
(5) Qui quidem, cum suas laudes audiret praedicari[9], numquam aliud dixit quam se in ea re maxime dis agere gratias atque habere, quod, cum Siciliam recreare[10] constituissent, tum se potissimum[11] ducem esse voluissent[12].
(6) Nihil enim rerum humanarum sine deorum numine geri putabat.

107 lat. Wörter

1 provehi: hier: wie progredi
2 Wähle im Deutschen den Singular.
3 *moderatus, -a, -um:* Adjektiv zu *modus*
4 Bei Nepos steht nach *cum iterativum* häufig der Konjunktiv.
5 *iumentum, -i,* n.: das Zugtier; *iumenta (-orum) iuncta (-orum):* das Zweigespann
6 *vehiculum, -i,* n.: vgl. *vehere / vehi*
7 *insolens, -ntis:* unmäßig, überheblich
8 *gloriosus, -a, -um:* prahlerisch
9 Wähle hier eine freiere Übersetzung.
10 *recreare:* wiederherstellen
11 *potissimum:* vornehmlich, gerade
12 Ursprünglich von Dionysios II. von Syrakus als Feldherr gegen die Karthager zu Hilfe gerufen, wirkte Timoleon nach deren Niederlage und der Vertreibung einiger Tyrannen aus Sizilien an der Neuordnung des Landes, u. a. an der Ordnung der Verfassung mit.

Übung 68 Bei Unsicherheiten wiederhole zunächst in deiner Grammatik die Indefinitpronomina, verneinte Wendungen beginnend mit *neque, nihil, numquam* u. Ä. und die besonderen Wendungen mit Dativus finalis. Du kannst deine Lösungen zu den Aufgaben 1 und 2 vor der Übersetzung kontrollieren.

1. Kreise die nebensatzeinleitenden Wörter ein, unterstreiche die Prädikate und unterstrichle die Subjekte. Zu Satz 5 empfiehlt sich eine Satzanalyse.
2. Markiere, sofern diese Strukturen im Text vorkommen, AcI bzw. NcI, P. C., Abl. abs., Gerund und Gerundiv, Besonderheiten bei Relativsätzen und indirekte Rede (vgl. S. 55).
3. Übersetze den Text.

Text 4: Aus der Vita des Chabrias, Vita XII, 4

Der athenische Feldherr Chabrias, dem die Athener kleinere Erfolge über die Spartaner und die Unterstützung bei der Eroberung von Zypern verdankten, kehrte – zwischenzeitlich als Söldnerführer für die ägyptischen Pharaonen tätig – am Ende wieder nach Athen zurück und fiel im Bundesgenossenkrieg:

(1) Chabrias autem periit bello sociali[1] tali modo.
(2) Oppugnabant Athenienses Chium[2].
(3) Erat in classe Chabrias privatus, sed omnis, qui in magistratu erant, auctoritate anteibat[3], eumque magis milites quam qui praeerant suspiciebant[4].
(4) Quae res ei maturavit[5] mortem.
(5) Nam dum primus studet portum intrare gubernatoremque[6] iubet eo dirigere navem, ipse sibi perniciei fuit; cum enim eo penetrasset[7], ceterae non sunt secutae.
(6) Quo facto circumfusus[8] hostium concursu cum fortissime pugnaret, navis rostro[9] percussa[10] coepit sidere[11].
(7) Hinc refugere cum posset[12], si se in mare deiecisset, quod suberat[13] classis Atheniensium, quae exciperet natantis[14], perire maluit quam armis abiectis navem relinquere, in qua fuerat vectus.
(8) Id ceteri facere noluerunt, qui nando[14] in tutum pervenerunt.
(9) At ille praestare honestam mortem existimans turpi vitae, comminus[15] pugnans telis hostium interfectus est.

121 lat. Wörter

1 *bellum sociale:* der Bundesgenossenkrieg
2 *Chios, -ii:* (die Insel) Chios
3 *anteire* (m. Akk.) = *praestare* (m. Dat.)
4 *suspicere, suspicio, suspexi, suspectum:* hier: emporblicken zu, verehren
5 *maturare:* beschleunigen
6 *gubernator, -oris, m.:* männl. Tätigkeitssubstantiv zu *gubernare*
7 *penetrare:* hier: gelangen

8 *circumfusus, -a, -um:* hier ≈ *circumdatus, -a, -um*
9 *rostrum, -i, n.:* Schiffsschnabel, Rammsporn
10 *percutere, -cutio, -cussi, -cussum:* durchbohren
11 *sidere, sido, sedi (sessi), sessum:* sinken, sich senken
12 *posset:* übersetze hier mit Konjunktiv Plusquamperfekt
13 *subesse:* hier: in der Nähe sein
14 *natare* (Kurzform: *nare*): schwimmen
15 *comminus:* aus der Nähe

Übung 69 Bei Unsicherheiten kontrolliere evtl. deine Lösungen vor der Übersetzung.

1. Markiere alle nebensatzeinleitenden Wörter, unterstreiche alle Prädikate und unterstrichle die Subjekte. Fertige zu Satz 5 und 7 eine Satzanalyse an.
2. Kennzeichne die wichtigen grammatikalischen Strukturen (vgl. S. 55).
3. Übersetze den Text. (Tipp: in Satz 3 ist vor *qui* eine Form entfallen.)

Text 5: Aus der Vita des Iphikrates, Vita XI,1,1–2,1

Auf den Athener Iphikrates (4. Jh. v. Chr.) gehen eine Reihe militärischer Neuerungen zurück, die Nepos zu Beginn von dessen Lebensbeschreibung besonders hervorhebt:

(1) Iphicrates Atheniensis non tam magnitudine rerum gestarum quam disciplina militari[1] nobilitatus est[2].
(2) Fuit enim talis dux, ut non solum aetatis suae cum primis compararetur, sed ne de maioribus natu quidem quisquam anteponeretur.
(3) Multum vero in bello est versatus, saepe exercitibus praefuit, nusquam culpa male rem gessit, semper consilio vicit tantumque eo valuit, ut multa in re militari partim nova attulerit, partim meliora fecerit.
(4) Namque ille pedestria arma[3] mutavit.
(5) Cum ante illum imperatorem maximis clipeis[4], brevibus hastis, minutis[5] gladiis uterentur, ille e contrario[6] peltam[7] pro parma[8] fecit, ut ad motus concursusque[9] essent leviores, hastae modum[10] duplicavit[11], gladios longiores fecit.
(6) Idem genus loricarum[12] mutavit et pro sertis[13] atque aeneis linteas[14] dedit.
(7) Quo facto expeditiores[15] milites reddidit.
(8) Bellum cum Thraecibus[16] gessit; Seuthem[17], socium Atheniensium, in regnum restituit.
(9) Apud Corinthum[18] tanta severitate[19] exercitui praefuit, ut nullae umquam in Graecia neque exercitatiores[20] copiae neque magis dicto audientes[21] fuerint duci.

144 lat. Wörter

1 *disciplina militaris:* militärische Ausbildung, taktische Schulung der Soldaten
2 Übersetze *nobilitatus est* wie *nobilis factus est.*
3 Übersetze *pedestria arma* wie *arma peditum.*
4 *clipeus, -i,* m. (seltener *clipeum,-i,* n.): Rundschild
5 *minuere, minuo, minui, minutum:* hier: verkürzen
6 *e contrario:* im Gegenteil, dagegen
7 *pelta, -ae,* f. (griech. Fremdwort): leichter (halbmondförmiger) Schild
8 *parma, -ae,* f. (griech. Fremdwort): (kleiner) Rundschild
9 *concursus, -us,* m.: Substantiv zu *concurrere*
10 *modus, -i,* m.: hier freier zu übersetzen
11 *duplicare:* vgl. die davon abgeleiteten Fremdwörter „duplizieren“, „Duplikat“
12 *lorica, -ae,* f.: Panzer
13 *lorica serta:* Kettenpanzer
14 *aeneus, -a, -um:* Adjektiv zu *aes, aeris; linteus, -a, -um:* aus Leinen
15 *expeditus, -a, -um:* frei, ungehindert, (einsatz)bereit
16 *Thraex, -aecis,* m.: der Thraker
17 *Seuthes, -is,* m.: Eigenname eines thrakischen Fürsten
18 *Corinthus, -i,* f.: Korinth
19 *severitas, -atis,* f.: Sustantiv zu *severus, -a, -um*
20 *exercitatus, -a, -um:* ersetzt das fehlende PPP von *exercere*
21 Übersetze diesen Ausdruck zuerst wörtlich, dann aber etwas freier.

Übung 70 Dieser Text ist etwas länger, doch vom Satzbau her ziemlich einfach und du findest viele Wortangaben. Kontrolliere deine Lösung also erst am Schluss.

1. Kreise zunächst alle nebensatzeinleitenden Wörter ein, markiere Prädikate und Subjekte. Erstelle für schwierige Sätze eine Satzanalyse.
2. Gehe sorgfältig an die Sätze heran. Wo sind besondere grammatikalische Strukturen verwendet? Markiere Sie (vgl. S. 55). Lasse dich von der gelegentlich ungewöhnlichen Wortstellung nicht verwirren.
3. Erstelle nun die Übersetzung.

Darstellung eines Zweikampfes auf einem Krater, wie sie in großer Zahl im 6. Jh. aus Lakonien exportiert wurden. Dieser Krater wurde in einem Grab auf Sizilien gefunden.

Text 6: Aus der Vita des Agesilaos: Vita XVII, 2,1–5 Anfg.

Agesilaos (444/3–360/359) bestieg nach dem Tod seines Bruders Agis und der Ausschaltung von dessen Sohn 399 den Thron von Sparta.

(1) Hic simulatque imperii potitus est, persuasit Lacedaemoniis [1], ut exercitum emitterent in Asiam bellumque regi [2] facerent, docens satius [3] esse in Asia quam in Europa dimicari.
(2) Namque fama exierat Artaxerxen [2] comparare classis pedestrisque [4] exercitus, quos in Graeciam mitteret.
(3) Data potestate tanta celeritate usus est, ut prius in Asiam cum copiis pervenerit quam regii satrapae [5] eum scirent profectum.
(4) Quo factum est, ut omnis imparatos imprudentisque [6] offenderet [7].
(5) Id ut cognovit Tissaphernes [8], qui summum imperium tum inter praefectos [9] habebat regios, indutias [10] a Lacone [11] petivit simulans se dare operam, ut Lacedaemoniis [1] cum rege conveniret [12], re autem vera ad copias comparandas.
(6) Iuravit autem uterque se sine dolo indutias [10] conservaturum.
(7) In qua pactione [13] summa fide mansit Agesilaus, contra ea Tissaphernes nihil aliud quam bellum comparavit.
(8) Id etsi sentiebat Laco [11], tamen ius iurandum servabat. *125 lat. Wörter*

1 *Lacedaemonii, -orum,* m: die Lakedämonier (= Spartaner)
2 Gemeint ist der im folgenden Satz genannte Großkönig Artaxerxes II. *(Artaxerxes, -is); Artaxerxen:* ans Griechische angeglichener Akkusativ
3 *satius:* hier synonym zu *melius*
4 *pedester, -tris, -tre:* Adjektiv zu *pedes, -itis*
5 *satrapa, -ae,* m.: der Statthalter, Satrap
6 *imprudens, -ntis:* nichtsahnend, ahnungslos
7 *offendere:* hier: antreffen, finden
8 *Tissaphernes, -is,* m.: Tissaphernes (oberster Satrap; Militärbefehlshaber Kleinasiens)
9 *praefectus, -i,* m.: hier: wie *dux*
10 *indutiae, -arum,* f.: Waffenruhe, Waffenstillstand
11 *Laco, -onis,* m.: der Spartaner (Beiname des Agesilaos)
12 *convenit alicui cum aliquo:* jemand einigt sich mit jemandem
13 *pactio, -onis,* f.: Übereinkunft, Vertrag, Verabredung

Übung 71

1. Markiere zunächst alle nebensatzeinleitenden Wörter, unterstreiche alle Prädikate und unterstrichle die Subjekte. Zu Satz 5 solltest du auf alle Fälle eine Satzanalyse erstellen.
2. Markiere wichtige grammatikalische Strukturen wie AcI bzw. NcI, P. C., Abl. abs., Gerund / Gerundiv, etwaige Besonderheiten bei Relativsätzen, evtl. Vorkommen einer indirekten Rede (vgl. S. 55).
3. Übersetze nun den Text. (Hilfe zu Satz 3: Im Satzteil *quam ... profectum* ist eine Form zu ergänzen. Verändere zudem ggf. die Wortstellung ein wenig.)

Text 7: Aus der Vita des Epaminondas, Vita XV, 3,1–4

Nepos rühmt die herausragenden Eigenschaften des Thebaners Epaminondas. Eben erwähnte er sein Training in Kampfsport und Waffenübungen:

(1) Ad hanc corporis firmitatem plura etiam animi bona accesserant.
(2) Erat enim modestus [1], prudens, gravis [2], temporibus sapienter utens, peritus belli, fortis manu [3], animo maximo, adeo veritatis diligens, ut ne ioco [4] quidem mentiretur [5].
(3) Idem continens [6], clemens patiensque admirandum in modum, non solum populi, sed etiam amicorum ferens iniurias, in primis [7] commissa celans, quod interdum non minus prodest quam diserte [8] dicere, studiosus [9] audiendi.
(4) Itaque cum in circulum [10] venisset, in quo aut de re publica disputaretur aut de philosophia sermo haberetur, numquam inde prius discessit, quam ad finem sermo esset adductus.
(5) Paupertatem [11] adeo facile perpessus est [12], ut de re publica nihil praeter gloriam ceperit [13].
(6) Amicorum in se tuendo [14] caruit [15] facultatibus [16], fide [17] ad alios sublevandos [18] saepe sic usus est, ut iudicari possit omnia ei cum amicis fuisse communia.

123 lat. Wörter

1 *modestus, -a, -um:* maßvoll, bescheiden
2 *gravis, -e:* hier aufs Charakterliche bezogen
3 *manus, -us, f.:* in übertragener Bedeutung: Tapferkeit, Stärke
4 *iocus, -i, m.:* Scherz, Spaß
5 *mentiri:* lügen
6 *continens, -ntis:* (selbst) beherrscht
7 *in primis = imprimis*
8 *disertus, -a, -um:* gewandt, beredt
9 *studiosus, -a, -um:* Adjektiv zu *studium*
10 circulus, -i, m.: Kreis, Gesellschaft, Gruppe
11 *paupertas, -atis, f.:* (Zustands-)Substantiv zu *pauper, -a, -um*
12 *perpessus est = passus est*
13 *capere:* hier: in Anspruch nehmen
14 *in se tuendo:* dem Sinn nach synonym zu *sui tuendi causa*
15 *carere:* hier: nicht Gebrauch machen von
16 *facultas, -atis, f.:* hier (Pl.): (Geld-)Mittel
17 Ergänze vor *fide* gedanklich ein „aber"; gemeint ist *fide amicorum*
18 sublevare: hier synonym zu adiuvare

bung 72

1. Mache dir die Satzstruktur klar. Markiere die nebensatzeinleitenden Wörter, Prädikate und Subjekte. Erstelle ggf. zu Satz 4 eine Satzanalyse.
2. Markiere die grammatikalischen Besonderheiten (vgl. S. 55).
3. Übersetze den Text.

Text 8: Aus der Vita des Datames, Vita XIV, 11

Der persische Satrap Datames diente zunächst in der Palastgarde des Königs Artaxerxes II. und wurde dann Statthalter der Provinz Kappadokien, beteiligte sich jedoch später an dem großen Satrapenaufstand um 370 v. Chr. gegen seinen König. Dieser plante ihn auszuschalten, doch entging Datames mehreren Anschlägen. Am Ende jedoch saß er einer List des Mithridates auf, der sich Artaxerxes gegenüber verpflichtet hatte, Datames zu beseitigen, diesem freilich vorspielte, er führe einen gnadenlosen Feldzug gegen den Großkönig und sei erfüllt von Hass gegen ihn.

(1) Id[1] cum satis se confirmasse[2] arbitratus est, certiorem facit Datamen[3] tempus esse maiores exercitus parari et bellum cum ipso rege suscipi, deque ea re, quo loco vellet, in colloquium[4] veniret.
(2) Probata re colloquendi tempus sumitur locusque, quo conveniretur.
(3) Huc Mithridates cum uno, cui maxime habebat fidem, ante aliquot dies[5] venit compluribusque locis separatim[6] gladios obruit[7] eaque loca diligenter notat[8].
(4) Ipso autem colloquii die utrique[9], locum qui explorarent atque ipsos scrutarentur[10], mittunt[11]; deinde ipsi sunt congressi.
(5) Hic cum aliquamdiu[12] in colloquio[4] fuissent et diverse[13] discessissent iamque procul Datames abesset, Mithridates, priusquam ad suos perveniret, ne quam suspicionem pareret, in eundem locum revertitur atque ibi, ubi telum erat infossum[14], resedit[15], Datamenque revocavit simulans se quiddam in colloquio esse oblitum.
(6) Interim telum, quod latebat, protulit, veste texit ac Datami venienti ait: digredientem se animadvertisse locum quendam, qui erat in conspectu, ad castra ponenda esse idoneum.
(7) Quem cum digito demonstraret et ille respiceret, aversum[16] ferro transfixit priusque, quam quisquam posset succurrere, interfecit.
(8) Ita ille vir, qui multos consilio, neminem perfidia[17] ceperat, simulata captus est amicitia.

171 lat. Wörter

1 *id:* bezogen auf *odium* im vorherigen Satz (vgl. Einleitung)
2 *confirmare:* hier: beweisen
3 *Datamen:* griech. Akk. zu *Datames, -is*
4 *colloquium, -ii, n.:* Substantiv zu *colloqui*
5 *ante aliquot dies:* wie *aliquot / nonnullis diebus ante*
6 *separatim:* Adverb zu *separare*
7 *obruere, -ruo, -rui, -rutum:* hier: vergraben
8 *notare:* kenntlich machen, kennzeichnen
9 *utrique mittunt* = *uterque mittit* (Verwendung des Pronomens im Plural eher selten, dient hier der Betonung, dass auf beiden Seiten mehrere Personen stehen)
10 *scrutari:* durchsuchen

11 erg. im Deutschen als Akkusativobjekt „Leute“ oder „Männer“
12 *aliquamdiu:* eine Zeitlang
13 *diverse:* in verschiedene(r) Richtung(en)
14 *infodire, infodio, -fodi, -fossum:* ein-, vergraben
15 *residere, resido, resedi, resessum:* sich setzen, sich niederlassen
16 *aversus, -a, -um:* wörtl.: abgewandt; gemeint: von hinten
17 *perfidia, -ae, f.:* Gegenteil zu *fides*

Übung 74 Dieser Text ist grammatikalisch erheblich „dichter“ als der vorangegangene. Bearbeite dennoch Aufgabe 3, ohne deine Lösungen zu 1 und 2 vorher zu kontrollieren.
Da der Text Klassenarbeitslänge weit übersteigt, kannst du nach Satz 4 eine Pause einlegen. Bearbeite dann jedoch bei jeder Texthälfte nacheinander die drei Aufgaben.

1. Markiere zunächst alle nebensatzeinleitenden Wörter, unterstreiche alle Prädikate und unterstrichle die Subjekte. Erstelle auf alle Fälle zu Satz 5 eine Satzanalyse, auch zu Satz 1, wenn er dir zunächst schwer fällt.
2. Prüfe, welche der in den Übungskapiteln behandelten grammatischen Erscheinungen dir im Text begegnen und markiere diese (vgl. S. 55).
3. Fertige die Übersetzung an.

Kampfszene auf einem chalkidischen Krater, entstanden um 550 v. Chr., zur Zeit des Miltiades.

Lösungen

Übung 1

1. *praeficere,* 3. Pers. Sg., Indikativ, Plusquamperfekt, Aktiv:
   er, sie, es hatte vorangestellt
2. *consuescere,* 1. Pers. Pl., Indikativ, Perfekt, Aktiv:
   wir haben uns daran gewöhnt, wir sind gewohnt
3. *proficisci,* 3. Pers. Sg., Indikativ, Präsens,
   Deponens (passive Form, aktive Bedeutung):
   er, sie, es bricht auf
4. *occidere,* 3. Pers. Pl., Indikativ, Perfekt, Aktiv:
   sie haben getötet, sie sind untergegangen
5. *occidere,* 3. Pers. Sg. (m.), Indikativ, Perfekt, Passiv:
   er ist getötet worden
6. *iungere,* Perfekt, Aktiv, Infinitiv:
   verbunden zu haben
7. *traicere,* 3. Pers. Sg., Indikativ, Präsens, Passiv:
   er, sie, es wird übergesetzt
8. *convenire,* Präsens, Aktiv, Infinitiv:
   zusammenkommen, übereinkommen
9. *pugnare,* Sg., Präsens, Aktiv, Partizip:
   kämpfen
10. *insequi,* 3. Pers. Pl., Konjunktiv, Präsens,
    Deponens (passive Form, aktive Bedeutung):
    sie mögen folgen (verfolgen)
11. *arbitrari,* Sg. m., Perfekt, Deponens (passive Form, aktive Bedeutung),
    Partizip (PPP bei Deponentien: oft gleichzeitig zum Hauptverb):
    in der Meinung (*wörtl.* glaubend)
12. *facere,* 3. Pers. Pl., Konjunktiv, Präsens, Aktiv:
    sie mögen machen, tun, vollbringen
13. *posse,* 3. Pers. Sg., Konjunktiv, Imperfekt, Aktiv:
    er, sie, es könnte
14. *fungi,* 3. Pers. Sg., Indikativ, Imperfekt,
    Deponens (passive Form, aktive Bedeutung):
    er, sie, es verwaltete (verrichtete)

15. *accedere,* 3. Pers. Sg. (n.), Indikativ, Perfekt, Passiv:
man ist herangekommen (*wörtl.* „es ist herangekommen worden")
16. *cadere/caedere,* 3. Sg., Konjunktiv, Plusquamperfekt, Aktiv:
er, sie, es wäre gefallen / hätte niedergehauen
17. *prohibere,* 3. Pers. Sg. (m.), Indikativ, Plusquamperfekt, Passiv:
er war abgehalten (gehindert) worden
18. *intellegere,* 3. Pers. Pl., Konjunktiv, Plusquamperfekt, Aktiv:
sie hätten erkannt (eingesehen)
19. *noscere,* 3. Pers. Pl., Indikativ, Plusquamperfekt, Aktiv:
sie hatten kennen gelernt, sie kannten (wussten)
20. *premere,* Präsens, Passiv, Infinitiv:
bedrängt zu werden
21. *consistere,* 3. Pers. Pl., Konjunktiv, Präsens, Aktiv:
sie mögen Halt machen
22. *vereri,* 3. Pers. Sg., Indikativ, Imperfekt,
Deponens (passive Form, aktive Bedeutung):
er, sie, es fürchtete (verehrte)
23. *mittere,* Perfekt, Aktiv, Infinitiv:
geschickt zu haben
24. *ferre,* 3. Pers. Pl., Indikativ, Imperfekt, Aktiv:
sie trugen, brachten
25. *uti,* 3. Pl., Konjunktiv, Präsens,
Deponens (passive Form, aktive Bedeutung):
sie mögen benutzen (gebrauchen)
26. *accipere,* 3. Pers. Pl., Konjunktiv Perfekt, Aktiv: sie mögen empfangen haben
bzw. 3. Pers. Pl., (Indikativ), Futur II, Aktiv: sie werden empfangen haben
27. *prohibere,* Konjunktiv, Präsens, Passiv
sie mögen abgehalten (gehindert) werden
28. *committere,* 3. Pers. Sg., Indikativ, Präsens, Aktiv:
er, sie, es begeht (bringt zustande, vertraut an)
29. *conferre,* Präsens, Passiv, Infinitiv:
zusammengetragen werden
30. *praestare,* 2. Pers. Pl., Präsens, Imperativ:
leistet (erweist)! übertrefft!

31. *diligere,* Pl. m., Perfekt, Passiv, Infinitiv:
geliebt worden zu sein
32. *differre,* 3. Pers. Pl., Indikativ, Präsens, Aktiv:
sie schieben auf, sie unterscheiden sich
33. *cognoscere,* 3. Pers. Sg. (n.), Indikativ, Perfekt, Passiv:
es ist erkannt worden, man hat erkannt (erfahren)
34. *videre,* 3. Pers. Sg., Indikativ, Perfekt, Aktiv:
er, sie, es hat gesehen

Übung 2

1. *remanere,* 2. Pers. Pl., Indikativ, Präsens, Aktiv:
ihr bleibt zurück
2. *persuadere,* 1. Pers. Pl., Konjunktiv, ImPerfekt, Aktiv:
wir würden überzeugen (überreden)
3. *relinquere,* 1. Pers. Sg., Indikativ, Präsens, Passiv:
ich werde zurückgelassen
4. *tribuere,* 3. Pers. Pl., (Indikativ), Futur I, Aktiv:
sie werden zuteilen
5. *vereri,* 2. Pers. Pl., Konjunktiv, Perfekt, Deponens (passive Form, aktive Bedeutung), Prohibitiv (verneinter Imperativ): fürchtet nicht!
6. *inferre,* 1. Pers. Pl., (Indikativ), Futur I, Aktiv:
wir werden hineintragen
7. *videre/videri,* Präsens, Passiv, Infinitiv: gesehen werden
bzw. Präsens, Deponens (passive Form, aktive Bedeutung): scheinen
8. *expugnare,* 3. Pers. Pl., Konjunktiv, Präsens, Passiv:
sie werden erobert werden
9. *conspicere,* 3. Pers. Sg., Konjunktiv, Präsens, Passiv:
er, sie, es möge erblickt werden
10. *conficere,* 1. Pers. Pl., Konjunktiv, Plusquamperfekt, Passiv:
wir wären aufgerieben worden
11. *defendere,* 2. Pers. Pl., Imperativ:
verteidigt!
12. *dimittere,* 1. Pers. Sg., Konjunktiv, Plusquamperfekt, Aktiv:
ich hätte entlassen

13. *disponere,* 2. Pers. Pl., Indikativ, Perfekt, Aktiv:
ihr habt verteilt (geordnet)
14. *instruere,* 3. Pers. Pl., Konjunktiv, Imperfekt, Passiv:
sie würden aufgestellt, ausgestattet (werden)
15. *occurrere,* 1. Pers. Pl., Indikativ, Präsens, Aktiv: wir begegnen
bzw. 1. Pers. Pl., Indikativ, Perfekt, Aktiv: wir sind begegnet
16. *ostendere,* Sg., Präsens, Aktiv, Partizip:
zeigend
17. *obsidere,* 3. Pers. Pl., Indikativ, Imperfekt, Aktiv:
sie belagerten
18. *sequi,* 2. Pers. Pl., Indikativ, Präsens,
Deponens (passive Form, aktive Bedeutung): ihr folgt
bzw. Imperativ: folgt!
19. *restituere,* 2. Pers. Pl., Konjunktiv, Perfekt, Aktiv:
ihr mögt Widerstand geleistet haben
bzw. (Indikativ), Futur II, Aktiv: ihr werdet Widerstand geleistet haben
20. *tradere,* 3. Pers. Sg., Konjunktiv, Präsens, Passiv:
er, sie, es möge (soll) übergeben (überliefert) werden
21. *tollere,* 2. Pers. Sg., Konjunktiv, Plusquamperfekt, Aktiv:
du hättest aufgehoben (beseitigt)
22. *transire,* 1. Pers. Pl., Konjunktiv, Präsens, Aktiv:
wir mögen (lasst uns) hinübergehen (übersetzen)
23. *credere,* 1. Pers. Sg., Indikativ, Perfekt, Aktiv:
ich habe geglaubt (anvertraut)
24. *consulere,* 2. Pers. Pl., Konjunktiv, Präsens, Aktiv:
ihr mögt beraten (sorgen für)
25. *contendere,* 2. Pers. Pl., Imperativ:
eilt! kämpft! strengt euch an! behauptet!
26. *deesse,* 3. Pers. Sg., (Indikativ), Futur I, Aktiv:
er, sie, es wird fehlen
27. *dare,* 1. Pers. Sg., Indikativ, Perfekt, Aktiv: ich habe gegeben
dedere, Infinitiv, Präsens, Passiv: ausgeliefert (zu) werden
28. *hiemare,* 1. Pers. Pl., (Indikativ), Futur I, Aktiv
wir werden überwintern

29. *expellere,* 1. Pers. Sg., Konjunktiv, Präsens, Aktiv: ich möge vertreiben bzw. 1. Pers. Sg., (Indikativ), Futur I, Aktiv: ich werde vertreiben
30. *nasci,* 3. Pers. Pl., Indikativ, Präsens, Deponens (passive Form, aktive Bedeutung): sie entstehen (werden geboren)

Übung 3

1. er, sie, es hat getragen (hervorgebracht)
2. er, sie, es sah ein (erkannte)
3. wir vermindern / wir haben vermindert
4. sie haben getrieben (gehandelt)
5. er, sie, es würde abschrecken
6. ich halte fest (behaupte)
7. haltet nicht ab!
8. wir waren vorgerückt
9. sie haben zurückgetrieben (zurückgewiesen)
10. (er, sie,) es wird gegeben
11. wir werden (unmittelbar) folgen
12. du wärest zurückgeblieben
13. sie erfüllen (füllen an)
14. versammelt (gezwungen) zu werden
15. die / des Gezwungenen
16. sie mögen (sollen) angreifen
17. sie haben hingegeben (ausgeliefert)
18. du wirst versuchen
19. sie würden sich aufhalten (verweilen)
20. ich habe durchschaut (erkannt)
21. durchschaue!
22. durchschaut zu werden
23. wir sind überredet (überzeugt) worden
24. sie hatten vertrieben (getrieben, geschlagen)
25. ich habe gefunden
26. ihr habt Widerstand geleistet
27. es möge zusammengetragen (verglichen) worden sein
28. sie mögen (sollen) hinausgehen
29. ich hatte zustandegebracht (begangen)
30. sie haben bedeckt (geschützt)
31. steigt hinauf!
32. sie beklagten (bejammerten)

33. sie mögen ergriffen worden sein (seien ergriffen worden)
34. sie wären abgeschnitten worden
35. unterbrechend
36. sorgt für ...! (seht voraus!)
37. ihr werdet können (in der Lage sein)
38. sie glaubten
39. ich möge / werde aufgenommen werden
40. er, sie, es wird siegen
41. wir sind verwundet worden
42. sie mögen verbunden werden
43. es war herbeigebracht (beigebracht) worden
44. sie verbergen
45. sie sind umgeben (umzingelt) worden
46. er, sie, es wird herabwerfen
47. bewirkt zu haben
48. sie mögen trennen (teilen)
49. es stand fest
50. ihr seid ausgewählt worden

Übung 4

1. ihr bemerkt
2. ihr habt bemerkt
3. ihr mögt herbeiholen (-rufen)
4. ihr mögt hinaufsteigen
5. ich bin gefallen / habe gefällt
6. gefällt (getötet) zu werden
7. fälle (töte)!
8. weiche!
9. ich bin gewichen
10. ich habe zugestanden / die Zugestandenen (*auch:* des Zugestandenen)
11. er, sie, es hat zusammengeworfen (vermutet)
12. er, sie, es hat sich niedergelassen
13. er, sie, es hat vollendet (aufgerieben)
14. er, sie, es trägt zusammen (vergleicht)
15 er, sie, es behauptet (strengt sich an, eilt, kämpft) / hat behauptet (...)
16. er, sie, es möge beraten (sich kümmern um)
17. er, sie, es möge Halt machen
18. sie sind zusammengekommen
19. sie haben gewendet

20. sie werden abfallen (verlassen, fehlen)
21. sie mögen abfallen (verlassen, fehlen)
22. sie mögen ausliefern
23. sie mögen wegführen
24. sie mögen verteidigen
25. sie würden weggehen
26. sie würden aufstellen (verteilen)
27. sie würden plündern
28. sie würden wegschicken
29. sie würden kämpfen
30. sie werden herausgeführt
31. sie werden herausgetragen
32. sie werden bewirkt (erreicht)
33. sie gehen hinaus
34. du würdest behindern
35. du würdest herrschen (befehlen)
36. du würdest durchsetzen
37. du würdest antreiben
38. du würdest anzünden
39. wir bewohnen
40. wir haben hineingetragen (-gebracht, zugefügt)
41. wir beginnen (gehen hinein)
42. wir haben begonnen (sind hineingegangen)
43. wir richten ein (fangen an) / wir haben eingerichtet (angefangen)
44. wir stellen auf
45. er ist abgeschnitten worden
46. er ist getötet worden
47. er ist unterbrochen worden
48. ich habe befohlen / die Beauftragten (des Beauftragten)
49. einer, der sich aufgehalten hat
50. bewegt (einer, der bewegt worden ist) / Bewegung (Aufstand; *Substantiv*)
51. sie haben erlangt (zufällig gefunden)
52. sie sind entstanden (geboren) worden
53. sie mögen / werden getötet haben
    sie mögen / werden untergegangen sein
54. sie mögen / werden sich ereignet haben
55. sie mögen / werden gezeigt haben
56. sie mögen gezeigt (erklärt) werden
57. sie mögen entstehen

58. offen stehen (sich erstrecken) / leide (dulde, lasse zu)!
59. sie werden ertragen
60. sie würden ertragen
61. sie werden vollenden
62. sie werden den Oberbefehl übertragen (an die Spitze stellen)
63. sie mögen den Oberbefehl haben (an der Spitze stehen)
64. sie übertreffen (stehen voran, leisten, erweisen)
65. du brichst auf (marschierst) / du wirst aufbrechen (marschieren)
66. du rückst vor
67. du wirst vorrücken
68. du mögest vorrücken
69. du mögest darlegen (in Aussicht stellen)
70. du mögest vorhersehen (sorgen für)
71. du mögest fernhalten (hindern)
72. du mögest vorhersehen (sorgen für)
73. sie werden untersucht (gefragt)
74. sie klagen (beklagen sich)
75. sie sind untersucht (gefragt) worden
76. sie haben geklagt (sich beklagt)
77. ich habe zurückgeschickt
78. die Zurückgeschickten (m.) / des Zurückgeschickten
79. ich bin zurückgeblieben
80. ich habe mich widersetzt
81. zurückkehren / ich bin zurückgekehrt
82. ich habe zurückgehalten
83. nachfolgend (der, die Nachfolgende, Nachrückende)
84. (unmittelbar) folgend (der, die, das Folgende)
85. aushaltend (der, die, das Aushaltende)
86. ihr habt überliefert (übergeben)
87. ihr überquert
88. ihr habt überquert
89. ihr habt zugeteilt
90. ihr habt (euch) gefürchtet

Übung 5

1. *redigere,* 3. Pers. Sg., Indikativ, Perfekt, Aktiv:
   er, sie, es hat zurückgetrieben (in einen Zustand versetzt)
2. *audere,* 3. Pers. Pl. (m.), Indikativ, Perfekt, Semideponens
   (hier im Perfektstamm passive Form, aktive Bedeutung): sie haben gewagt

3. *efficere,* Präsens, Passiv, Infinitiv:
   bewirkt zu werden
4. *obstare,* 3. Pers. Sg., Indikativ, Perfekt, Aktiv:
   er, sie, es hat gehindert (ist im Weg gestanden)
5. *complere,* 3. Pers. Pl. (n.), Indikativ, Perfekt, Passiv:
   sie (n.) sind erfüllt (gefüllt) worden
6. *educere,* 3. Pers. Pl., Indikativ, Perfekt, Aktiv:
   sie haben herausgeführt
7. *tradere,* 1. Pers. Sg., Konjunktiv, Präsens, Aktiv:
   ich möge übergeben (überliefern)
   bzw. (Indikativ), Futur I, Aktiv: ich werde übergeben (überliefern)
8. *facere,* 3. Pers. Sg. (n.), Indikativ, Perfekt, Passiv:
   es ist gemacht worden (es ist geschehen)
9. *respicere,* Präsens, Aktiv, Partizip:
   berücksichtigend (*wörtl.* zurückschauend)
10. *cogere,* 3. Pers. Sg., Indikativ, Perfekt, Aktiv:
    er, sie, es hat zusammengebracht (gezwungen)
11. *frangere,* 3. Pers. Sg., Indikativ, Perfekt, Aktiv:
    er, sie, es hat gebrochen (geschwächt)
12. *proficisci,* Präsens, Deponens (passive Form, aktive Bedeutung), Infinitiv:
    aufbrechen, abmarschieren
13. *egredi,* 2. Pers. Sg., Präsens, Deponens (passive Form, aktive Bedeutung), Imperativ: gehe hinaus!
14. *interire,* 3. Pers. Pl., Indikativ, Perfekt, Aktiv:
    sie sind zugrundegegangen
15. *nolle,* 1. Pers. Sg., Indikativ, Präsens, Aktiv:
    ich will nicht
16. *suscipere,* 3. Pers. Sg., Indikativ, Perfekt, Aktiv:
    er, sie, es hat unternommen (aufgenommen)
17. *instare,* Sg., Präsens, Aktiv, Partizip:
    bevorstehend, bedrängend
18. *mittere,* 3. Pers. Pl., Indikativ, Plusquamperfekt, Aktiv:
    sie hatten geschickt
19. *confugere,* 1. Pers. Sg., Indikativ, Perfekt, Aktiv:
    ich habe mich geflüchtet
20. *cupere,* Präsens, Aktiv, Partizip:
    wünschend
21. *sumere,* Perfekt, Aktiv, Infinitiv:
    genommen zu haben

22. *prodere,* 3. Pers. Sg., Indikativ, Perfekt, Aktiv:
    er, sie, es hat preisgegeben, verraten
23. *expellere,* 3. Pers. Sg. (m.), Indikativ, Plusquamperfekt, Passiv:
    er war vertrieben worden
24. *gaudere,* Sg. (m.), Perfekt, Semideponens (hier im Perfektstamm passive Form, aktive Bedeutung), Partizip:
    einer, der sich gefreut hat,
    bzw., da oft präsentischer Sinn: sich freuend (*freier:* erfreut / voll Freude)
25. *colloqui,* 3. Pers. Sg., Konjunktiv, Präsens,
    Deponens (passive Form, aktive Bedeutung):
    er, sie, es möge sich unterreden (besprechen)
26. *velle,* 2. Pers. Sg., (Indikativ), Futur II: du wirst gewollt haben
    bzw. 2. Pers. Sg., Konjunktiv, Perfekt, Aktiv: du mögest gewollt haben
27. *diligere,* 3. Pers. Sg., Indikativ, Plusquamperfekt, Aktiv:
    er, sie, es hatte geliebt (geschätzt)
28. *cadere/caedere,* 3. Pers. Sg., Indikativ, Perfekt, Aktiv:
    er, sie, es ist gefallen/hat gefällt, niedergeschlagen
29. *pellere,* Sg. (m.), Perfekt, Passiv, Partizip:
    gestoßen (getrieben); einer, der gestoßen (getrieben) worden ist
30. *consequi,* 3. Pers. Sg. (m.), Indikativ, Perfekt, Deponens (passive Form, aktive Bedeutung): er hat erreicht (ist gefolgt)

Übung 6

1. *dare,* Perfekt, Aktiv, Infinitiv:
   gegeben zu haben
2. *imponere,* 3. Pers. Sg., Indikativ, Perfekt, Aktiv:
   er, sie, es hat hineingelegt, aufgebürdet
3. *anteponere,* Präsens, Passiv, Infinitiv:
   vorangestellt (vorgezogen) zu werden
4. *tueri,* 3. Pers. Pl., Indikativ, Imperfekt,
   Deponens (passive Form, aktive Bedeutung): sie (be)schützten
5. *consumere,* 3. Pers. Sg., Indikativ, Imperfekt, Aktiv:
   er, sie, es verbrauchte
6. *defendere,* 3. Pers. Sg. (f.), Indikativ, Perfekt, Passiv:
   sie ist verteidigt worden
7. *potiri,* Sg. (m.), Perfekt, Deponens (passive Form, aktive Bedeutung), Partizip: einer, der sich bemächtigt hat
8. *tegere,* 3. Pers. Sg., Indikativ, Perfekt, Aktiv:
   er, sie, es hat gedeckt (bedeckt)

9. *arbitrari,* 3. Pers. Sg. (m.), Indikativ, Perfekt, Deponens (passive Form, aktive Bedeutung): er hat geglaubt
10. *suscipere,* Präsens, Passiv, Infinitiv: aufgenommen (unternommen) zu werden
11. *redire,* 3. Pers. Sg. (n.), Perfekt, Indikativ, Passiv: man ist zurückgekehrt (*wörtl.* es ist zurückgekehrt worden)
12. *contrahere,* 3. Pers. Sg., Indikativ, Plusquamperfekt, Aktiv: er, sie, es hatte zusammengezogen
13. *velle:* 3. Pers. Pl., Konjunktiv, Plusquamperfekt, Aktiv: sie hätten gewollt
14. *manere,* 1. Pers. Pl., Präsens, Konjunktiv, Aktiv: lasst uns (mögen wir) bleiben
15. *desinere,* 2. Pers. Sg., Präsens, Imperativ: lass ab, höre auf
16. *polliceri,* 3. Pers. Sg. (m.), Indikativ, Deponens (passive Form, aktive Bedeutung): er hat versprochen
17. *transfigere,* 3. Pers. Sg., Perfekt, Indikativ, Aktiv: er, sie, es hat durchbohrt
18. *parere,* 3. Pers. Sg., Präsens, Indikativ, Passiv: er, sie, es wird geboren, hervorgebracht, erworben
19. *animadvertere,* Perfekt, Aktiv, Infinitiv: wahrgenommen zu haben
20. *gerere,* 3. Pers. Sg., Perfekt, Indikativ, Aktiv: er, sie, es hat getragen (ausgeführt)
21. *ignoscere,* 1. Pers. Sg., Präsens, Indikativ, Aktiv: ich verzeihe
22. *valere:* 3. Pers. Sg., Perfekt, Indikativ, Aktiv: er, sie, es hat vermocht, ist stark gewesen, hat gegolten
23. *fallere:* 2. Pers. Sg., Präsens, Indikativ, Aktiv: du täuschst
24. *fallere,* 2. Pers. Sg., Präsens, Indikativ, Passiv: du wirst getäuscht (du täuschst dich) bzw. 2. Pers. Sg., Präsens, (Indikativ), Futur I, Passiv: du wirst getäuscht werden (du wirst dich täuschen)
25. *admirari,* 3. Pers. Sg. (m.), Perfekt, Indikativ, Deponens (passive Form, aktive Bedeutung): er hat bewundert

26. *fungi,* Partizip, Präsens,
Deponens (beim PPA aktive Form und aktive Bedeutung):
verwaltend (verrichtend)
27. *reddere,* 2. Pers. Sg., Imperativ, Präsens:
gib zurück (mache … zu …)!
28. *cognoscere,* 3. Pers. Sg., Präsens, Indikativ, Aktiv:
er, sie, es erkennt (erfährt)
29. *neglegere,* 3. Pers. Sg., Imperfekt, Indikativ, Aktiv:
er, sie, es vernachlässigte
30. *polliceri,* 3. Pers. Sg., Präsens, Indikativ, Deponens (passive Form, aktive Bedeutung): er, sie, es verspricht
31. *adire,* 3. Pers. Sg., Perfekt, Indikativ, Aktiv:
er, sie, es ist hingegangen, hinzugetreten (hat sich gewandt an)
32. *ponere,* 2. Pers. Sg., Futur II, (Indikativ), Aktiv:
du wirst gesetzt (gestellt) haben
bzw. 2. Pers. Sg., Perfekt, Konjunktiv, Aktiv:
du mögest gesetzt (gestellt) haben, du habest gesetzt (gestellt)
33. *efficere,* 3. Pers. Sg., Imperfekt, Indikativ, Aktiv:
er, sie, es bewirkte
34. *concidere,* 3. Pers. Sg., Präsens, Indikativ, Aktiv:
er, sie, es fällt (bricht zusammen)
bzw. 3. Pers. Sg., Perfekt, Indikativ, Aktiv:
er, sie, es ist gefallen (zusammengebrochen)

Übung 7

1. *apparere,* 3. Pers. Sg., (Indikativ), Futur I, Aktiv:
er, sie, es wird erscheinen (es wird sich zeigen)
2. *colloqui,* 2. Pers. Pl., Konjunktiv, Präsens,
Deponens (passive Form, aktive Bedeutung):
ihr mögt euch unterreden (besprechen)
3. *ascendere,* 1. Pers. Pl., Konjunktiv, Imperfekt, Aktiv:
wir würden hinaufsteigen (besteigen)
4. *delere,* 1. Pers. Sg., Indikativ, Perfekt, Aktiv:
du hast zerstört
5. *prodesse,* 1. Pers. Pl., (Indikativ), Futur I, Aktiv:
wir werden nützen
6. *statuere,* 3. Pers. Sg., Konjunktiv, Imperfekt, Passiv:
(er, sie) es würde aufgestellt (festgesetzt) werden

7. *repellere,* 1. Pers. Pl., (Indikativ), Futur I, Passiv:
   wir werden zurückgestoßen (zurückgetrieben) werden
8. *vivere,* 1. Pers. Sg., Konjunktiv, Imperfekt, Aktiv:
   ich würde leben
9. *confligere,* 3. Pers. Sg., Indikativ, Imperfekt, Passiv:
   es wurde zusammengestoßen, gekämpft (man stieß zusammen, kämpfte)
10. *dissolvere,* 2. Pers. Sg., (Indikativ) Futur II, Aktiv: du wirst aufgelöst haben
    bzw.: 2. Pers. Sg., Konjunktiv, Perfekt, Aktiv:
    du mögest aufgelöst haben (habest aufgelöst)
    bzw.: 2. Pers. Sg., Indikativ, Präsens, Passiv: du wirst aufgelöst
    bzw. 2. Pers. Sg., (Indikativ), Futur, Passiv: du wirst aufgelöst werden
11. *esse*, Futur, Aktiv, Infinitiv:
    (in Zukunft) zu sein
12. (kein Infinitiv!), 1. Pers. Sg., Indikativ, Präsens, Aktiv:
    sage ich (ich sage)
13. *persuadere*, 2. Pers. Pl., Konjunktiv, Plusquamperfekt, Passiv:
    ihr wärt überredet (überzeugt) worden
14. *contendere*, 1. Pers. Pl., Indikativ, Präsens, Aktiv:
    wir behaupten, erklären, eilen, kämpfen, strengen uns an
    bzw. 1. Pers. Pl., Indikativ, Perfekt, Aktiv: wir haben behauptet, ...
15. *antecedere,* Pl., Präsens, Partizip, Aktiv:
    die Vorangehenden
16. *admirari*, 2. Pers. Pl., Konjunktiv, Präsens, Passiv:
    ihr mögt bewundern
17. *admirari*, 2. Pers. Pl., Konjunktiv, Imperfekt, Passiv:
    ihr würdet bewundern
18. *stare*, 2. Pers. Sg., Indikativ, Plusquamperfekt, Aktiv:
    du warst gestanden
19. *sumere*, 1. Pers. Sg., Konjunktiv, Plusquamperfekt, Aktiv:
    ich hätte genommen
20. *prodire*, 2. Pers. Sg., Konjunktiv, Perfekt, Aktiv:
    du mögest aufgetreten (vorgerückt) sein, du seist aufgetreten (vorgerückt)
    bzw. 2. Pers. Sg., (Indikativ), Futur II, Aktiv: du wirst aufgetreten (vorgerückt) sein
21. *ordiri*, 1. Pers. Sg., Konjunktiv, Präsens, Deponens (passive Form, aktive Bedeutung): ich möge anfangen
    bzw. 1. Pers. Sg., (Indikativ), Futur I, Deponens (passive Form, aktive Bedeutung): ich werde anfangen

22. *inicere*, 3. Pers. Sg., Indikativ, Futur I, Passiv:
er, sie, es wird hineingeworfen (eingeflößt, angezogen) werden
23. *mori,* Präsens, Deponens (passive Form, aktive Bedeutung), Infinitiv:
(zu) sterben
24. *dimicare,* 3. Pers. Sg. (n.), Indikativ, Plusquamperfekt, Passiv:
es war gekämpft worden, man hatte gekämpft

Übung 8

1. du hast gefasst, gefangen, erobert
2. er ist behandelt, versehen worden (mit)
3. ihr habt angeschlossen
4. ich würde begünstigen
5. wir haben vollendet
6. du mögest erblickt werden
7. ich würde benutzen (gebrauchen)
8. wir sind zerstreut worden
9. ich war vorangestanden (hatte geleitet)
10. es ist vorhergesagt worden
11. wir haben aufgehoben (beseitigt)
12. (zu) verfolgen
13. (er, sie) es würde eingerichtet (unterrichtet) werden
14. ihr mögt hinausgetragen haben, ihr werdet hinausgetragen haben
15. sie werden eindringen (angreifen, befallen)
16. ich wäre im Weg gestanden (ich hätte gehindert)
17. er, sie, es hatte hervorgebracht (er hatte gezeugt)
18. ich werde verlassen (zurückgelassen)
19. drückt aus!
20. wir werden (an)getrieben, gedrängt
21. ich möge vermehrt (gefördert) haben
22. eingesehen zu haben
23. angestoßen (getroffen, beleidigt) zu werden, ich habe angestoßen
24. sie verachteten

Übung 9

1.	Genitiv Plural	der Legionen
2.	Akkusativ Plural	der Ruhe
3.	Akkusativ Plural	die Boten / Nachrichten
4.	Dat. / Abl. Singular	dem Turm / durch den (mit einem) Turm (reiner i-Stamm)
5.	Akkusativ Singular	das Mitleid

6.	Nom. / Abl. Sg.	die Mühe, Arbeit / mit Mühe (von *opera, -ae*, f.)
	Nom. / Akk. Pl.	die (Schanz)Werke (von *opus, -eris*, n.)
7.	Genitiv Singular	des Reiches, Befehles, der Herrschaft
8	Akkusativ Plural	durch das Gebiet (Akk. wegen Präposition *per*)
9.	Ablativ Singular	durch einen Lauf, *(evt.)* im Lauf
10.	Akkusativ Singular	in den Wald (Akk. wegen Präposition *in* auf die Frage „wohin?")
11.	Akkusativ Singular	den Feind
12.	Dat. / Abl. Plural	den Fellen / mit, durch Felle(n)
13.	Gen. / Dat. Singular	des Wassers, dem Wasser
	Nominativ Plural	die Gewässer
14.	Dativ / Abl. Plural	den Bergen / durch Berge
15.	Nom. / Akk. Plural	alles
16.	Dativ Singular	sich
17.	Akkusativ Singular	auf das Festland (Akk. wegen Präposition *in* auf die Frage „wohin?")
18.	Ablativ Singular	durch den Ansturm / Angriff
19.	Dativ Singular	der Angst
20.	Akkusativ Singular	die Macht / Gewalt
21.	Akkusativ Singular	bei Cäsar (Akk. wegen Präposition *apud*)
22.	Genitiv Singular	der Hilfe
23.	Akkusativ Singular	zum Heer (Akk. wegen Präposition *ad*)
24.	Nom. / Akk. Sing.	der / den Anfang
25.	Dat. Singular	der Bürgerschaft, dem Staat (Stamm)
26.	Ablativ Singular	mit ihm/diesem (Ablativ wegen Präposition *cum*)
27.	Nominativ Singular	das Geschrei
28.	Akkusativ Plural	welche; diese (bei relativem Satzanschluss)
29.	Akkusativ Plural	innerhalb der Befestigungen (Akk. wegen Präposition *intra*)
30.	Genitiv Plural	der Feinde
31.	Dat. Sg. / Nom. Pl.	jenem; jene
32.	Akkusativ Singular	in die Sklaverei/Knechtschaft (Akk. wegen Präposition *in* auf die Frage „wohin?")
33.	Ablativ Plural	unter diesen (*wörtl.* „in" diesen; d. h. in deren Reihen) (Abl. wegen Präposition *in* auf die Frage „wo?")
34.	Nom. / Akk. Plural	die Teile (Gebiete)

Übung 10

1. unser Lager
2. an eine ungünstige Stelle
3. zur selben Zeit
4. mit einer großen Menge (an) Waffen

5. von sehr vornehmer Abstammung, aus sehr vornehmem Geschlecht
6. ein(en) Zeitraum von drei Tagen
7. durch die (infolge der) Ankunft Cäsars
8. die übrigen Stämme (Akk.)
9. mehrere Tage (lang)
10. in zwei Teile
11. die führenden Männer Galliens
12. die elfte / zur elften Stunde des Tages
13. aus diesem Grund (*freier*: daher, deshalb)
14. der Anführer (Präfekt) der Reiter
15. einem schwereren (schlimmeren) Krieg
16. die Soldaten der neunten und zehnten Legion
17. auf der linken Seite
18. der höchste / den höchsten Berggipfel
19. nach Art und Beispiel des römischen Volkes
    (*more*: „nach Art …", stehende Redewendung)
20. mit der zwölften Legion und einem Teil der Reiterei
21. unter (*wörtl.* „mit") großer Gefahr
22. zwei Arten von Menschen
23. an Stelle von Sklaven
24. unter (*wörtl.* mit) großem Schmerz
25. durch die (infolge der) Niederlage (Schlappe) der übrigen
26. in einer einzigen Nacht
27. infolge eines Senatsbeschlusses
28. unter vielen Tränen (*wörtl.* mit großem Weinen)
29. die Grausamkeit des Ariovist
30. in derselben Traurigkeit
31. den Eilmärschen; in (*wörtl.* „mit") Eilmärschen
32. die (durch die) Milde Cäsars
33. dadurch (*wörtl.* durch diese Dinge)
34. durch den Brand *(wörtl. Plural)* der Gebäude
35. in dessen / seine (*evt. f.*: deren / ihre) Freundschaft
36. die Lage des Lagers
37. von mehreren (einigen) Stämmen Galliens
38. in der gemeinsamen (allgemeinen) Versammlung
39. mit (unter) Zustimmung aller
40. durch die Jahreszeit
41. eine Menge davon (*wörtl.* dieser Dinge)
42. mit seiner (ihrer) Einwilligung

43. mit den übrigen Belgern
44. mehrere Reitereinheiten
45. im diesseitigen Gallien

Übung 11

1.	Dat. / Abl. Plural	den Fehlern / durch (die) Fehler, von Fehlern
2.	Akkusativ Plural	die Gesandten
3.	Dativ / (Abl.) Plural	den Barbaren (der Ablativ steht bei Personen i. d. R. mit Präposition)
4.	Akkusativ Singular	den Senat
5.	Genitiv Singular	der Verurteilung
6.	Akkusativ Singular	den Tag (*evtl.* Termin)
7.	Dativ / Ablativ Plural	dem Brief (den Wissenschaften) / durch (mit, von) einen Brief (durch die Wissenschaften)
8.	Genitiv Plural	aller
9.	Ablativ Singular	auf dem Weg (Marsch) (Abl. wegen Präposition *in* auf die Frage „wo?")
10.	Akkusativ Singular	das Leben
11.	Akkusativ Plural	auf / in die Schiffe (Akk. wegen Präposition *in* auf die Frage „wohin?")
12.	Nom. Sg. f.	diese
	Nom. / Akk. Pl.	dies(es)
13.	Dativ Singular	diesem / dieser
14.	Akkusativ Singular	die Kraft (Gewalt / Menge)
15.	Dativ Singular	der Tapferkeit (Tüchtigkeit / Leistung)
16.	Nom. / Akk. Plural	die Kriege
17.	Ablativ Singular	aus der Schlacht(reihe) (Abl. wegen Präposition *ex*)
18.	Nom. / Akk. Plural	die Befestigungen
19.	Dat. / Abl. Singular	dem Rat (Plan); durch den Rat (Plan)
20.	Akkusativ Singular	wegen des Hasses (Akk. wegen Präposition *propter*)
21.	Akkusativ Singular	in die Haft (Akk. wegen Präposition *in* auf die Frage „wohin?")
22.	Dat. / Abl. Plural	den Heeren / durch die Heere
23.	Ablativ Singular	ohne Zweifel (Abl. wegen Präposition *sine*)
24.	Nom. / Abl. Sg.	die Klugheit / durch (die) Klugkeit

Übung 12

1. auf derartige (solche) Weise
2. wegen des Alters (aus Altersgründen)
3. in allen Städten
4. ein bedeutender (*wörtl.* großer) Mann

5. vor den Augen seiner (ihrer) Mitbürger
6. durch die Leistung seines (ihres) Heeres
7. mit königlicher Gewalt
8. einen derartigen (solchen) Mann
9. von (*wörtl.* aus) allen
10. fern von dieser Stelle (diesem Ort)
11. in demselben Brief
12. mit der gemeinsamen Flotte (durch die ...)
13. nach dieser Schlacht (diesem Gefecht)
14. die Schutztruppen der Barbaren
15. aus diesen Gegenden
16. alle Staaten (Bürgerschaften) Griechenlands
17. ein Zeitgenosse des Themistocles (*wörtl.* dem Th. ein Zeitgenosse)
18. seit Menschengedenken (*feste Redewendung)*
19. mit großen Geschenken *(Dativ weniger wahrscheinlich)*
20. über (von) dessen (*bzw. f. Sg.:* deren) Tod
21. bei den meisten
22. vom Alter her am nächsten (der Nächste)
23. sehr viele Übel (sehr viel Schlimmes, Schlechtes)
24. dessen (deren) (sehr, recht, ganz) kleine Tochter
25. (durch) die Klugheit eines einzigen Mannes
26. dessen (*bzw. f. Sg.:* deren) Gegner (Akk. Pl.)
27. zu Wasser und zu Land (sowohl zu Wasser wie auch zu Land)
28. mit öffentlichen Mitteln (Geldern; *Singular unschön*)
29. das Vermögen
30. die Gewohnheit seiner (*bzw. f. Sg.:* ihrer) Mitbürger
31. höchste Tapferkeit (Tüchtigkeit)
32. der Stärke des Körpers
33. nach dessen (*bzw. f. Sg.:* deren) Tod
34. zu dieser Zeit
35. in die engste Vertrautheit (Freundschaft)
36. weder große noch starke Truppen
37. keinen Hinterhalt (keine Nachstellungen; keine Falle)
38. mehr Güter des Geistes (geistige Güter; geistige Vorzüge)
39. in diesem einzigen Buch (*wörtl.* durch dieses einzige Buch)
40. das Leben mehrerer herausragender Männer
41. zwei Amtsgenossen (Amtskollegen) (*Akk.)*
42. ein tapferer und tatkräftiger (entschlossener, regsamer) Mann
43. zehntausend Armenier

44. mit einer ausgewählten Schar
45. nach dessen (*bzw. f. Sg.:* deren) Tod
46. wegen des Wassermangels (des Mangels an Wasser)
47. den dritten Teil (Abschnitt) des Weges
48. zu ihrem eigenen Überfluss (ihrer eigenen Genuss-/Prunksucht)
49. je zwei Könige
50. gegen die (gegenüber der) Flotte der Rhodier

Übung 13

1. V: *cognoscit*; Akk.: *oppidum*; Inf.: *abesse*
   Er erfuhr (*hist. Präsens, daher auch* „erfährt"), dass die Stadt nicht weit von diesem Ort entfernt sei (war; *bzw.* ist). *(B. G. V 21,2)*
2. V: *intellexit*; Akk.: *eum*; Inf.: *se tenere*
   Cäsar bemerkte, dass dieser sich im Lager aufhielt. *(B. G. I 49,1)*
3. V: *simulaverunt*; Akk.: *se*; Inf.: *reverti*
   Sie gaben vor, an ihre Wohnsitze in ihrer Gegend zurückzukehren (dass sie an ihre Wohnsitze und in ihre Gegenden zurückkehrten) *(B. G. IV 4,4)*
4. V: *senserunt*; Akk.: *eos*; Inf.: *perterritos (esse)*
   Sie merkten, dass diese eingeschüchtert waren. *(B. G. I 54,1)*
5. V: *existimabat*; Akk.: (unpersönl. Konstruktion); Inf.: *dimicandum (esse)*
   Er glaubte, man solle nicht kämpfen (nicht kämpfen zu sollen).
   (B. G. III 17,7)
6. V: (Partizip) *arbitratus*; Akk.: *id bellum*; Inf.: *confici posse*
   ... in der Meinung, dieser Krieg könne schnell beendet werden (lasse sich schnell beenden) ... *(B. G. III 28,1)*
7. V: *certior fiebat*; Akk.: *omnes Belgas*; Inf.: *se coniurare*
   Er wurde benachrichtigt, dass alle Belger sich gegen das römische Volk verschworen. *(B. G. II 1,1)*
8. V: *nuntiaverunt*; Akk.: *manus*; Inf.: *cogi*
   Akk.: *exercitum*; Inf.: *conduci*
   Diese alle meldeten, dass Truppen zusammengezogen und das Heer an einem Ort versammelt werde. *(B. G. II 2,4)*
9. V: *dixit*; Akk.: *sese*; Inf.: *recepturum et conservaturum (esse)*
   Cäsar sagte, er werde sie in seinen Schutz (auf)nehmen (unter seinen Schutz stellen) und bewahren (schonend behandeln). *(B. G. II 15,1)*

10. V: *certior factus est*; Akk.: *omnes eas civitates*; Inf.: *redactas esse*
Er (Cäsar) wurde benachrichtigt, dass alle diese Stämme unter die Herrschaft und in die Gewalt des römischen Volkes gebracht worden seien (unter die Oberherrschaft des römischen Volkes gestellt worden seien) *(B. G. II 34 o. §)*

11. V: *renuntiaverunt*; Akk.: *Romanos*; Inf.: *pulsos superatosque (esse)*
Akk.: *hostes* Inf.: *potitos (esse)*
Sie meldeten dem Stamm, die Römer seien vernichtend geschlagen und die Feinde hätten sich ihres Lagers und Gepäcks bemächtigt. *(B. G. II 24,5)*

12. V: *conclamant*; Akk.: *occasionem . . .*; Inf.: *amittendam non esse*
Alle schrieen (*hist. Präsens, daher auch* „schreien"), man dürfe die Gelegenheit, die Sache erfolgreich auszuführen (die Sache zu einem erfolgreichen Ende zu führen) nicht vorübergehen lassen (sich nicht entgehen lassen). *(B. G. III 18,5)*

13. V: *existimaverat*; Akk.: *nihil*; Inf.: *timendum (esse)*
Galba hatte geglaubt, hinsichtlich eines Krieges nichts fürchten zu müssen. *(B. G. III 3,1)*

14. V: *negat*; Akk.: *se*; Inf.: *iturum (esse)*
Cotta sagt(e), er werde nicht zu einem bewaffneten Feind ziehen (gehen). *(B. G. V 36,3)*

Übung 14

1. V: *intellegeret*; Akk.: *omnes . . . Gallos*; Inf.: *studere et . . . excitari*
. . . als (weil) er erkannte, dass beinahe alle Gallier auf Umsturz hinarbeiteten und leicht und schnell zum Krieg angestachelt würden (*schöner:* werden könnten) . . . *(B. G. III 10,3)*

2. V: *putarent*; Akk.: *salutem*; Inf.: *positam (esse)*
. . . weil (als) die Sosiaten im Vertrauen auf ihre früheren Siege (im Bewusstsein ihrer früheren Siege) meinten, die Rettung ganz Aquitaniens hänge von ihrer Tapferkeit ab (beruhe auf ihrer Tapferkeit) . . . *(B. G. III 21,1)*

3. V: *arbitrabatur*; Akk.: *Rhenum transire* (in direkter Rede Subjektsinfinitiv, hier an Stelle des Akk. gerückt); Inf.: *tutum esse*
V: *statuebat*; Akk.: *(Rhenum transire)*; Inf.: *. . . dignitatis esse*
Er glaubte aber weder, dass es hinreichend sicher sei, ihn (den Rhein) auf (mit) Schiffen zu überqueren, noch war er der Ansicht, es vertrage sich mit seiner oder der Würde des römischen Volkes. *(B. G. IV 17,1)*

4. V: *confidebant*; Akk.: *se*; Inf.: *victores fore*
Als (Da) sie diesen Sieg errungen hatten, vertrauten sie darauf (glaubten sie fest daran), sie würden für immer Sieger sein (für immer Sieger zu sein). *(B. G. V 39,4)*

5. V: *docet*; Akk.: *omnes ... copias*; Inf.: *consedisse*
Labienus meldete (brachte die Nachricht, *eigtl. hist. Präsens*), dass alle Truppen der Treverer zu Fuß und zu Pferd drei Meilen von seinem Lager entfernt Halt gemacht hätten. *(B. G. V 47,5)*

6. V: *iudicabat*; Akk.: *exspectare* (in direkter Rede Subjektsinfinitiv, hier an Stelle des Akk. gerückt); Inf.: *summae dementiae esse*
Er hielt es aber für ein Zeichen höchster Dummheit (für höchst dumm / töricht), abzuwarten, bis die Truppen der Feinde vergrößert würden (sich verstärkten) und die Reitertruppen zurückkehrten. *(B. G. IV 13,2)*

7. V: *arbitrantur*; Akk.: *supplicia (eorum)*; Inf.: *gratiora esse*
Sie glauben, die Opferung derjenigen (von Leuten), die bei Diebstahl oder Raub ertappt worden seien, sei den unsterblichen Göttern angenehmer. *(B. G. VI 16,5)*

8. V: *intellexit*; Akk.: *tantum laborem*; Inf.: *sumi*;
Akk.: *fugam*; Inf.: *reprimi*
Akk.: *(se)*; Inf.: *nocere posse*
V: *statuit*; Akk.: *classem*; Inf.: *exspectandam (esse)*
Sobald Cäsar eingesehen hatte, dass man vergebens eine so große Mühe auf sich nehme und weder die Flucht der Feinde gehemmt noch ihnen Schaden zugefügt werden könne, beschloss er, die Flotte abzuwarten (*wörtl.* dass man die Flotte abwarten müsse.) *(B. G. III 14,1)*

9. V: *non patiuntur*; Akk.: *suos liberos*; Inf.: *adire*
V: *turpe ducunt*; Akk.: *filium*; Inf.: *adsistere*
Sie lassen es nicht zu, dass ihre Kinder in der Öffentlichkeit an sie herantreten (sie lassen ihre Kinder ... nicht zu sich herantreten) und halten es für schändlich, dass (*freier:* wenn) sich ein Sohn im Knabenalter (ein minderjähriger Sohn) in der Öffentlichkeit neben seinen Vater stellt. *(B. G. VI 18,3)*

10. V: *existimabant*; Akk.: *se*; Inf.: *dimicaturos (esse)*
V: *arbitrabantur*; Akk.: *potiri* (in direkter Rede Subjektsinfinitiv, hier an Stelle des Akk. gerückt); Inf.: *tutius esse*
Auch wenn jene wegen ihrer zahlenmäßigen Überlegenheit (*wörtl.* Menge), (und) ihres alten Kriegsruhms und der geringen Zahl der Unsrigen glaub-

ten, sie würden gefahrlos kämpfen (können; *frei:* den Sieg für gewiss hielten), hielten sie es dennoch für sicherer, die Straßen zu besetzen, den Nachschub zu blockieren und sich so (*wörtl.* sich nach Besetzen der Straßen und Blockieren des Nachschubs) ohne Verwundung des Sieges zu bemächtigen (den Sieg zu erringen). *(B. G. III 24, 2)*

11. V: *cognoverat*; Akk.: *magnam partem exercitus*; Inf.: *missam (esse)*
    V: *arbitrabatur*; Akk.: *hos equites*; Inf.: *exspectari*
    Akk.: *moram*; Inf.: *interponi*
    Er hatte nämlich erkannt, dass ein großer Teil des Heeres von ihnen, um Beute zu machen und Getreide zu beschaffen, zu den Ambivaritern über die Maas geschickt worden war (sei); er glaubte, sie warteten auf diese Reiter (*wörtl.* Passiv: diese Reiter würden erwartet) und es werde deshalb (dessentwegen) ein Aufschub eingeplant (*wörtl.* eingeschoben). *(B. G. IV 9, 3)*

Übung 15

1. V: *dicebantur*; Nom.: *qui*; Inf.: *arcessiti (esse)*
   Diesem trug *(eigtl. hist. Präsens)* er auf, die Germanen, von denen es hieß (man sagte), sie seien von den Galliern zu Hilfe geholt worden (die angeblich von den Galliern zu Hilfe geholt worden waren), fernzuhalten. *(B. G. III 11, 2)*
2. V: *videbantur*; Nom.: *reliquae*; Inf.: *refici posse*
   Nach (Bei) dem (einem) Verlust von 40 Schiffen schienen die restlichen – *(erg. sinngemäß* wenn auch) mit großer Mühe – wiederherstellbar zu sein. *(B. G. V 11, 3)*
3. V: *existimatur*; Nom.: *hoc*; Inf.: *in longitudinem esse*
   Diese (Seite) erstreckt sich, wie man glaubt, achthundert Meilen in die Länge. (Man glaubt, dass diese Seite achthundert Meilen lang ist; Diese Seite ist wohl / schätzungsweise achthundert Meilen lang.) *(B. G. V 13, 6)*
4. V: *videntur*; Nom.: – („sie"); Inf.: *instituisse*
   Dies scheinen sie mir aus zwei Gründen (so) eingerichtet zu haben. *(B. G. VI 14, 4)*
5. V: *existimabantur*; Nom.: *qui*; Inf.: *habere*
   Als Führer wurden *(eigtl. hist. Präsens)* die (*erg.* Leute, Männer) (aus)gewählt, die (welche), wie man glaubte, die höchste (beste) Kenntnis im Militärwesen hatten (die als beste Kenner des Militärwesens galten). *(B. G. III 23, 5)*

Übung 16

1. V: *scio*; Akk.: *plerosque*; Inf.: *scripsisse*
   V: *scripsisse*; Akk.: *Themistoclen*; Inf.: *transisse*
   Ich weiß, dass die meisten (es) so *(könnte sinngemäß auch entfallen)* geschrieben (dargestellt) haben, dass Themistokles unter der Regierung des Xerxes (*freier:* zur Regierungszeit des Xerxes) nach Kleinasien übergesetzt sei. *(Them. 9,1)*
2. V: *dixit*; Akk.: *se*; Inf.: *admirari*
   Er sagte, er wundere sich über die Dummheit des attischen Redners (dass er sich ... wundere). *(Ep. 6,3)*
3. V: *videret*; Akk.: *se*; Inf.: *superari*
   ... da er sah, dass Dion ihn an Begabung, Autorität und Beliebtheit beim Volk (*wörtl.* Liebe des Volkes; *im Deutschen weniger elegant!*) übertraf (dass Dion ihm an Begabung, Autorität und Beliebtheit überlegen war; *wörtl.* dass er von Dion an Begabung, Autorität und Beliebtheit übertroffen wurde), ... *(Dion 4,1)*
4. V: *putabant*; Akk.: *salutem (patriae)*; Inf.: *sitam (esse)*
   Sie glaubten, das Wohl des (ihres) Vaterlandes hänge (*wörtl. unschön:* liege) am Untergang dieses einzigen Mannes (dass das Wohl am Untergang dieses einzigen Mannes hänge). *(Ep. 9,1)*
5. V: *dixerunt*; Akk.: *se*; Inf.: *missuros (esse)*
   Sie sagten, sie würden in (*wörtl.* bezüglich) dieser Sache Gesandte zu diesen (ihnen) schicken (dass sie ... schicken würden). *(Them. 6,4)*
6. V: *sperabat*; Akk.: *se*; Inf.: *oppressurum (esse)*
   Er hoffte, er werde den Feind ohne dessen Wissen überfallen (können). *(Eum. 8,7)*
7. V: *intellegi potest*; Akk.: *unum hominem*; Inf.: *(pluris) fuisse*
   Hieraus kann man erkennen, dass ein einziger Mann (ein Mann allein) mehr wert war als die (*sinngemäß zu ergänzen:* ganze) Stadt. *(Ep. 10,4)*
8. V: *intellegi (volumus)*; Akk.: *(illius) liberalitatem*; Inf.: ... *fuisse*
   V: *volumus*; Akk.: *illud unum*; Inf.: *intellegi*
   Wir wollen, dass man dies eine erkennt, dass dessen Großzügigkeit weder vorübergehend noch schlau (berechnend) war. *(Att. 11,3)*
9. V: *audivit*; Akk.: *eum*; Inf.: *comparare*, *conari*
   Nachdem er aber gehört hatte, dass dieser auf der Peloponnes einen Trupp (*wörtl.* eine Schar; *erg.* von Leuten) aufstellte und versuchte, ihn zu bekriegen (kriegerisch gegen ihn vorzugehen), verheiratete er die Frau des Dion mit einem anderen. *(Dion 4,3)*
10. V: *audisset*; Akk.: *patriam*; Inf.: *obsideri*
    Als er gehört hatte, dass die Heimat belagert werde (wurde), fragte er

nicht, wo er selbst sicher leben könne, sondern von wo (woher) er seinen Mitbürgern Schutz bringen könne. *(Con. 2,1)*

11. V: *videbat*; Akk.: *id*; Inf.: *non posse (fieri)*
V: *cupiebat*; Akk.: *eum (amicum)**; Inf.: *sibi adiungi*
V: *dubitabat*; Akk.: *se*; Inf.: *consecturum (esse)*
* *amicum* ist hier prädikativ gebraucht
Er sah, dass dies ohne den Perserkönig unmöglich sei (war), (und) daher wünschte er diesen als Freund zu gewinnen (*wörtl. im Deutschen unschön:* sich diesen als Freund zu verbinden) und er zweifelte nicht daran, dass er dies leicht erreichen werde, wenn er nur eine (die) Möglichkeit hätte, mit ihm zusammenzutreffen. *(Alc. 9,5)*

Übung 17

1. V: *videbantur*; Nom.: – („sie"); Inf.: *arbitrari*
(Und) sie schienen dies nicht ohne Grund zu glauben. *(Alc. 6,2)*
2. V: *dicitur*; Nom.: *Cleon Halicarnassius*; Inf.: *scripssisse*
Es heißt, diese Rede habe Kleon aus Halikarnass für ihn geschrieben (Diese Rede soll Kleon aus Halikarnass geschrieben haben). *(Lys. 3,5)*
3. V: *existimabatur*; Nom.: *id*; Inf.: *pertinere*
(Und) man glaubte, das habe nichts mit (der) Religion, sondern mit einer Verschwörung zu tun. *(Alc. 3,6)*
4. Hier findet sich auch ein AcI:
V: *intellegeret*; Akk.: *concitatam multitudinem*; Inf.: *(reprimi non) posse*
NcI-Konstruktionen:
V: *dicitur*; Nom.: – („er"); Inf.: *quaesisse*
V: *duceretur*; Nom.: – („er"); Inf.: *dignus (esse)*
Als dieser freilich (nun) begriff (erkannte), dass die aufgeregte Menge nicht (mehr) zurückgedrängt (gebremst) werden konnte (zu bremsen war), und als (weil) er beim Weggehen (Zurückgehen; *wörtl.* Weichen) beobachtet hatte, wie ein (bestimmter) Mann (*freier:* wie jemand) schrieb, er solle aus der Heimat verbannt werden, soll er diesen gefragt haben, wieso er dies tue oder was Aristides begangen habe, dass (*wörtl.* warum / weshalb) man glaubte, er verdiene eine so hohe (schlimme) Strafe. *(Ar. 1,3)*

Übung 18

1. von Not getrieben; von Not veranlasst; aus Not; weil (da; *hier weniger passend:* als) er von Not getrieben war* *(B. G. III 6,4)*
2. von Wunden geschwächt (*wörtl.* aufgerieben); als (nachdem / weil / da) sie von Wunden geschwächt waren *(B. G. II 23,1)*

3. eine größere Bewegung (*freier:* Erhebung / Aufruhr) erwartend; weil (da) er eine größere Bewegung erwartete *(B. G. VII 43, 5)*
4. dadurch veranlasst; weil (da) sie dadurch veranlasst waren *(B. G. I 3,1)*
5. aus Furcht vor einem Urteil (Gerichtsverfahren); weil (da) sie ein Urteil (Gerichtsverfahren) fürchteten *(B. G. VI 44, 3)*
6. nachdem (als) er die Häduer aufgefordert (ermahnt) hatte; nach der Ermahnung der Häduer *(B. G. VII 34,1)*
7. plötzlich erschreckt; nachdem (als) sie plötzlich erschreckt worden waren *(B. G. IV 14, 2)*
8. die Gallier, die alles versucht hatten*; nachdem (als) die Gallier alles versucht hatten (*auch* „weil" *bzw.* „obwohl" *ist möglich; hier wäre auf den Gesamtsinn des Satzes zu achten*). *(B. G. VII 26,1)*

* Das Plusquamperfekt ist hier bei der Übersetzung eines PPP bewusst gewählt, da Cäsar ja in der Regel etwas Vergangenes schildert, wozu die Partiziphandlung dann vorzeitig ist. Sollte jedoch die Handlung des Prädikats in der Gegenwart spielen, müsstest du das PPP mit Perfekt wiedergeben.

Übung 19

1. *L. Cotta pugnans*
   L. Cotta wurde (*eigtl. hist. Präsens:* wird) mit dem größten Teil der Soldaten im Kampf (während des Kampfes; während er kämpfte) getötet. *(B. G. V 37,4)*
2. *His nuntiis litterisque commotus Caesar*
   Veranlasst (*wörtl.* bewegt) von diesen Nachrichten und Berichten (schriftlichen Mitteilungen) hob Cäsar im diesseitigen Gallien zwei neue Legionen aus. *(B. G. II 2,1)*.
3. *Caesar insidias veritus*
   Weil Cäsar einen Hinterhalt (Anschlag) fürchtete, hielt er das Heer und die Reiterei im Lager. (Cäsar, der … fürchtete, hielt …). *(B. G. II 11,2)*
4. *Discedens Caesar in Italiam*
   Als Cäsar nach Italien zog (wegging), wie er es alljährlich zu tun pflegte, befahl er den Legaten, dass … (*Bei Nachahmung des Präsens:* Als Cäsar … zieht, befiehlt er …) *(B. G. V 1,1)*.
5. *Caesar arbitratus id bellum celeriter confici posse*
   In der Meinung, dieser Krieg könne schnell beendet werden (Weil er glaubte, …), führte Cäsar das Heer dorthin. *(B. G. III 28,1)*
6. *confecti vulneribus hostes*
   Von den Wunden erschöpft (Weil sie von den Wunden erschöpft waren,) flohen die Feinde schließlich. *(B. G. III 21,1)*

7. *His rebus atque auditionibus permoti*
   (Kein Bezugswort zu *permoti* in diesem Satzteil)
   Veranlasst von diesen Vorkommnissen und dieser Kunde *(Plural hier im Deutschen nicht sinnvoll möglich!)* fassen sie Pläne über die bedeutendsten Dinge. (B. G. IV 5,3)
8. *Equites nostri flumen transgressi*
   Unsere Reiter überquerten den Fluss und lieferten sich dann mit der feindlichen Reiterei ein Gefecht.
9. *Usipetes et Tenctheri agris expulsi et multis locis Germaniae triennium vagati*
   Die (Nachdem die) Usipeter und Tenktherer aus ihrem Gebiet vertrieben worden und in vielen Gegenden Germaniens drei Jahre lang herumgezogen waren, gelangten (sie) zum Rhein. *(B. G. IV 4,1)*
10. *eos fugientes*
    Cäsar aber verbot, sie auf der Flucht (*weniger schön:* als sie flohen) weiter zu verfolgen. *(B. G. V 9,8)*
11. *Sabinus suos hortatus – cupientibus*
    Sabinus ermahnte seine Leute und gab ihnen, die (weil sie) das (schon) wünschten), das Zeichen (*erg.* zum Kampf.) *(B. G. III 19,2)*
12. *Sabinus iussus arma abicere*
    Als Sabinus den Befehl erhalten hatte, die Waffen wegzuwerfen, tat er, was befohlen war und befahl den Seinen (seinen Leuten), dasselbe zu tun. *(B. G. V 37,1)*
13. *Quibus de rebus Caesar a Crasso certior factus*
    (Am besten Wiedergabe des historischen Präsens mit Imperfekt:)
    Hiervon (von diesen Vorgängen) von Crassus benachrichtigt, befahl Cäsar (Als / Weil er Cäsar hiervon von Crassus benachrichtigt worden war, befahl er), weil er selbst (noch) recht weit entfernt war, inzwischen Kriegsschiffe zu bauen. *(B. G. III 9,1)*
14. *(Caesar) in alteram partem cohortandi causa profectus – pugnantibus*
    Cäsar, der zur anderen Seite aufgebrochen war (auf die andere Seite gegangen war), um seine Leute anzufeuern, begegnete ihnen (schon) im Kampf (*wörtl.* begegnete den Kämpfenden). *(B. G. II 21,4)*
15. *Barbari commoti*
    Beunruhigt (Erregt), weil sie erfahren hatten, dass die Stadt erobert (worden) war, begannen die Barbaren (Die Barbaren, die erregt waren, weil sie erfahren hatten, dass die Stadt erobert war, begannen), Gesandte auszu-

schicken, Verschwörungen anzuzetteln (*wörtl.* sich zu verschwören), Geiseln untereinander auszutauschen und Truppen aufzustellen. *(B. G. III 23, 2)*

16. *ab Suebis complures annos exagitati*
(ein Bezugswort zu *exagitati* gibt es in diesem Satz nicht.)
Der Grund, den Rhein zu überqueren, war, dass sie von den Sueben mehrere Jahre lang in Unruhe versetzt worden waren und (dann) kriegerisch bedrängt wurden (dass sie, nachdem sie von den Sueben mehrere Jahre in Unruhe versetzt worden waren, nun kriegerisch bedrängt wurden).
(B. G. IV 1, 2)
17. *Perfidia et simulatione usi Germani*
Verrat und Heuchelei gebrauchend (Indem sie Verrat und Heuchelei gebrauchten; *freier:* Mit Verrat und Heuchelei) kamen die Germanen in großer Zahl zu ihm ins Lager. *(B. G. IV 13, 4)*
18. *Hi novissimos adorti et multa milia passuum prosecuti magnam multitudinem eorum fugientium*
Diese griffen die Nachhut an und verfolgten sie viele Meilen, danach (Nachdem / Als sie die Nachhut angegriffen und sie verfolgt hatten,) schlugen sie eine große Menge von diesen auf der Flucht nieder. *(B. G. II 11, 4)*
19. *nonnulli principes ex ea civitate et auctoritate Cingetorigis adducti et adventu nostri exercitus perterriti – Indutiomarus veritus, ne ...*
Nachdem aber einige führende Männer aus diesem Stamm sowohl vom Ansehen des Cingetorix bewogen als auch durch die Ankunft unseres Heeres erschreckt zu Cäsar gekommen waren, schickte Indutiomarus aus Furcht, von allen im Stich gelassen zu werden, Gesandte zu Cäsar. *(B. G. V 3, 5)*
20. *Morini ... spe praedae adducti – Caesar in Britanniam proficiscens – pacatos*
Die Moriner, die Cäsar bei seinem Aufbruch nach Britannien (als er nach Britannien aufbrach), befriedet zurückgelassen hatte, umringten voller Hoffnung auf Beute (*wörtl.* veranlasst von Hoffnung auf Beute) zunächst die römischen Soldaten und befahlen ihnen, die Waffen niederzulegen, wenn sie nicht getötet werden wollten. *(B. G. IV 37, 1)*
21. *Omnes maiores natu ex oppido egressi*
Alle älteren Männer kamen aus der Stadt heraus und *(Beiordnung wegen des präsentischen Charakters des PPP hier am schönsten)* begannen, ihre Hände Cäsar entgegenzustrecken und zu rufen, sie unterstellten sich seinem Schutz und seiner Macht (seiner schützenden Macht; *freier:* sie ergäben sich ihm auf Gnade und Ungnade) und kämpften nicht mit Waffen gegen das römische Volk. *(B. G. II 13, 2)*

22. *Suspicati hostes huc nostros esse venturos*
Weil sie argwöhnten (vermuteten), unsere Leute würden hierhin kommen, hatten sich die Feinde nachts in den Wäldern versteckt. *(B. G. IV 32,4 E.)*

Übung 20

1. als (nachdem) er sich reicher (*wörtl.* großer) Beute bemächtigt hatte (*freier:* mit reicher Beute) *(Cim. 2,4)*
2. vierzig Jahre alt *(Alc. 10,6)*
3. als (nachdem) er nach Asien aufgebrochen war (nach Asien aufgebrochen; nach seinem Aufbruch nach Asien) *(Alc. 7,1)*
4. als (nachdem) die Spartaner einen passenden Grund gefunden (*wörtl.* erlangt) hatten *(Them. 6,2)*
5. als er diesen in der Ferne (von ferne) sah (erblickte) *(Dat. 4,5)*

Übung 21

1. *Qua victoria elatus*
Durch diesen Sieg übermütig geworden begann er Höheres (*wörtl.* Größeres) zu begehren. *(Paus. 1,3)*
2. *Hoc nuntio commotus, sperans se pecunia et potentia periculum instans depellere*
Beunruhigt von dieser Nachricht, aber *(im Dt. zur Verdeutlichung eingefügt)* in der Hoffnung, die drohende Gefahr durch Geld und Macht bannen (abwehren) zu können *(erg.)*, kehrte er nach Hause zurück. *(Paus. 3,5)*
3. *liberalitate utens*
Mit einer (Wegen seiner) so edlen Gesinnung (*wörtl. im Dt. unschön:* Eine solch edle Gesinnung gebrauchend) hatte er keine Feindschaften (stand er mit niemandem in Feindschaft). *(Att. 11,5)*
4. *Huius rex animi magnitudinem admirans – cupiensque talem virum sibi conciliari*
Weil der König dessen Seelengröße bewunderte und einen solchen Mann für sich zu gewinnen *(wörtl. Passiv)* wünschte, gab er ihm die Erlaubnis (gab er der Bitte nach; gewährte er die Bitte). *(Them. 10,1)*
5. *Ille praestare honestam mortem existimans turpi vitae – comminus pugnans*
Jener aber, der der Ansicht war (Weil jener aber der Ansicht war), ein ehrenvoller Tod sei einem schändlichen Leben vorzuziehen (*wörtl.* sei besser als ...) wurde im Nahkampf von den Wurfgeschossen der Feinde getötet (*schöner:* tödlich getroffen). *(Chabr. 4,3)*

Übung 22

1. nachdem die Schutztruppe (Wache) zurückgelassen worden war *(B. G. VII 61,5)*
2. nachdem (als) zwei (Leute) getötet worden waren *(B. G. VII 50,5)*
3. nachdem (als) die Reiter vorausgeschickt worden waren (nach Voraussendung der Reiter) *(B. G. VII 48,1)*
4. nachdem dies beschlossen worden war (nach diesem Beschluss) *(B. G. II 11,1)*
5. als er dies erfahren hatte (*wörtl.* als dies erfahren worden war; *meist ist in diesen Sätzen jedoch Cäsar selbst Subjekt; frei*: auf diese Nachricht hin) *(u. a. B. G. VII 56,1; eine sehr häufige Wendung!)*
6. nachdem (als) ganz Gallien unterworfen (befriedet) worden war (nach der Unterwerfung / Befriedung von ganz Gallien) *(B. G. II 1,2)*
7. nachdem die Versammlung zusammengerufen (einberufen) worden war (nach Einberufung der/einer Versammlung) *(B. G. II 10,4)*
8. nachdem für den Getreidenachschub gesorgt worden war (nachdem er für den Getreidenachschub gesorgt hatte) *(B. G. II 2,6)*
9. nachdem ein Gewaltmarsch zurückgelegt worden war (nachdem er einen Gewaltmarsch zurückgelegt hatte) *(B. G. II 12,1)*
10. nachdem das Heer aufgestellt worden war (nachdem er das Heer aufgestellt hatte; *hier auch:* nachdem das Heer sich aufgestellt hatte) *(B. G. II 22,1)*
11. nachdem das Signal (Zeichen) zum Rückzug gegeben worden war (nachdem er das Signal zum Rückzug gegeben hatte; nach dem Signal für den Rückzug) *(B. G. VII 52,1)*
12. nachdem er schwer verwundet worden war (nach schwerer Verwundung; *wörtl. im Deutschen unschön*: nachdem viele Wunden empfangen worden waren). *(B. G. VII 50,4)*
13. nach einem leichten Reitergefecht (*weniger schön:* nachdem ein leichtes Reitergefecht geliefert worden war) *(B. G. VII 53, 2)*
14. nachdem er diese Aufträge (Anordnungen) erteilt hatte (nach diesen Aufträgen/Anordnungen; *wörtl.* nachdem diese Aufträge / Anordnungen erteilt worden waren). *(B. G. VII 54,4)*
15. nachdem (wobei) man 46 Zenturionen verloren hatte (nachdem / wobei sie 46 Zenturionen verloren hatten) *(B. G. VII 51,1)*
16. während er abwesend war (in seiner Abwesenheit) *(B. G. III 17,7)*
17. ohne dass von den Unseren eine Antwort gegeben worden war *(B. G. V 58,3)*

Übung 23

1. *insciente Caesare*
   Dumnorix schickte sich an (*wörtl. nicht passend:* begann), ohne dass Cäsar dies wusste, (ohne Cäsars Wissen) nach Hause zurückzukehren. *(B. G. V 7, 5)*
2. *Nostris militibus cunctantibus maxime propter altitudinem maris*
   Als unsere Soldaten hauptsächlich wegen des tiefen Meeres zögerten, sagte er: „Springt hinunter, Gefährten, …" *(B. G. IV 25, 3)*
3. *Re frumentaria comparata equitibus delectis*
   Nachdem die Getreideversorgung geregelt (*wörtl.* vorbereitet) und Reiter ausgewählt worden waren (Nachdem er die Getreideversorgung geregelt und Reiter ausgesucht hatte), begann er in die Gegend zu marschieren (begann er mit dem Marsch in die Gegend), wo… *(B. G. IV 7, 1)*
4. *equitatu praemisso*
   Cäsar folgte, nachdem der die Reiterei vorausgeschickt hatte, (unmittelbar) mit allen Truppen nach. *(B. G. II 19, 1)*
5. *Legionibus in hiberna deductis*
   Nachdem er die Legionen ins Winterlager geführt hatte, brach er nach Italien auf. *(B. G. II 35, 3)*
6. *consensu eorum omnium pace facta*
   Nachdem mit der Zustimmung all derer (von ihnen allen) Frieden geschlossen war, wählten diese sich diesen Platz als Wohnort aus. *(B. G. II 29, 5)*
7. *Hac re cognita*
   Nachdem sie davon erfahren hatten (*freier:* auf diese Kunde hin), gingen alle Truppen der Eburonen und Nervier auseinander (zertreuten sich, d. h. lösten sich auf). *(B. G. V 58, 7)*
8. *His rebus gestis omni Gallia pacata*
   Nach diesen Erfolgen und der Befriedung von ganz Gallien verbreitete sich bei den Barbaren eine solche Kunde von dem Krieg (*wörtl.* wurde zu den Barbaren eine solche Kunde von dem Krieg gebracht), dass … *(B. G. II 35, 1)*
9. *Sic omnibus hostium copiis fusis armisque exutis*
   Nachdem sie so alle Truppen der Feinde zertreut und sie der Waffen beraubt hatten, zogen *(eigtl. hist. Präsens)* sie sich in die Befestigungen zurück. *(B. G. III 6, 3)*
10. *hac pugna nuntiata – cunctis oppidis castellisque desertis*
    Die Atuatuker kehrten, nachdem man von diesem Kampf Meldung gemacht hatte (*schöner:* auf die Nachricht von diesem Kampf hin) aus dem Marsch heraus (*freier:* mitten auf dem Weg) nach Hause zurück und schaff-

ten all ihre Habe, nachdem sie alle Städte und festen Plätze verlassen hatten, (*schöner:* verließen alle Städte und festen Plätze und schafften dann all ihre Habe) in eine einzige Stadt, die von Natur aus hervorragend geschützt (befestigt) war. *(B. G. II 29, 1–2)*

11. *Itaque re frumentaria provisa, auxiliis equitatuque comparato, multis praeterea viris fortibus nominatim evocatis*
    Nachdem er sich deshalb um den Getreidevorrat gekümmert hatte, Hilfstruppen und eine Reiterei bereitgestellt hatte und außerdem viele tapfere Männer namentlich (auf)gerufen hatte, führte er das Heer in das Gebiet der Sosiaten. *(B. G. III 20, 2) ...*

    Cuius adventu cognito Sosiates magnis copiis coactis equitatuque in itinere agmen nostrum adorti **(P.C.)** *equitatu suo pulso atque insequentibus nostris*
    Als die Sosiaten von seiner Ankunft erfahren hatten und große Truppen und eine Reiterei zusammengezogen hatten, griffen sie unser Heer auf dem Marsch an und lieferten zunächst ein Reitergefecht; nachdem (aber) dann ihre Reiterei geschlagen war und die Unsrigen ihnen folgten, holten sie plötzlich ihre Fußsoldaten heraus (*wörtl.* zeigten sie ...). *(B. G. III 20 3–4 A)*

12. *secundis aliquot proeliis factis – castellisque compluribus eorum expugnatis, – missis ad eum undique legatis – obsidibusque datis et pace facta*
    Als er eine Reihe von erfolgreichen Schlachten geschlagen und mehrere ihrer Kastelle erobert hatte, als von allen Seiten Gesandte zu ihm geschickt worden, Geiseln gestellt und Frieden geschlossen worden war, beschloss Galba, zwei Kohorten im Gebiet der Nantuaten aufzustellen. *(B. G. III 1, 4)*

Übung 24

1. nachdem er diese Rede gehalten hatte (*freier:* nach dieser Rede; *wörtl.* nachdem / als diese Rede gehalten worden war) *(Att. 22, 1)*
2. als (nachdem) Hamilkar getötet worden war (*freier:* nach Hamilkars Tod) *(Ham. 3, 3)*
3. nachdem (als, da) dies geschehen war (*freier:* hierauf; danach) *(Pelop. 5, 5)*
4. als (nachdem) diese Dinge (dies) erledigt worden waren (war) (nach Durchführung dieser Maßnahmen) *(Ham. 3, 1)*
5. als (nachdem; weil) ein Verbrechen begangen worden war (sie ein Verbrechen begangen hatten; nach Begehung eines Verbrechens) *(Ep. 6, 3)*
6. nachdem (als) diese schnell fertiggestellt worden war (nach deren schneller Fertigstellung) *(Them 2, 3)*

7. nachdem (als) man von seinem Willen erfahren hatte (*freier:* sein Wohlwollen / seine günstige Einstellung erkannt hatte) *(Paus. 2, 6)*
8. nachdem (als) die Schiffe der Feinde (die feindlichen Schiffe) eingenommen (gekapert) worden waren (nachdem sie die ... gekapert hatten) *(Cim. 2, 3)*
9. nachdem (als) die Volksversammlung einberufen (*wörtl. unschön:* herbeigerufen) worden war. *(Alc. 6, 4)*
10. unter der Führung des Pelopidas *(Pelop. 3, 3)*

Übung 25

1. *Ineunte adulescentia*
   In seiner frühen Jugend (In sehr jungen Jahren; Zu Beginn seiner Jugend; *wörtl.:* Als seine Jugend begann,) wurde er von vielen geliebt. *(Alc. 2, 2)*
2. *illo interfecto*
   Als (Nachdem; Weil) jener getötet worden war (Nach dessen Ermordung) fühlte sich niemand (mehr) sicher (*wörtl.* glaubte niemand sicher zu sein). *(Dion 7, 1)*
3. *His rebus ... cognitis*
   Als die Ephoren hiervon erfahren (Kenntnis genommen) hatten, hielten sie es für geratener, ihn in der Stadt zu ergreifen (verhaften; *wörtl.* dass er in der Stadt verhaftet wurde / werde.) *(Paus. 5, 1)*
4. *Tali cohortatione militum facta*
   Nachdem eine derartige Ermahnung an die Soldaten ergangen war (nach einer derartigen Ermahnung an die Soldaten) wurde *(hist. Präsens)* die Flotte ins Gefecht geführt (geschickt). *(Hann. 11, 1)*
5. *armis abiectis*
   Er wollte lieber sterben als die Waffen wegwerfen und (danach) das Schiff verlassen (*wörtl.* als, nachdem er die Waffen weggeworfen hatte, das Schiff verlassen), auf dem er gefahren war. *(Chabr. 4, 3)*
6. *M. Claudio L. Furio consulibus*
   Unter den Konsuln M. Claudius und L. Furius (Während des Konsulats von M. Claudius und L. Furius) kamen Gesandte aus Rom nach Karthago. *(Hann. 7, 6)*
7. *Quibus rebus confectis, vulgo ad arma libertatemque vocato*
   Als dies erledigt war und sie das Volk zum Freiheitskampf aufgerufen hatten (*wörtl.* das Volk zu den Waffen und zur Freiheit gerufen worden war),

liefen nicht nur die Städter (*wörtl.* die, die in der Stadt waren), sondern auch die Landbevölkerung (*wörtl.* die Leute von den Äckern) von allen Seiten zusammen. *(Pelop. 3, 3)*

8. *Hac pugna pugnata* – *nullo resistente*
   Nach dieser Schlacht (*wörtl.* Nachdem diese Schlacht geschlagen worden war) brach er ohne jeglichen Widerstand (ohne dass jemand Widerstand leistete) nach Rom auf (marschierte er gegen Rom.) *(Hann. 5, 1)*
9. *Thermopylis expugnatis* – *nullis defendentibus* – *interfectis sacerdotibus, quos in arce deleverat*
   Xerxes aber rückte sofort (unmittelbar) nach der Eroberung der Thermopylen (*wörtl.* nachdem die Thermopylen erobert waren) näher an die Stadt heran und zerstörte sie, da niemand sie verteidigte (ohne dass jemand sie verteidigte), nach Ermordung der Priester durch einen Brand. *(Them. 4, 1)*
10. *Causa cognita capitis absolutus* **(P. C.)**
    Nachdem (Als / Da) man den Grund erfahren hatte, wurde er von der Todesstrafe freigesprochen und (stattdessen) mit einer Geldstrafe belegt. *(Milt. 7, 6)*
11. *praesentibus principibus*
    simulans **(P. C.)** *se suas fortunas illorum fidei credere*
    Er stellte mehrere Amphoren in Gegenwart der führenden Persönlichkeiten im Dianatempel ab, wobei (indem) er so tat, als vertraue er seine Güter (seinen Besitz) ihrem Schutz an. (*Auch Beiordnung möglich:* ... Er stellte ... ab. Dabei tat er so, als ob er ...) *(Hann. 9, 3)*
12. *Alcibiades victis Atheniensibus* **(Abl. abs.)** *non satis tuta eadem loca sibi arbitrans* **(P. C.)** ... *sperans* **(P. C.)** *ibi facillime suam fortunam occuli posse*
    Alkibiades aber glaubte, nachdem (als / da) die Athener besiegt worden waren, eben diese Gegend sei nicht (mehr) sicher für ihn, und daher verbarg er sich tief in Thrakien, in der Hoffnung, er werde sich dort sehr leicht verbergen können (*wörtl.* sein Schicksal werde dort sehr leicht verborgen werden können). *(Alc. 9, 1)*

Übung 26

1. *tempus pugnandi:* die Zeit, zu kämpfen (*wörtl.* des Kämpfens) *(B. G. II 21, 6)*
2. *occasio consulendi:* die Gelegenheit, zu beratschlagen *(B. G. V 29, 1)*
3. *spatium de salute cogitandi:* die Zeit, an die Rettung zu denken (über die Rettung nachzudenken) *(B. G. VIII 3, 4)*

4. *causae coniurandi:* die Gründe, sich zu verschwören (der Verschwörung; für die Verschwörung) *(B. G. II 1,2)*
5. *animus ad pugnandum paratus:* eine kampfbereite Gesinnung (*wörtl.* ein zum Kämpfen / Kampf bereiter Geist) *(B. G. II 21,5)*
6. *satisfaciundi causa:* um Genüge zu leisten *(B. G. V 54, 3)*
7. *finem oppugnandi:* Als die Nacht ein Ende des Ansturms (der Bestürmung) herbeigeführt hatte, ... (*frei*: Als die Nacht der Bestürmung ein Ende gemacht hatte, ...) *(B. G. II 6,4)*
8. *diem conveniendi:* Diesen setzte *(wörtl.* sagte; *eigtl. hist. Präsens)* er einen bestimmten Termin für die Zusammenkunft (zu dem sie zusammenkommen sollten / um zusammenzukommen; *wörtl.* des Zusammenkommens) fest. *(B. G. V 57,2)*
9. *deprecandi causa:* Sie schickten *(eigtl histor. Präsens)* Gesandte zu Cäsar, um Gnade zu erbitten. *(B. G. VI 4,2)*
10. *territando, cohortando:* Cäsar hielt einen großen Teil Galliens in Gehorsam (*wörtl.* in der Pflicht), indem er sie teils erschreckte, teils ermahnte (*wörtl.* zum Teil durch Erschrecken, zum Teil durch Ermahnen) *(B. G. V 54,1)*

Übung 27

1. *spes potiundi oppidi:* die Hoffnung, sich der Stadt zu bemächtigen (*freier*: Die Hoffnung auf Eroberung der Stadt) *(B. G. II 7,2)*
2. *difficultates belli gerendi:* die Schwierigkeiten, Krieg zu führen (der Kriegsführung / für eine Kriegsführung) *(B. G. III 10,1)*
3. *signum proelii committendi:* das Zeichen zum Beginn des Gefechtes (Kampfes; zum Kampfbeginn; den Kampf zu beginnen) *(B. G. II 21,3)*
4. *in quaerendis suis:* beim Suchen der Seinen (seiner Leute) *(B. G. II 21,6)*
5. *commeatus petendi causa:* um zu versuchen, Nachschub zu bekommen *(B. G. III 2,3)*
6. *ad aciem instruendam:* in einem Gelände, das (*wörtl.* an einem Platz, der) von Natur aus günstig und geeignet (*freier:* ausgezeichnet geeignet) war, die Schlachtreihe (das Heer) aufzustellen (um ... aufzustellen). *(B. G. II 8,3)*
7. *navium parandarum causa:* Cäsar hielt (*histor. Präsens, wörtl.* „hält") sich in dieser Gegend auf, um eine Flotte (*wörtl.* Schiffe) zusammenzustellen. *(B. G. IV 22,1)*
8. *ad bellum gerendum:* Sie sollten das Land (*wörtl.* die Äcker) der Remer verwüsten, das uns für die Kriegsführung sehr nützlich war. *(B. G. II 9,5)*

9. *in spem potiendorum castrorum:* Sie umringten diejenigen, die schon die Hoffnung gewonnen hatten, sich des Lagers zu bemächtigen (das Lager zu erobern), von allen Seiten und töteten *(hist. Präsens)* sie (Sie töteten die, die schon ..., nachdem sie sie von allen Seiten umzingelt hatten). *(B. G. III 6,2)*

Übung 28

1. *Militibus* (Dat. auct.) ... *de navibus desiliendum* ... *in fluctibus consistendum* ... *cum hostibus erat pugnandum:* Die Soldaten mussten gleichzeitig von den Schiffen herabspringen, in den Fluten Stand gewinnen (*wörtl.* sich hinstellen), und mit den Feinden kämpfen. *(B. G. IV 24,2–3)*
2. *sibi* (Dat. auct.) *Rhenum esse transeundum:* Als der Krieg gegen die Germanen beendet war, beschloss Cäsar aus vielen Gründen, dass er den Rhein überschreiten müsse (er müsse den Rhein überschreiten.) *(B. G. IV 16,1)*
3. *Non omittendum sibi* (Dat. auct.) *consilium (esse):* Die Nervier glaubten, diesen Plan nicht aufgeben zu dürfen. *(B. G. II 17,5)*
4. *dubitandum (esse):* Da aber glaubte er, nicht zögern zu dürfen, zu ihnen aufzubrechen (den Aufbruch zu ihnen nicht verzögern zu dürfen / mit dem Aufbruch zu ihnen nicht zögern zu dürfen.) *(B. G. II 2,5)*
5. *bellum gerendum (esse):* Er erklärte (*wörtl.* belehrte sie), dass man auf ganz andere Weise Krieg führen müsse als vorher (als er vorher geführt worden sei); man müsse auf jede Art versuchen (*wörtl.* sich darum bemühen), die Römer vom Futter und vom Nachschub (*freier:* von der Versorgung mit ...) abzuhalten (dass die Römer ... abgehalten würden) *(B. G. VII 14,2)*

Übung 29

1. *hos ... custodiendos tradidit:* Diese übergab er den Häduern zur Bewachung. *(B. G. VI,5)*
2. *Obsides ... deducendos curaverunt:* Sie ließen die Geiseln der Stämme zu einem (*hier:* ihrem) Beamten führen (bringen). *(B. G. VII 55,7)*
3. *Reliquum exercitum ... ducendum dedit:* Das restliche Heer übergab er den Legaten, um es gegen die Menapier zu führen. *(B. G. IV 22,5)*

Übung 30

1. *ad consilia capienda ... nihil spatii dandum (esse):* Cäsar glaubte, er (man) dürfe diesen keine Zeit (mehr) geben, Pläne zu fassen (*wörtl.* Zeit zum Fassen von Plänen). *(B. G. IV 13,3)*
2. *oppugnandi sui causa:* Er wurde benachrichtigt, dass große gallische Truppen zusammengekommen seien, um ihn *(sinngemäß auch* sie, *d. h. die Römer, denkbar)* zu belagern. *(B. G. V 53,6)*

3. *Causa transeundi:* Der Grund zur Überquerung war, dass sie von den Sueben mehrere Jahre bedrängt worden waren und (nun) kriegerisch angegriffen wurden. *(B. G. IV 1,2)*
4. *belli renovandi legionisque opprimendae consilium:* Aus einer Reihe von Gründen hatte es sich ereignet (war es ... so gekommen), dass die Gallier plötzlich den Plan fassten (sich entschlossen) den Krieg zu erneuern und die Legion zu überfallen. *(B. G. III 2,2)*
5. *armandos vestiendosque curat:* Diejenigen, die nach (wegen) der Eroberung von Avaricum geflohen waren, ließ *(hist. Präsens)* er bewaffnen und mit Kleidung ausstatten. *(B. G. VII 31,3)*
6. *in consiliis capiendis mobiles:* Aus Furcht vor der Unzuverlässigkeit der Gallier, weil sie im Fassen ihrer Beschlüsse unberechenbar und häufig auf Umsturz aus sind, glaubte Cäsar, ihnen nichts zugestehen (keine Zugeständnisse machen) zu dürfen. *(B. G. IV 5,1)*
7. *ad bella suscipienda:* Zwar sind die Gallier (*wörtl.* ist der Geist der Gallier) begeisterungsfähig und entschlossen (schnell bereit), einen Krieg anzufangen, aber (*wörtl.* ihr Geist ist) weichlich und wenig widerstandsfähig im Hinnehmen (Ertragen) von Niederlagen. *(B. G. III 19,6)*
8. *occasionem (negotii bene gerendi) amittendam non esse:* Alle (zusammen/miteinander) schrieen *(histor. Präsens)*, man dürfe die Gelegenheit, die Sache gut zu erledigen (auszuführen), nicht vorübergehen lassen (sich nicht entgehen lassen). *(B. G. III 18,5)*

Übung 31

1. *in respondendo:* beim Antworten (*freier:* in seiner Antwort) *(Ep. 6,3)*
2. *haec diu faciendo:* indem er dies lange tat (*freier:* bei diesem Vorgehen verharrend) *(Dat. 10,3)*
3. *tempus ad bellum proficiscendi:* Die Zeit des Aufbruchs in den Krieg stand bevor (Es drängte die Zeit, in den Krieg zu ziehen). *(Alc. 4,1)*
4. *causam bellandi:* ... um umso leichter einen Grund für den Krieg (*wörtl.* dafür, Krieg zu führen) zu finden ... *(Ham. 3,1)*

Übung 32

1. *ad me sanandum:* zu meiner Heilung (um mich zu heilen) *(Att. 21,5)*
2. *primus gradus rei publicae capessendae:* die erste Stufe in der politischen Laufbahn (*wörtl.* beim Einschlagen der politischen Laufbahn) *(Them. 2,1)*

3. *de Graecia opprimenda:* bezüglich der (über die) Bezwingung (Überwältigung) Griechenlands *(Them. 10,4)*
4. *rei publicae conservandae causa:* um den Staat (die Staatsinteressen) zu erhalten (sichern, bewahren) *(Ep. 7,5)*
5. *fructus servandi gratia*: um die Erträge *(wörtl. Singular)* zu sichern (*wörtl.* bewahren) *(Cim. 4,1)*
6. *ad classis aedificandas exercitusque comparandos:* um eine Flotte *(wörtl. Plural; im Dt. weniger passend)* zu bauen und Heere bereitzustellen (aufzustellen) *(Arist. 3,1)*

Übung 33

1. *sibi* (Dat. auct.) *esse pereundum:* Er erkannte, dass er zugrunde gehen müsse. *(Paus. 4,1)*
2. *est vobis* (Dat. auct.) *utendum:* Ihr müsst im Lager kämpfen, nicht in der Ringschule (*wörtl.* Ihr müsst euch des Lagers bedienen, nicht der Ringschule). *(Ep. 5,4)*
3. *Non est praetereunda gravitas Lacedaemoniorum:* Man darf an dieser Stelle den Ernst der Lakedämonier nicht übergehen. *(Paus. 4,3)*
4. *erat pugnandum:* Man musste mit List kämpfen, weil man (er) an Waffen nicht ebenbürtig war. *(Hann. 10,4)*
5. *Ossaque eius ... deportanda curarunt:* (Und) sie ließen seine Gebeine zu seiner Mutter, seiner Gattin und seinen Kindern bringen. *(Eum 13,4)*

Übung 34

1. *in oppugnando oppido:* Zu dieser Zeit war er infolge der Verwundungen krank, die er sich bei der Bestürmung (*wörtl.* beim Bestürmen) der Stadt zugezogen hatte. *(Milt. 7,5)*
2. *satis exercitatum in dicendo:* Er hatte einen gewissen Meneklides als Gegner, der hinreichend geübt im Reden war (der ausreichende Übung im Reden besaß). *(Ep. 5,2)*
3. *se gerendo minime est mirandum:* Da (Dadurch, dass) er sich so verhielt (*freier:* Aufgrund / Wegen seiner solchen Lebensführung) ist es überhaupt (ganz und gar) nicht verwunderlich, wenn sein Leben sicher und sein Tod schmerzlich (*wörtl.* bitter) war. *(Cim. 4,4)*

4. *Ad quod gerendum:* Um diesen (*erg.* Krieg) zu führen, wurde er selbst als Anführer (*freier:* Oberkommandierender) ausgewählt und ihm wurden außerdem zwei Kollegen (bei)gegeben. *(Alc. 3, 1)*
5. *pugnandi cupiditate:* Diese Schar (Truppe) glühte vor erstaunlicher Kampfeslust. *(Milt. 5, 1)*
6. *in rebus gerendis promptus quam excogitandis:* (Und) er war ebenso entschlossen im Handeln (*wörtl.* in der Ausführung von Dingen) wie im Denken (*wörtl.* er war nicht weniger entschlossen im Handeln als im Denken). *(Them. 1,4)*
7. *exspectatio visendi Alcibiadis:* So groß war die allgemeine Erwartung (die Erwartung aller; *freier:* So begierig warteten alle darauf), Alkibiades zu sehen), dass die (*erg.* ganze) Menge (das ganze Volk) bei seinem Dreiruderer zusammenströmte. *(Alc. 6, 1)*
8. *occasionem liberandae Graeciae:* Miltiades forderte die Wächter auf, die vom Schicksal gebotene Gelegenheit, Griechenland zu befreien (zur Befreiung Griechenlands) nicht verstreichen zu lassen. *(Milt. 3, 3)*
9. *oppida tuenda tradidisset:* Er glaubte, er könne die griechischsprachigen Einwohner Asiens (*wörtl.* die Griechisch Sprechenden, die Asien bewohnten,) leicht unter seiner Herrschaft halten (die Herrschaft über die ... leicht behalten), wenn er seinen Freunden den Schutz (*freier:* die Verteidigung) der Städte übertragen habe. *(Milt. 3, 2)*
10. *quiescendum in praesenti et illud tempus exspectandum (esse):* Seine Gegner aber beschlossen, im Moment Ruhe zu geben und den Zeitpunkt, zu dem er weggegangen sei, (den Zeitpunkt seines Weggangs) abzuwarten (*freier:* zu warten, bis er gegangen sei; *wörtl.* man müsse Ruhe geben und den Zeitpunkt, zu dem er weggegangen sei, abwarten), um ihn in seiner Abwesenheit anzugreifen. *(Alc. 4, 2)*

Übung 35

1. Als Cäsar vom Feind nur noch (*wörtl.* nicht mehr als) zwölf Meilen entfernt war, kehrten (*wörtl.* „kehren“, *hist. Präsens*) die Gesandten zu ihm zurück. *(B. G. IV 11,1)*
2. Als Cäsar sah, dass an einem ungünstigen Platz gekämpft wurde und die Truppen der Feinde sich vergrößerten, schickte er (*erg.* Männer, Leute, Boten) zu T. Sextius, damit dieser die Kohorten schnell aus dem Lager führen (dieser solle ... führen). *(B. G. VII 49,1)*

3. Als man dorthin gekommen war, wurden *(wörtl. hist. Präsens)* die Späher der Feinde nichtsahnend von den Unsrigen überfallen. *(B. G. VII 61,1)*
4. Als Cäsar gesehen hatte, dass die siebte Legion vom Feind bedrängt wurde, forderte er die Militärtribunen auf, die Legionen zu vereinen und die Feinde anzugreifen. *(B. G. II 26,1)*
5. Als die Nacht der Belagerung ein Ende gesetzt hatte, schickte *(wörtl. hist. Präsens)* der Remer Iccius einen Boten zu ihm. *(B. G. II 6,4)*
6. Zur gleichen Zeit wurde er von Publius Crassus, den er mit (!) einer Legion zu den Venetern geschickt hatte, benachrichtigt, dass alle diese Stämme unter die Gewalt und Herrschaft des römischen Volkes gebracht worden seien. *(B. G. II 34,1)*
7. Er selbst eilte zum Heer, sobald dies die Jahreszeit zuließ (*wörtl.* er dies wegen der Jahreszeit konnte). *(B. G. III 9,2)*
8. Dem jungen D(ecimus) Brutus übertrug *(wörtl. hist. Präsens)* er die Leitung der Flotte und der gallischen Schiffe und befahl ihm, sobald er es könne, (*freier:* sobald wie möglich) gegen die Veneter zu ziehen. *(B. G. III 11,5)*
9. Weil er (also/daher) erkannte, dass fast alle Gallier auf Umsturz aus waren und leicht und schnell zum Krieg zu bewegen waren, glaubte er das Heer teilen und weiter auseinanderziehen zu müssen. *(B. G. III 10,3)*
10. Cäsar wies den Vorschlag nicht zurück, weil er das freiwillig versprach, was er vorher verweigert (abgelehnt) hatte. *(B. G. I 42,2)*
11. Diesen Gesandtschaften befahl Cäsar, zu Anfang des nächsten Sommers wiederzukommen, weil er selbst nach Italien und Illyricum eilte (eilen musste). *(B. G. II 35,2)*

Übung 36

1. Sobald Cäsar erkannt hatte, dass man vergebens eine so große Mühe auf sich nehme, die Flucht der Feinde nicht aufgehalten werden und ihnen kein Schaden zugefügt werden könne, beschloss er, man müsse auf die Flotte warten. *(B. G. III 14,1)*
2. Sobald man dies gehört hatte, schrieen *(wörtl. hist. Präsens)* alle, man dürfe die Gelegenheit, diese Sache erfolgreich auszuführen, nicht verstreichen lassen. *(B. G. III 18,5)*
3. Sobald Crassus dies bemerkt hatte, glaubte er nicht zögern zu dürfen. *(B. G. III 23,7)*

4. Sobald er erkannt hatte, dass alle derselben Meinung waren (dasselbe meinten), setzte er den folgenden Tag für den Kampf fest. *(B. G. III 23,8)*
5. Sobald Cäsar dies erfahren hatte, zog er sich nach Gallien zurück und ließ die Brücke einreißen (*wörtl.* riss die Brücke ein). *(B. G. IV 19,4)*
6. Sobald aber die Feinde unsere Reiter erblickt hatten, griffen sie an (*wörtl.* machten sie einen Angriff) und brachten die Unseren schnell in Verwirrung. *(B. G. IV 12,1)*
7. Nachdem er die Legionen zu den Carnuten und zu den Stämmen, die der Gegend benachbart waren, wo (!) er Krieg geführt hatte, (weg)geschickt hatte, brach er selbst nach Italien auf. *(B. G. II 35,3)*
8. Von diesen kam der eine, sobald man von der Ankunft Cäsars und der Legionen erfahren hatte, zu ihm. *(B. G. V 3,3)*

Übung 37

1. Nachdem Cäsar durch Späher erfahren hatte, dass die Sueben sich in die Wälder zurückgezogen hätten, beschloss er, nicht weiter vorzurücken. *(B. G. VI 29,1)*
2. Nachdem die Barbaren bemerkt hatten, dass sich dies abspiele (*wörtl.* dass dies geschah), beeilten sie sich, ihr Heil in der Flucht zu suchen. *(B. G. III 15, 2)*
3. Nachdem Cäsar dies bemerkt hatte, führte er seine Truppen auf den nächsten Hügel (weg). *(B. G. I 24, 1)*
4. Nachdem Cäsar dorthin gelangt war, forderte er Geiseln, Waffen und die Sklaven, die zu ihnen übergelaufen waren.
5. Vercingetorix beschloss *(eigtl. hist. Präsens)*, nachts die ganze Reiterei zu entlassen, bevor die Befestigungen von den Römern fertiggestellt werden konnten. *(B. G. VII 71,1)*
6. Cäsar warf die Besatzung herunter, bevor man aus der Stadt zu Hilfe kommen konnte, bemächtigte sich des Platzes und stellte dort zwei Legionen auf. *(B. G. VII 36,7)*
7. Cäsar eilte noch vor Ende des Winters (als der Winter noch nicht beendet war) unerwartet in das Gebiet der Nervier, und bevor diese (*wörtl.* jene) sich entweder sammeln oder flüchten konnten, zwang er sie, sich zu ergeben und ihm Geiseln zu stellen. *(B. G. VI 3, 1–2)*

Übung 38

1. Während sich dies bei Cäsar abspielte, brach *(eigtl. hist. Präsens)* Labienus mit vier Legionen nach Lutetia auf. *(B. G. VII 57,1)*
2. Während dieser Unternehmungen Cäsars (*wörtl.* während dies von Cäsar ausgeführt wurde) schickten sich die Treverer an, Labienus mit einer Legion anzugreifen. *(B. G. VI 7,1)*
3. Während dieser Vorgänge bei Gergovia besprach sich der Häduer Convictolitavis, der von den Arvernern mit Geld bestochen worden war, mit gewissen jungen Männern. *(B. G. VII 37,1)*
4. Solange die Gallier noch weiter von unserer Befestigungsanlage entfernt waren, richteten sie durch die Masse ihrer Geschosse mehr aus. (B. G. VII 82,1)

Übung 39

1. Als Lysander nach Hause zurückgekehrt war, übergab er die von Pharnabazus erhaltene Schrift (die Schrift, die ihm Pharnabazus gegeben hatte; *wörtl. hier unpassend:* Buch). *(Lys. 4,3)*
2. Als *(hier auch „weil" denkbar)* sich viele an dessen Meinung angeschlossen hatten (*wörtl.* dessen Meinung gefolgt waren), verließ Miltiades die Chersones und kehrte (wieder) nach Athen zurück. *(Milt. 3,6)*
3. Als dieser nach Phyle geflohen war (Bei seiner Flucht nach Phyle) hatte er nicht mehr als (nur) dreißig von seinen Leuten dabei. *(Thras. 2,1)*
4. Als Xerxes zu Wasser und zu Land ganz Europa bekriegte, fiel er mit so großen (*freier:* gewaltigen) Truppen dort ein, wie sie weder vorher noch nachher irgendjemand hatte (besaß). *(Them. 2,4)*
5. Als (Weil) er (Kimon) aufgrund dessen im Staat in einzigartiger Weise anerkannt war (einzigartiges Ansehen / einzigartigen Einfluss genoss), wurde er ebenso missgünstig betrachtet (*wörtl. evtl. missverständlich:* verfiel er derselben Missgunst) wie sein Vater und die übrigen führenden Männer Athens (*wörtl.* der Athener). *(Cim. 3,1)*
6. (Sobald) Als jener dies gehört hatte (*freier auch:* auf diese Kunde hin), wollte er nicht nach Hause zurückkehren. *(Alc. 7,4)*
7. (Sobald) Als er in diesem Gefecht Alexander wahrgenommen hatte (*freier:* Kaum hatte er in diesem Gefecht Alexander erblickt.), trieb er zornentbrannt sein Pferd gegen ihn (an). *(Pelop. 5,4)*

8. Sobald dieser das Schiff verlassen hatte (vom Schiff gegangen war), begleiteten alle ihn (jenen) allein (als einzigen; gaben ihm allein alle das Geleit). *(Alc. 6,3)*
9. Sobald dieser zu den Schiffen der Feinde gekommen war (*freier*: Kaum war dieser zu den Schiffen der Feinde gekommen), wurde er sofort zu Eumenes geführt. *(Hann. 11,2)*
10. Sobald dieser sich der Herrschaft bemächtigt hatte (an die Herrschaft gekommen war; *freier:* unmittelbar nach seinem Herrschaftsantritt), überredete er die Lakedämonier, ein Heer nach Asien zu entsenden. *(Ages. 2,1)*
11. Als ihm der Oberbefehl in diesem Krieg übertragen worden war und er mit dem Heer dorthin aufgebrochen war, zögerte er, sobald er den Feind erblickt hatte, nicht, zu kämpfen (begann er, sobald er den Feind erblickt hatte, sofort den Kampf.) *(Pelop. 5,3)*
12. Nachdem nämlich die Thraker gemerkt hatten, dass er mit viel Geld gekommen war, überfielen sie ihn *(erg.)*. *(Alc. 9,2)*
13. Nachdem aber Hamilkar über das Meer (gefahren und) nach Spanien gekommen war, war ein günstiges Schicksal (das Glück) ihm gewogen und er leistete (*wörtl.* er leistete bei/aufgrund eines günstigen Schicksals) große (bedeutende) Dinge. *(Ham. 4,1)*
14. Nachdem er dies gehört hatte, sagte er: „Ich habe genug gelebt, ich sterbe nämlich unbesiegt." *(Ep. 9,4)*
15. Bevor das Zeichen (Signal) zum Kampf gegeben wurde (werden konnte; Noch vor dem Zeichen (Signal) für den Kampf) schickte Hannibal, um seinen Leuten zu zeigen, wo (an welchem Ort) Eumenes sei (um seinen Leuten den Aufenthaltsort des Eumenes anzuzeigen) einen (Brief)Boten mit einem Heroldsstab in einem Boot zu ihm. *(Hann. 11,1)*
16. Während sich dies in Asien abspielte (Während dieser Ereignisse in Asien) speisten zufällig die Gesandten des Prusias in Rom bei dem ehemaligen Konsul T. Quinctius Flaminius. (*wörtl.* geschah es zufällig, dass die Gesandten des Prusias in Rom bei dem ehemaligen Konsul T. Quinctius Flaminius speisten.) *(Hann. 12,1)*

Übung 40

1. Weil jene nicht wagten, (ihn) mit der Waffe (dem Schwert) anzugreifen, schichteten sie in der Nacht um das Haus, in dem er schlief, Holzstücke auf (*wörtl.* trugen sie um das Haus in dem er schlief, Holzstücke zusammen) und zündeten dieses an. *(Alc. 10,4)*

2. Während dieser glaubte, in der (seiner) Heimat ohne Leibwächter nicht sicher zu sein, kam er nach Athen ohne jeglichen Schutz. *(Timoth. 4, 3)*
   adversative Sinnrichtung
3. Obwohl dieser ein siegreiches Heer befehligte und die höchste Zuversicht hatte, sich des (König)Reiches der Perser zu bemächtigen, gehorchte er mit so großer Bescheidenheit (*hier besser:* Ergebenheit) den Befehlen der abwesenden Regierung, als sei er (nur) ein Privatmann (*gemeint:* ein einfacher Bürger ohne Amt in der Volksversammlung von Sparta). *(Ag. 4, 2)*
   konzessive Sinnrichtung

Übung 41

1. Diese Gesandtschaften ließ Cäsar am Anfang des nächsten Sommers zu sich zurückkehren. *(B. G. II 35, 2)*
2. Sobald Crassus (dies) erkannt (bemerkt) hatte, glaubte er nicht zögern zu dürfen. *(B. G. III 23,7)*
3. Sobald Cäsar dies erfahren hatte, zog er sich nach Gallien zurück. *(B. G. IV 19,4)*
4. Cäsar beschloss aus zwei Gründen, den Rhein zu überqueren; der eine von diesen war, dass sie den Treverern Hilfstruppen gegen ihn geschickt hatten, der andere, dass Ambiorix keine Rückzugsmöglichkeit zu ihnen bekomme (habe). *(B. G. VI 9, 1–2)*
5. Die meisten (Die Mehrzahl; *wörtl.* Den großen Teil) dieser Dinge verhinderte die Kürze der Zeit. *(B. G. II 20, 2)*

Übung 42

1. Er schickte *(eigtl. hist. Präsens)* Späher und Zenturionen voraus, die einen für das Lager geeigneten Platz auswählen sollten. *(B. G. II 17,1)*
   Relativsatz mit finalem Nebensinn, daher Konjunktiv
2. Gesandte kamen *(eigtl. hist. Präsens)* zu ihm, die den Auftrag hatten, ihm zu versprechen (die versprechen sollten), dass sie Geiseln stellen und sich der Herrschaft des römischen Volkes unterwerfen würden (*wörtl.* Geiseln zu stellen und der Herrschaft des röm. Volkes zu gehorchen). *(B. G. IV 21, 5)*
   Relativsatz mit finalem Nebensinn, daher Konjunktiv
3. Inzwischen schickte er zu den Präfekten, die mit der ganzen Reiterei vorausgezogen waren, Boten *(erg.)*, die melden sollten (die den Auftrag hatten zu melden/mit der Meldung), sie sollten die Feinde nicht zum Kampf reizen (dass sie … sollten). *(B. G. IV 11, 6)*
   Relativsatz mit finalem Nebensinn, daher Konjunktiv

4. Er ließ *(eigtl. hist. Präsens)* den Legaten Gaius Trebonius zurück, der dies durchführen sollte. *(B. G. VII 11,3)*
   Relativsatz mit finalem Nebensinn, daher Konjunktiv
5. Nach der Befriedung (Unterwerfung) von ganz Gallien verbreitete sich bei den Barbaren eine solche Kunde von diesem Krieg (*wörtl.* wurde zu den Barbaren eine solche Kunde von diesem Krieg gebracht), dass Gesandte zu Cäsar geschickt wurden, die den Auftrag hatten, zu versprechen, dass sie Geiseln stellen und die Befehle ausführen würden. *(B. G. II 35,1)*
   quae … incolerent: abhängig vom konjunktivischen *ut*-Satz; *pollicerentur*: finaler Nebensinn, daher Konjunktiv

Übung 43

1. Cassivellaunus schickte *(eigtl. hist. Präsens)* Boten nach Kent, von dem wir oben dargelegt haben, dass es am Meer liegt (das, wie oben dargelegt/ erwähnt, am Meer liegt). *(B. G. V 22,1)*
2. Unsere Reiter und die Fußsoldaten, von denen ich gesagt hatte, dass sie durch den ersten Angriff der Feinde (*schöner:* beim ersten Ansturm) geschlagen worden waren (*freier:* die, wie berichtet), liefen den Feinden direkt in die Hände (*wörtl. unschön:* gegen die Feinde). *(B. G. II 24,1)*
3. Die Begräbnisse sind prächtig und aufwändig; und alles, was ihrer Meinung nach den Lebenden am Herzen gelegen war (von dem sie meinen, es sei …), werfen sie ins Feuer. *(B. G. VI 19,4)*
4. Kurz (*wörtl.* wenig) vor unserer Zeit wurden (auch) Sklaven und Klienten, von denen bekannt war (man wusste), dass sie von diesen geliebt wurden, mit (*erg.:* den Toten) verbrannt. *(B. G. VI 19,4)*
5. Dem Cingetorix, der, wie dargelegt (von dem wir dargelegt haben, dass er …), von Anfang an in Gehorsam verharrt war (*wörtl.* bei seiner Pflicht verblieben war), wurde nun die höchste Machtstellung (*eine Art Hendiadyoin:* Macht und Vorrangstellung) übertragen. *(B. G. VI 8,9)*
6. Von diesen allen sind die bei weitem die Zivilisiertesten (diejenigen), die Kent bewohnen (die Bewohner von Kent), einer Gegend, die ganz am Meer liegt. *(B. G. V 14,1)*
   Bezugswort in den Relativsatz hineingezogen und sein Kasus an den des Relativpronomens angeglichen

Übung 44

1. Die Remer schickten als Gesandte die führenden Männer des Staates zu ihm, die sagen sollten, sie unterstellten sich und all ihre Habe dem Schutz und der Herrschaft des römischen Volkes und sie hätten keine gemeinsame Sache mit den übrigen Belgern gemacht. *(B. G. II 3,2)*
   Relativsatz mit finalem Nebensinn

2. Sie konnten auch das kraftvolle und schnelle Vorgehen (*wörtl.* die Kraft und Schnelligkeit) nicht nachahmen, das, wie sie gesehen hatten, anderen genützt hatte (*wörtl.* von dem sie gesehen hatten, dass es …) *(B. G. VI 40,6)*
Verschränkter Relativsatz
3. Davon benachrichtigt ließ Cäsar unterdessen Kriegsschiffe bauen. *(B. G. III 9,1)*
Relativer Satzanschluss
4. Er eilte zu Ambiorix, dorthin, wo er sich angeblich (wie es hieß/wie man sagte) mit einigen wenigen Reitern aufhielt. *(B. G. VI 30,1)*
Verschränkter Relativsatz, zusätzlich Bezugswort in den Relativsatz hineingezogen.
5. Als Cäsar zu diesen Gesandte geschickt hatte mit der Forderung (die fordern sollten), ihm die Leute auszuliefern, die mit ihm und Gallien Krieg angefangen hätten, antworteten sie: … *(B. G. IV 16,3)*
Finaler Relativsatz; *qui … intulissent*: Konjunktiv aus Gründen der Modusangleichung.

Übung 45

1. Dadurch (Daher) kam es, dass Miltiades mehr galt (Einfluss hatte) als seine Kollegen. *(Milt. 5,2)*
2. Diese Schmach brach (entmutigte) ihn nicht, sondern stachelte ihn an („ermutigen“ *hier weniger passend*). *(Them. 1,3)*
3. Mit diesem Los war Alkibiades nicht zufrieden. *(Alc. 9,4)*
4. Daher wollten sie (die Lakedämonier/Spartaner), dass diese möglichst schwach seien (*freier:* deren größtmögliche Schwäche). *(Them. 6,4)*
5. Über dessen Tod steht bei den meisten Schriftstellern Verschiedenes (Verschiedenartiges; *freier:* verschiedene Versionen; *wörtl.* Über dessen Tod wurde bei den meisten auf viele Arten geschrieben). *(Them. 10,4)*
6. Hieraus ist zu (kann man) erkennen, dass ein (einziger) Mann mehr wert war als die (ganze) Stadt. *(Ep. 10,4)*
7. Unter welchen Konsuln (In welchem Konsulatsjahr) er starb, darüber ist man sich nicht einig (Man ist sich nicht einig, in welchem …). *(Hann. 13,1)*
indirekter Fragesatz, deshalb Konjunktiv

Übung 46

Als dieser (freilich) erkannte, dass die aufgebrachte Menge nicht zu bremsen war (*wörtl.* zurückgedrängt/gehemmt werden konnte) und er beim Weggehen einen Mann gesehen hatte, der schrieb, er solle aus der Heimat verbannt werden, soll er ihn gefragt haben, warum er dies tue oder was Aristides verbrochen (begangen) habe. (*eleganter*: Als er erkannte, dass …, ging er weg und sah dabei einen Mann, der .... Er soll ihn gefragt haben ...). Jener (Mann) antwortete ihm, er kenne Aristides nicht, aber es gefalle ihm nicht, dass er so gierig darauf hingearbeitet habe, vor (all) den anderen „Der Gerechte" genannt zu werden. *(Ar. 1, 3–4)*

Übung 47

1. Nachdem sie aber gehört hatten, dass Mauern gebaut würden (Nachdem sie vom Mauerbau gehört hatten), schickten sie Gesandte nach Athen, die dies verbieten sollten (*wörtl.* die verbieten sollten, dass dies gemacht werde.) *(Them. 6,4)*
   Relativsatz mit finalem Nebensinn
2. Die Lakedämonier (Spartaner) schickten Gesandte nach Athen, die ihn in seiner Abwesenheit anklagen sollten. *(Them. 8,2)*
   Relativsatz mit finalem Nebensinn
3. Wenn du willst, dass in dieser Sache etwas geschieht (*wörtl.* wenn du willst, dass in dieser Sache etwas getan wird), (so) schicke unbedingt einen zuverlässigen Menschen zum Zwecke einer Unterredung (*wörtl.* einen zuverlässigen Menschen, mit dem er sich unterhalten soll / kann) zu ihm. *(Paus. 2, 4)*
   Relativsatz mit finalem Nebensinn
4. Dieser (Jener) aber, der die Meinung vertrat, man müsse den Freunden ohne Parteinahme Hilfe leisten, und der sich solchen Vorhaben immer entzogen hatte (Weil dieser aber die Meinung vertrat, man müsse ..., und weil er sich ... entzogen hatte), antwortete: *(Att. 8,4)*
   Relativsatz mit kausalem Nebensinn
5. Alle Gesandtschaften aber, die bedeutender waren, (Alle bedeutenderen Gesandtschaften) wurden von Dion übernommen (geleitet). *(Dion, 1,4)*
   Relativsatz mit konsekutivem Nebensinn
6. Weil die Senatoren glaubten, zu Hannibals Lebzeiten würden sie niemals vor (seinen) Anschlägen sicher sein, schickten sie Gesandte nach Bithynien – unter diesen Flaminius –, die den König darum bitten sollten, nicht ihren erbittertsten Feind bei sich aufzunehmen (*wörtl.* bei sich zu haben) und (*freier:* sondern) ihnen diesen auszuliefern. *(Hann. 12,2)*
   existimarent: Relativsatz mit kausalem Nebensinn; *peterent:* Relativsatz mit finalem Nebensinn
7. Weil wir ja glauben, dass über diese genug gesagt ist, scheint es nicht unangemessen, Hamilkar und Hannibal zu erwähnen (*wörtl.* nicht zu übergehen), die bekanntlich (die, wie bekannt ist; *wörtl.* von denen bekannt ist, dass sie) an Geistesgröße (hoher Gesinnung) und Schlauheit (Gewitztheit) alle Afrikaner (*wörtl.* in Afrika Geborenen) überragt haben. *(De reg. 3,5)*
   verschränkter Relativsatz

Übung 48

1. *Conclamat omnis multitudo summum esse Vercingetorigem ducem nec de eius fide dubitandum.*

   Die ganze Menge schrie, Vercingetorix sei der oberste Anführer und an seiner Treue sei nicht zu zweifeln. *(B. G. VII 21,1)*

2. *De his eandem fere quam reliquae gentes habent opinionem: Apollinem morbos depellere, Minervam operum atque aedificiorum initia tradere, Iovem imperium caelestium tenere, Martem bella regere.*

   Von diesen haben sie etwa dieselbe Vorstellung wie die anderen Völker: Apollo vertreibe die Krankheiten, Minerva überliefere die Anfänge der Handwerkstätigkeit (*wörtl.* Werke) und der Kunstwerke, Jupiter sei der König der Himmelsbewohner und Mars lenke die Kriege. *(B. G. VI 17,2)*

3. *Hi milites se esse legionarios dicunt; fame atque inopia adductos clam ex castris exisse, simili omnem exercitum inopia premi nec iam vires sufficere cuiusquam; itaque statuisse imperatorem, si nihil in oppugnatione oppidi profecisset, triduo exercitum deducere.*

   Diese sagten *(wörtl. hist. Präsens)*, sie seien Legionssoldaten; aus Hunger und Not hätten sie das Lager verlassen; von der gleichen Not werde das Heer bedrängt, (und) die Kräfte von niemand reichten mehr aus. Daher habe der Feldherr beschlossen, wenn er bei der Belagerung der Stadt keinen Erfolg erzielt habe (mit der Belagerung der Stadt nicht vorangekommen sei), in drei Tagen das Heer abzuziehen. *(B. G. VII 20,10–11)*

4. *Pro his Diviciacus facit verba: Bellovacos omni tempore in fide atque amicitia civitatis Haeduae fuisse; impulsos ab suis principibus, qui dicerent Haeduos a Caesare in servitutem redactos omnes iniquitates contumeliasque perferre, et ab Haeduis defecisse et populo Romano bellum intulisse. Qui eius consilii principes fuissent, quod intellegerent, quantam calamitatem civitati intulissent, in Britanniam profugisse. Petere non solum Bellovacos, sed etiam pro iis Haeduos, ut sua clementia ac mansuetudine in eos utatur.*

   Für diese sprach *(wörtl. hist. Präsens)* Diviciacus: Die Bellovaker seien zu jeder Zeit in einem Treueverhältnis zu dem Stamm der Häduer gestanden und mit ihnen befreundet gewesen; von ihren Anführern dazu veranlasst, die sagten, die Häduer seien von Cäsar versklavt worden und müssten jegliche Art von unwürdiger und schimpflicher Behandlung (*wörtl.* alle Unwürdigkeiten und Schmähungen) ertragen, seien sie von den Häduern abgefallen und hätten das römische Volk bekriegt. Die Anstifter zu diesem Plan seien nach Britannien geflohen, weil sie erkannt hätten, welchen Schaden sie dem Stamm zugefügt hätten. Es bäten nicht nur die Bellovaker, sondern für sie auch die Häduer, dass er von seiner Milde und Güte ihnen gegenüber Gebrauch mache. *(B. G. II 14, 1–5)*

5. *Haec ab iis cognovit: Suebos, posteaquam per exploratores pontem fieri comperissent, more suo concilio habito nuntios in omnes partes dimisisse, uti de oppidis demigrarent, liberos uxores suaque omnia in silvis deponerent atque omnes, qui arma ferre possent, unum in locum convenirent; ...*

   Er erfuhr von ihnen Folgendes: Die Sueben hätten, nachdem sie durch Späher vom Bau der Brücke erfahren und nach ihrem Brauch eine Versammlung abgehalten hätten, Boten in alle Richtungen geschickt, man solle die Städte verlassen, die Kinder, die Frauen und alles Hab und Gut in den Wäldern bergen, und alle Waffenfähigen sollten an einem Ort zusammenkommen. *(B. G. IV 19, 2)*

6. *Magnas copias Germanorum sustineri posse docebant; rem esse testimonio, quod primum hostium impetum multis vulneribus inlatis fortissime sustinuerint; re frumentaria non premi; interea ex proximis hibernis et a Caesare conventura subsidia; postremo quid esse levius aut turpius quam auctore hoste de summis rebus capere consilium?*

   Sie erklärten, man könne den großen Truppen der Germanen standhalten: dafür sei die Tatsache ein Beweis, dass sie den ersten Ansturm der Feinde trotz vieler Verwundungen sehr tapfer abgeschlagen (*wörtl.* ausgehalten) hätten; von Mangel an Getreide (*wörtl.* in Bezug auf die Getreideversorgung) würden sie nicht bedrängt; (und) in der Zwischenzeit würden aus dem nächsten Winterlager und von Cäsar Hilfstruppen kommen; was sei schließlich leichtfertiger und schändlicher, als auf Veranlassung des Feindes einen Beschluss über Leben und Tod zu fassen? *(B. G. V 28, 4–6)*

7. *Contra ea Titurius clamitabat: Brevem consulendi esse occasionem. (Se) Caesarem arbitrari profectum in Italiam; sese non hostem auctorem, sed rem spectare; Rhenum subesse, magno esse Germanis dolori Ariovisti mortem et superiores nostras victorias; ardere Galliam tot contumeliis acceptis sub populi Romani imperium redactam. Postremo quis hoc sibi persuaderet sine certa spe Ambiorigem ad eius modi consilium descendisse? Suam sententiam in utramque partem esse tutam: si nihil sit durius, nullo cum periculo ad proximam legionem perventuros; si Gallia omnis cum Germanis consentiat, unam esse in celeritate positam salutem.*

Dagegen schrie Titurius: Die Möglichkeit, sich zu bedenken, sei (nur) kurz. Er glaube, Cäsar sei nach Italien abgereist. Er schaue nicht auf den Feind als Gewährsmann, sondern auf die Sache; der Rhein sei nahe; die Germanen seien sehr erbittert (*wörtl.* empfänden großen Schmerz) über den Tod des Ariovist und unsere früheren Siege; Gallien stehe wegen so vieler (nach so vielen) Demütigungen und von Rom unterworfen in Flammen (*wörtl.* glühe). Wer schließlich könne ihn davon überzeugen, dass Ambiorix sich ohne sichere Hoffnung auf einen derartigen Plan eingelassen habe (*wörtl. hier unschön:* herabgestiegen sei)? Seine Meinung sei nach beiden Seiten hin sicher: Wenn nichts Schlimmeres (*wörtl.* Härteres) vorliege, könnten sie ohne Gefahr zu der nächsten Legion gelangen; wenn ganz Gallien mit den Germanen im Einvernehmen stehe (*wörtl.* übereinstimme), liege die einzig (mögliche) Rettung in schnellem Handeln (*wörtl.* Schnelligkeit). *(B. G. V 29, 1–6)*

8. *Imprimis rationem esse habendam dicunt, ut Caesar ab exercitu intercludatur. Id esse facile, quod neque legiones audeant absente imperatore ex hibernis egredi neque imperator sine praesidio ad legiones pervenire possit. Postremo in acie praestare interfici, quam non veterem belli gloriam libertatemque, quam a maioribus acceperint, recuperare.*

   Insbesondere müsse man darauf achten, so sagten (*wörtl. hist. Präsens)* sie, dass Cäsar von seinem Heer abgeschnitten werde (Cäsar von seinem Heer abzuschneiden). Dies sei leicht, da es weder die Legionen wagten, in Abwesenheit des Feldherrn das Winterlager zu verlassen, noch der Feldherr ohne (militärischen) Schutz zu den Legionen gelangen könne. Schließlich sei es besser, in der Schlacht zu fallen (getötet zu werden), als den alten Kriegsruhm und die Freiheit, die sie von ihren Vorfahren geerbt hätten, (die von ihren Vorfahren ererbte Freiheit) nicht wiederzuerlangen. *(B. G. VII 1, 6–8)*

9. *Illi paucis diebus intermissis referunt: Suebos omnes, posteaquam certiores nuntii de exercitu Romanorum venerint, cum omnibus suis sociorumque copiis, quas coegissent, penitus ad extremos fines se recepisse; silvam ibi esse infinita magnitudine; hanc longe introrsus pertinere et Cheruscos ab Suebis Suebosque a Cheruscis iniuriis incursionibusque prohibere. Ad eius silvae initium Suebos adventum Romanorum exspectare constituisse.*

   Jene meldeten (*wörtl.* hist. Präsens) nach Verlauf weniger Tage: Alle Sueben hätten sich, nachdem genauere Nachrichten über das römische Heer eingetroffen seien, mit all ihren Truppen und denen der Bundesgenossen, die sie zusammengezogen hätten, ganz an die äußersten Grenzen zurückgezogen; dort sei ein Wald von unermesslicher Größe; dieser erstrecke sich weit ins Innere und schütze die Cherusker vor suebischen Übergriffen und Einfällen und die Sueben vor denen der Cherusker. Die Sueben hätten beschlossen, die Ankunft der Römer am Eingang dieses Waldes abzuwarten. *(B. G. VI 10,4–5)*

10. *A quibus cum paucorum dierum iter abesset, legati ab iis venerunt, quorum haec fuit oratio: Germanos neque priores populo Romano bellum inferre neque tamen recusare, si lacessantur, quin armis contendant, quod Germanorum consuetudo haec sit a maioribus tradita, quicumque bellum inferant, resistere neque deprecari. Si suam gratiam Romani velint, posse iis utiles esse amicos; vel sibi agros attribuant vel patiantur eos tenere, quos armis possederint: sese unis Suebis concedere, quibus ne di quidem immortales pares esse possint; reliquum quidem in terris esse neminem, quem non superare possint.*

    Als er von diesen nur noch wenige Tagesmärsche (*wörtl.* den Marsch weniger Tage) entfernt war, kamen Gesandte von diesen, die folgendes verkündeten (*wörtl.* deren Rede folgende war): Die Germanen griffen die Römer nicht als erste an, doch weigerten sie sich auch nicht, mit Waffen zu kämpfen, wenn sie herausgefordert würden, weil die Germanen von ihren Vorfahren den Brauch überliefert hätten (weil ihnen die Vorfahren den Brauch überliefert hätten), all denen Widerstand zu leisten, die sie bekriegten, und nicht um Gnade zu bitten. Wenn die Römer ihre Gunst (*freier:* ein gutes Verhältnis mit ihnen) wollten, könnten sie ihnen nützliche Freunde sein; entweder sollten sie ihnen Ackerland zuteilen oder dulden, dass sie das behielten, was sie mit Waffengewalt in Besitz genommen hätten; sie machten einzig den Sueben Zugeständnisse (sie wichen einzig …), denen nicht einmal die unsterblichen Götter gewachsen seien; sonst gebe es niemand auf Erden (sei keiner … übrig), den sie nicht bezwingen könnten. *(B. G, IV 7,2–5).*

Übung 49

1. *Miltiades hortatus est pontis custodes, ne a fortuna datam occasionem liberandae Graeciae dimitterent. Nam si cum iis copiis, quas secum transportarat, interiisset Darius, non solum Europam fore tutam, sed etiam eos, qui Asiam incolerent, liberos a Persarum futuros dominatione et periculo. Id et facile effici posse. Ponte enim rescisso regem vel hostium ferro vel inopia paucis diebus interiturum (erg. esse).*

Miltiades forderte die Brückenwächter auf, die vom Schicksal gebotene Gelegenheit zur Befreiung Griechenlands nicht verstreichen zu lassen (*wörtl.* dass sie nicht die vom Schicksal gebotene Gelegenheit zur Befreiung Griechenlands verstreichen lassen sollten). Denn wenn Darius mit den Truppen, die er mit sich hinübertransportiert hatte, zugrundegegangen sei, werde nicht nur Europa sicher sein, sondern auch die in Asien lebenden Griechen frei von der Gewaltherrschaft der Perser und der (von ihnen ausgehenden) Gefahr (Bedrohung). Dies könne auch leicht erreicht (*wörtl.* bewirkt) werden: Wenn nämlich die Brücke eingerissen worden sei, werde der König in wenigen Tagen entweder durch das Schwert der Feinde oder an (Nahrungs-) Mangel sterben. *(Milt. 3, 3–4)*

2. *Noctu de servis suis, quem habuit fidelissimum, ad regem misit, ut ei nuntiaret adversarios eius in fuga esse; qui si discessissent, maiore cum labore et longinquiore tempore bellum confecturum, cum singulos consectari cogeretur; quos si statim aggrederetur, brevi universos oppressurum (erg. esse).*

   In der Nacht schickte er den zuverlässigsten seiner Sklaven mit der Nachricht zum König (*wörtl.* den zuverlässigsten Sklaven, den er hatte, zum König mit dem Auftrag, ihm zu melden), seine Feinde seien auf der Flucht; wenn diese sich zerstreut hätten (*wörtl.* auseinander gegangen wären), werde er den Krieg (*erg.* nur) mit größerer Mühe und in längerer Zeit beenden, da er gezwungen werde, ihnen einzeln nachzujagen; (doch) wenn er sie sofort angreife, werde er in Kürze alle überwältigen. *(Them. 4, 3–4 Anf.)*

3. *At ille, qui officia amicis praestanda sine factione existimaret semperque a talibus se consiliis removisset, respondit: si quid Brutus de suis facultatibus uti voluisset, usurum, sed neque cum quoquam de ea re collocuturum neque coiturum.*

   Jener (Dieser) aber, der die Meinung vertrat (Weil dieser aber die Meinung vertrat), man müsse Freunden ohne Parteinahme Hilfe leisten, und der (weil er) sich solchen Vorhaben immer entzogen hatte, antwortete: Wenn Brutus sich in irgendeiner Weise seiner Mittel bedienen wolle (*wörtl. weniger schön:* irgendetwas von seinen Mitteln habe gebrauchen wollen), solle er sie nutzen (sich ihrer bedienen), er aber werde weder mit jemandem darüber reden noch eine Vereinbarung (diesbezüglich) treffen. *(Att. 8, 4)*

4. *Ad magistratus senatumque Lacedaemoniorum adiit et apud eos liberrime professus est: Athenienses suo consilio, quod communi iure gentium facere possent, deos publicos suosque patrios ac penates, quo facilius ab hoste possent defendere, muris saepsisse. Nam illorum urbem ut propugnaculum oppositum esse barbaris, apud quam iam bis classes regias fecisse naufragium. Lacedaemonios autem male et iniuste facere, qui id potius intuerentur, quod ipsorum dominationi quam (id,) quod universae Graeciae utile esset.*

   Er ging zum Magistrat und zum Senat der Spartaner und gestand vor ihnen sehr freimütig, die Athener hätten auf seinen Rat hin die Götter des Staates, die ihrer Väter und ihre Hausgötter – was sie dem gemeinsamen Völkerrecht nach tun könnten – mit Mauern umgeben, damit sie sie um so leichter gegen den Feind verteidigen konnten. Denn ihre Stadt stehe den Barbaren wie ein Bollwerk gegenüber (sei den Barbaren wie ein Bollwerk entgegengestellt). Bei ihr hätten schon zweimal die königlichen Flotten einen Schiffbruch erlitten. Die Spartaner aber handelten schlecht und unrecht, die eher darauf schauten, was für ihre eigene Herrschaft nützlich sei als für (*freier:* die Interessen) ganz Griechenland(s). *(Them. 7,4–6 Anf.)*

5. *Namque ea, quae supra scripsimus, de eo praedicarunt atque hoc amplius: Cum Athenis, splendidissima civitate, natus esset, omnes splendore ac dignitate superasse vitae; postquam inde expulsus Thebas venerit, adeo studiis eorum inservisse, ut nemo eum labore corporisque viribus posset aequiperare – omnes enim Boeotii magis firmitati corporis quam ingenii acumini inserviunt –; eundem apud Lacedaemonios sic duritiae se dedisse, ut parsimonia victus atque cultus omnes Lacedaemonios vinceret; fuisse apud Thraecas, homines vinolentos rebusque veneriis deditos: Hos quoque in his rebus antecessisse; venisse ad Persas, apud quos summa laus esset fortiter venari, luxuriose vivere: horum sic imitatum consuetudinem, ut illi ipsi eum in his maxime admirarentur. Quibus rebus effecisse, ut, apud quoscumque esset, princeps poneretur habereturque carissimus.*

   Denn sie haben das, was wir oben geschrieben haben, rühmend über ihn gesagt und (noch dies) mehr: Da er in Athen, der glänzendsten Stadt, geboren worden war, habe er alle an Glanz und Würde seines Lebens(stiles) (*freier:* durch seinen würdigen, glänzenden Lebensstil) übertroffen; nachdem er – von hier vertrieben – nach Theben gekommen sei, habe er sich so nach deren Vorlieben gerichtet, dass niemand ihm an Ausdauer und Körperkräften gleichkommen konnte – alle Böotier nämlich legen mehr Wert auf die Körperkraft als auf die Geistesschärfe (*wörtl.* fördern mehr die Körperkraft als die Geistesschärfe). Derselbe Mann habe sich bei den Spartanern so um Abhärtung bemüht (*wörtl.* sich so hingegeben), dass er an Sparsamkeit seines Lebensstiles *(eine Art Hendiadyoin)* (dann) alle Spartaner übertroffen habe; er habe sich (dann) bei den Thrakern aufgehalten, trunksüchtigen und der Unzucht verfallenen Menschen: Auch diese habe er hierin übertroffen. Dann *(zu erg.)* sei er zu den Persern gekommen, bei denen es als das Rühmenswerteste (*wörtl.* höchstes Lob) galt, tapfer zu jagen und üppig zu leben: deren Lebensstil (*wörtl.* Gewohnheiten) habe er so nachgeahmt, dass sogar diese ihn hierin aufs Höchste bewunderten. Dadurch habe er bewirkt, dass er bei allen, bei denen er war, zu den führenden Leuten gezählt und von ihnen sehr wertgeschätzt wurde. *(Alc. 11,2–6)*

Übung 50

1. Aus vornehmem Geschlecht (stammend) ... *(Dion 1,1)*
2. Er stammte aus dem bedeutendsten Staat aus sehr vornehmer Familie (Geboren im bedeutendsten Staat und in sehr vornehmer Familie) ... *(Alc. 1,2)*
3. Er stammte aus einer alteingesessenen Familie ... *(Dat. 2,2)*
4. Er wurde im Haus des Perikles aufgezogen und *(erg.)* von Sokrates unterrichtet. *(Alc. 2,1)*
5. Er (Kimon) hatte aber seine Halbschwester zur Frau, weniger aus Liebe als (vielmehr) aus Tradition (deshalb, weil es so Sitte war; mehr aus Tradition als aus Liebe). *(Cim. 1,2)*
6. Dieser (Jener) hatte eine Schwester des Dion zur Frau, mit der er zwei Söhne und ebenso viele Töchter hatte. *(Dion 8,1)*
7. Er war für alles (allseitig) geeignet (begabt) und voller Planungsfähigkeit (*freier:* voll guter Ideen/Einfälle), beredt, arbeitsam, geduldig, freigebig, (*zu ergänzen:* aber) er lebte glanzvoll (*wörtl.* er glänzte), liebte den Luxus und war ein Lüstling. *(Alc. 1,2–4 m. Ausl.)*
8. Er war ein kluger Mann und scharfsinnig beim Betrügen, ohne jegliche Ehrfurcht (vor Göttern) und Zuverlässigkeit. *(Dion 8,1)*
9. Er war redegewandt, rührig (unermüdlich), arbeitsam, erfahren im Kriegswesen (ein erfahrener Feldherr) und nicht weniger in der Lenkung des Staates (und ein ebensolcher Politiker.) *(Timoth. 1,1)*
10. Er verfügte über genug (hinreichende) Beredsamkeit, höchste Freigebigkeit und große Kenntnis des bürgerlichen Rechts und besonders des Militärwesens (*freier:* gute/umfangreiche Kenntnisse im bürgerlichen Recht und besonders im Militärwesen). *(Cato 3, 1)*

11. Er besaß von Natur aus viele Güter, unter diesen einen gelehrigen Geist, eine freundliche Art und große körperliche Würde. *(Dion 1,2)*
12. Niemandem gebe ich gegenüber ihm den Vorzug in Hinsicht auf (*wörtl.* Niemanden ziehe ich diesem an) Treue (Zuverlässigkeit), Charakterfestigkeit, Hochherzigkeit und Vaterlandsliebe (vor). *(Thras. 1,1)*
13. Er besaß königliche Würde (das Ansehen / die Stellung eines Königs). *(Milt. 2,3)*
14. Er ragte durch (infolge) seine Uneigennützigkeit hervor. (Er zeichnete sich durch seine Uneigennützigkeit aus). *(Ar. 1,2)*
15. Er war edelmütig und hochgewachsen und besaß die Gestalt eines Herrschers (*wörtl.* eine herrschaftliche Gestalt). *(Iph. 3,1)*
16. In allem zeigte er einzigartigen Fleiß (besondere Regsamkeit): Denn er war sowohl ein tüchtiger Bauer wie ein erfahrener Rechtsgelehrter und ein großer Feldherr, ein tüchtiger Redner und ein leidenschaftlicher Freund (Anhänger) der Wissenschaften (*wörtl. unschön:* sehr begierig nach den Wissenschaften). *(Cato 3,1)*
17. Bei Mühen *(im Dt. besser Plural)* allzu nachlässig und zu wenig ausdauernd … *(Iph. 3,2)*
18. Derselbe (Mann) ertrug nicht nur die Ungerechtigkeiten des Volkes, sondern sogar seiner Freunde … *(Ep. 3,2)*
19. Er hatte einen sparsamen Vater (*diligens* ist hier nicht in der Bedeutung „sorgfältig“ verwendet). (*Att.* 1,2)
20. Er hatte anfangs eine harte Jugend. (*Cim.* 1,1)

Übung 51

Text 1: Bellum Gallicum V 38

1. | HS | NS 1 | NS 2 |

(1) Hac victoria sublatus Ambiorix statim cum equitatu in Atuatucos,
qui erant eius regno finitimi,
proficiscitur; neque noctem neque diem intermittit
peditatumque subsequi iubet.

(2) Re demonstrata Atuatucisque concitatis postero die
in Nervios pervenit hortaturque,
ne sui in perpetuum liberandi atque
ulciscendi Romanos pro eis,
quas acceperint,
iniuriis occasionem dimittant:

(3) Interfectos esse legatos duos magnamque partem exercitus
interisse demonstrat;
nihil esse negotii subito oppressam legionem,
quae cum Cicerone hiemet,
interfici;
se ad eam rem profitetur adiutorem.

(4) Facile hac oratione Nerviis persuadet.

2. | HS | NS 1 | NS 2 |

(1) (Hac victoria sublatus Ambiorix) statim cum equitatu in Atuatucos, **P. C.**
qui erant eius regno finitimi,
proficiscitur; neque noctem neque diem intermittit
peditatumque subsequi iubet. **AcI**

(2) (Re demonstrata) (Atuatucisque concitatis) postero die **Abl. abs.**
in Nervios pervenit hortaturque,
ne (sui in perpetuum liberandi) atque **Gerundiv**
(ulciscendi Romanos) pro eis, **Gerund**
quas acceperint,
iniuriis occasionem dimittant:

(3) Interfectos esse legatos duos magnamque partem exercitus **AcI**
interisse demonstrat;
nihil esse negotii subito oppressam legionem, **AcI** } **Oratio obliqua**
quae cum Cicerone hiemet,
interfici;
se ad eam rem profitetur adiutorem. **AcI (*esse* ergänzbar)**

(4) Facile hac oratione Nerviis persuadet.

3. (1) Übermütig geworden durch diesen Sieg (*wörtl.* durch diesen Sieg erhoben) brach (marschierte / zog, *eigtl. historisches Präsens*) Ambiorix sofort mit der Reiterei zu den Atuatukern auf, den (nächsten) Nachbarn seines Reiches (Herrschaftsgebietes; *wörtl.* die seinem Reich benachbart waren); er unterbrach weder Tag noch Nacht (*frei:* er machte weder bei Tag noch bei Nacht eine Pause) und ließ das Fußvolk (Fußheer) (unmittelbar) nachfolgen (*wörtl.* befahl dem Fußvolk, nachzufolgen).

   (2) Nachdem er den Sachverhalt dargelegt hatte und die Atuatuker aufgehetzt (angestachelt) hatte, gelangte er am folgenden Tag zu den Nerviern (*freier:* Er legte den Sachverhalt dar und hetzte (so) die Atuatuker auf; am folgenden Tag gelangte er (dann) zu den Nerviern) und forderte sie auf, sich die Gelegenheit, sich für immer zu befreien und sich an den Römern für die erlittenen Unrechtstaten (für das erlittene Unrecht; *wörtl.* für die Ungerechtigkeiten, die sie empfangen / erlitten hatten) zu rächen, nicht entgehen zu lassen (*wörtl.* dass sie die Gelegenheit, sich … zu befreien und sich … zu rächen, nicht vorübergehen lassen sollten):

   (3) Er zeigte auf, dass zwei Legaten getötet worden (seien) und ein großer Teil des Heeres vernichtet sei (*wörtl.* zugrundegegangen sei); es koste keine Mühe, die Legion, die sich unter der Führung Ciceros im Winterlager befinde, plötzlich zu überwältigen und niederzumachen (*wörtl.* dass die Legion, die zusammen mit Cicero den Winter verbringe, niedergemacht werde, nachdem sie plötzlich überwältigt worden sei); für dieses Unternehmen bot er sich selbst als Helfer an.

   (4) Mit dieser Rede konnte er die Nervier leicht überzeugen (*wörtl.* überzeugte er die Nervier leicht).

Übung 52

Text 2: Bellum Gallicum V 46

1. | HS | NS 1 | NS 2 |

(1) Caesar acceptis litteris hora circiter XI diei statim nuntium in Bellovacos ad M. Crassum quaestorem mittit,
  cuius hiberna aberant ab eo milia passuum XXV;
iubet media nocte legionem proficisci celeriterque ad se venire.

(2) Exit cum nuntio Crassus.

(3) Alterum ad Gaium Fabium legatum mittit,
  ut in Atrebatium fines legionem adducat,
    qua sibi iter faciendum sciebat.

(4) Scribit Labieno,
    si rei publicae commodo facere posset,
  cum legione ad fines Nerviorum veniat.

(5) Reliquam partem exercitus,
  quod paulo aberat longius,
non putat exspectandam;
equites circiter quadringentos ex proximis hibernis colligit.

2. | HS | NS 1 | NS 2 |

(1) Caesar (acceptis litteris hora circiter XI diei) statim nuntium in Bellovacos ad M. Crassum quaestorem mittit, **Abl. abs.**
  cuius hiberna aberant ab eo milia passuum XXV;
iubet media nocte legionem proficisci celeriterque ad se venire. **AcI**

(2) Exit cum nuntio Crassus.

(3). Alterum ad Gaium Fabium legatum mittit,
  ut in Atrebatium fines legionem adducat,
    qua sibi iter faciendum sciebat. **erg. *esse*: AcI, Gerundiv, vs. RS**

(4) Scribit Labieno,
    si rei publicae commodo facere posset,
  cum legione ad fines Nerviorum veniat. **Oratio obliqua**

(5) Reliquam partem exercitus,
  quod paulo aberat longius,
non putat exspectandam; **erg. *esse*: AcI, Gerundiv**
equites circiter quadringentos ex proximis hibernis colligit.

3. (1) Nachdem Cäsar den Brief etwa um die elfte Stunde des Tages erhalten hatte, schickte *(eigtl. hist. Präsens)* er sofort einen Boten zu den Bellovakern (ins Land der Bellovaker) zum Quästor Marcus Crassus, dessen Winterlager von ihm 25 Meilen entfernt war; er befahl, die Legion solle mitten in der Nacht aufbrechen und schnell zu ihm kommen.

   (2) Crassus ging los, sobald der Bote eingetroffen war.

   (3) Einen zweiten Boten schickte er zu dem Legaten Gaius Fabius (mit dem Auftrag), er solle die Legion in das Gebiet der Atrebaten führen (*wörtl.* damit er die Legion … führe), durch das (*wörtl. nicht passend:* wo) er, wie er wusste, selbst ziehen musste (*freier:* durch das ihn … sein eigener Weg führte).

   (4) Er schrieb Labienus, er solle mit seiner Legion zum Gebiet der Nervier ziehen (*wörtl.* kommen), wenn es die Situation des Staates erlaube (*wörtl.* wenn er das zum Vorteil / Nutzen des Staates tun könne).

   (5) Auf den übrigen Teil des Heeres glaubte er nicht warten zu dürfen, weil es (noch) etwas weiter entfernt war; er zog (allerdings / doch) etwa 400 Reiter aus dem nächstgelegenen Winterlager zusammen.

Übung 53 **Text 3: Bellum Gallicum VII 18**

1. Analyse von Satz 1 in der Darstellung der Kästchenmethode:

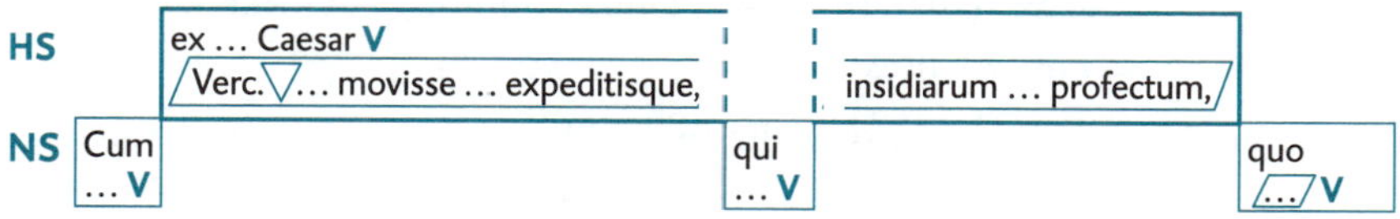

2. **HS** **NS 1** **NS 2**

(1) Cum iam muro turres appropinquassent,
ex captivis Caesar cognovit Vercingetorigem (consumpto pabulo) **Abl. abs.,**
castra movisse propius A. atque ipsum cum equitatu expeditisque, **AcI**
qui inter equites proeliari consuessent,
insidiarum causa eo profectum, **erg. *esse:* AcI**
quo nostros postero die pabulatum venturos arbitraretur. **erg. *esse:* AcI, vs. RS**

(2) (Quibus rebus cognitis) media nocte silentio profectus **Abl. abs., P. C.,**
ad hostium castra mane pervenit. **rel. SA**

	HS	NS 1	NS 2	
(3)	Illi celeriter (per exploratores adventu Caesaris cognito) carros impedimentaque sua in artiores silvas abdiderunt, copias omnes in loco edito atque aperto instruxerunt.			Abl. abs.
(4)	(Qua re nuntiata) Caesar celeriter sarcinas conferri, arma expediri iussit.			rel. SA, AcI, Abl. abs.

Ergänzungen zu den möglichen Schwierigkeiten:

- Der verschränkte Relativsatz ist in Satz 1 enthalten: *Quo nostros … venturos arbitraretur* (zu ergänzen ist *esse*).
- Kurzformen sind appropinquassent (für appropinquavissent) und consuessent (für consuevissent) in Satz 1.

3. (1) Als die Türme schon nahe an die Mauer gerückt worden waren (nahe an der Mauer standen; *wörtl. unschön:* sich schon der Mauer genähert hatten), erfuhr Cäsar von Gefangenen, dass Vercingetorix, nachdem (da) das Futter verbraucht war, das Lager weiter Richtung Avaricum (näher an Avaricum heran) verlegt habe und er selbst mit der Reiterei und dem leichten Fußvolk, das gewöhnlich zwischen den Reitern kämpfte, dorthin aufgebrochen sei, wohin seiner Meinung nach (wie er meinte) die Unsrigen am nächsten (folgenden) Tag zum Futterholen kommen würden, um ihnen einen Hinterhalt (eine Falle) zu stellen (um sie in einen Hinterhalt zu locken; *wörtl.* zum Zwecke eines Hinterhaltes).

   (*Freier:* Als die Türme schon nahe an die Mauer gerückt waren, erfuhr Cäsar von Gefangenen, dass Vercingetorix, da das Futter verbraucht war, das Lager weiter Richtung Avaricum verlegt habe. Er selbst sei mit der Reiterei …).

   (2) Als (Da) er dies in Erfahrung gebracht hatte (Auf diese Nachricht hin) brach er um Mitternacht (mitten in der Nacht) leise (in aller Stille) auf und gelangte am Morgen zum Lager der Feinde.

   (3) Diese (Jene) versteckten, da (als) sie durch Späher (Kundschafter) von Cäsars Ankunft erfahren hatten, schnell ihre Karren und ihr Gepäck (ihren Tross) in einem (recht) dichten Waldgebiet (Pl.!) und stellten ihre ganzen Truppen an einem erhöhten (höher gelegenen) (und) offenen Platz (*freier:* auf einer offenen Höhe) auf.

   (4) Auf diese Meldung hin (*wörtl.* Als dies gemeldet worden war) ließ Cäsar schnell das Gepäck zusammentragen und die Waffen bereitstellen.

Übung 54 **Text 4: Bellum Gallicum VII 87**

1. | HS | NS 1 | NS 2 |

(1) Mittit primo Brutum adulescentem cum cohortibus Caesar,
post cum aliis Gaium Fabium legatum; postremo ipse,
  (cum) vehementius pugnaretur,
integros subsidio adducit.

(2) Restituto proelio ac repulsis hostibus eo,
  (quo) Labienum miserat,
contendit; cohortes quattuor ex proximo castello deducit,
equitum partem sequi, partem circumire exteriores munitiones et
ab tergo hostes adoriri iubet.

(3) Labienus,
  (postquam) neque aggeres neque fossae vim hostium
  sustinere poterant,
coactis una XL cohortibus,
  (quas) ex proximis praesidiis deductas fors obtulit,
Caesarem per nuntios facit certiorem,
  (quid) faciendum existimet.

(4) Accelerat Caesar,
  (ut) proelio intersit.

2. Grammatikalische Besonderheiten finden sich in den Sätzen 2 und 3:

| HS | NS 1 | NS 2 |

(2) (Restituto proelio) ac (repulsis hostibus) eo, — **Abl. abs.**
  (quo) Labienum miserat,
contendit; cohortes quattuor ex proximo castello deducit,
equitum partem sequi, partem circumire exteriores munitiones et — **AcI**
ab tergo hostes adoriri iubet.

(3) Labienus,
  (postquam) neque aggeres neque fossae vim hostium
  sustinere poterant,
coactis una XL cohortibus, — **Abl. abs.**
  ((quas) ex proximis praesidiis deductas) fors obtulit, — **P. C.**
Caesarem per nuntios facit certiorem,
  (quid) faciendum existimet. — **erg. *esse*: AcI, Gerundiv**

Ergänzungen zu den möglichen Schwierigkeiten:

- Satz 1: *subsidio (adducit):* Dativus finalis; *post:* an dieser Stelle keine Präposition, sondern wie *postea* zu übersetzen.
- Satz 2: nach *sequi* sinngemäß *iubet* zu ergänzen.
- Satz 3: *quas ... obstulit:* Verschränkter Relativsatz; *quid faciendum* ⟨*esse*⟩ *existimet:* abhängiger Fragesatz (daher Konjunktiv); AcI, in den eine Gerundivkonstruktion (des Müssens) einbezogen ist.

3. (1) Cäsar schickte *(wörtl.* schickt; *hist. Präs.)* zuerst den jungen (*wörtl.* den Jüngling) Brutus mit den Kohorten, danach den Legaten Gaius Fabius mit anderen (weiteren); schließlich führte *(hist. Präs.)* er selbst, als (da) (nun/ immer) heftiger gekämpft wurde, frische Kräfte (*auch:* Truppen) zur Unterstützung (zur Hilfe) heran.

   (2) Als (Nachdem) das Gefecht wiederhergestellt (*freier:* ausgeglichen) und die Feinde zurückgeschlagen (*auch:* zurückgedrängt) worden waren, eilte er dorthin (zu der Stelle), wohin er Labienus geschickt hatte; er holte (*wörtl.* führte ... herab) vier Legionen aus dem nächsten Lager (Kastell), befahl einem Teil der Reiter, (ihm) zu folgen, einen Teil ließ er um die äußeren Befestigungen (Verschanzungen) herumreiten (*wörtl. unpassend:* ließ er die äußeren Befestigungen umgeben) und den Feind von hinten angreifen (einem anderen Teil befahl er, um die äußeren Befestigungen herumzureiten und den Feind von hinten anzugreifen).

   (3) Labienus sammelte, nachdem weder die Wälle noch die Gräben der Gewalt (dem Ansturm) der Feinde standhalten konnten, elf Kohorten, die ihm der Zufall anbot – er hatte sie von den nächsten Wachen (Schutzposten) hergeholt (*besser:* er konnte sie ... herholen) –, und benachrichtigte (dann) Cäsar durch Boten, was seiner Meinung nach zu tun sei (*wörtl.* Als Labienus ... gesammelt hatte, benachrichtigte er ...).

   (4) Cäsar beeilte sich, (selbst) am Kampf teilzunehmen (selbst in den Kampf einzugreifen).

Übung 55 **Text 5: Bellum Gallicum VII 13**

1. **HS** **NS 1** **NS 2**

(1) Caesar ex castris equitatum educi iubet proeliumque equestre committit:

(2) Laborantibus iam suis Germanos equites circiter CCCC summittit,
quos ab initio habere secum instituerat.

(3) Eorum impetum Galli sustinere non potuerunt atque in fugam coniecti multis amissis se ad agmen receperunt.

(4) Quibus profligatis rursus oppidani perterriti comprehensos eos,
quorum opera plebem concitatam existimabant,
ad Caesarem perduxerunt seseque ei dediderunt.

(5) Quibus rebus confectis Caesar ad oppidum Avaricum,
quod erat maximum munitissimumque in finibus Biturigum atque agri fertilissima regione,
profectus est,
quod eo oppido recepto civitatem Biturigum se in potestatem redacturum confidebat.

2. **HS** **NS 1** **NS 2**

(1) Caesar ex castris equitatum educi iubet proeliumque equestre committit: — **AcI**

(2) (Laborantibus iam suis) Germanos equites circiter CCCC summittit, — **Abl. abs.**
quos ab initio habere secum instituerat.

(3) Eorum impetum Galli sustinere non potuerunt atque (in fugam coniecti) (multis amissis) se ad agmen receperunt. — **P. C.**, **Abl. abs.**

(4) (Quibus profligatis) (rursus oppidani perterriti) (comprehensos eos), — **rel. SA, Abl. abs., P. C., erg. *esse:***
quorum opera plebem concitatam existimabant, — **AcI**
ad Caesarem perduxerunt seseque ei dediderunt.

(5) (Quibus rebus confectis) Caesar ad oppidum Avaricum, — **rel. SA, Abl. abs.**
quod erat maximum munitissimumque in finibus Biturigum atque agri fertilissima regione,
profectus est,
quod (eo oppido recepto) civitatem Biturigum se in potestatem redacturum confidebat. — **Abl. abs., erg. *esse:* AcI**

3. (1) Cäsar befahl *(wörtl.* befiehlt; *hist. Präsens),* die Reiterei aus dem Lager (hinaus)zuführen (dass die Reiterei ... hinausgeführt wurde / werde; ließ die Reiterei ... hinausführen) und begann ein Reitergefecht.

   (2) Als (Da) die Seinen schon in Bedrängnis gerieten (*wörtl. unschön:* litten / sich abmühten), schickte er (*erg.* ihnen) ungefähr 400 germanische Reiter zu Hilfe, die er von Anfang an – so, wie er es eingerichtet hatte – um sich hatte (*freier:* um sich zu haben pflegte/ immer um sich hatte).

   (3) Deren (Ihrem) Ansturm konnten die Gallier nicht standhalten (ihren Ansturm konnten die Gallier nicht aufhalten) und – in die Flucht geschlagen – zogen sie sich unter großen (nach schweren) Verlusten (*wörtl.* nachdem viel verloren war) zum Heer zurück.

   (4) Als (Weil) diese geschlagen (überwältigt) waren, packte die Stadtbewohner ein erneuter (*wörtl.* wieder) Schrecken (gerieten die Stadtbewohner wieder in Furcht) und sie ergriffen die (Männer), durch deren Betreiben, wie sie glaubten (ihrer Meinung nach) das Volk aufgehetzt worden war, führten sie zu Cäsar und ergaben sich ihm.

   (5) Nachdem dies vollbracht war (erledigt) war (*freier:* Hierauf; Nach diesem Erfolg) brach Cäsar zur Stadt Avaricum auf, der größten und am stärksten befestigten (Ortschaft) im Gebiet der Bituriger, (und) die in einem an Ackerland sehr reichen Gebiet lag, weil er darauf vertraute (*oder neuer Satz:* Er vertraute nämlich darauf), dass er, wenn diese Stadt in seiner Gewalt sei (nachdem / wenn er diese Stadt eingenommen habe; nach der / durch die Einnahme dieser Stadt), den Stamm der Bituriger in seine Gewalt bringen werde.

Übung 56

Text 6: Bellum Gallicum II 12

1.

HS	NS 1	NS 2
(1) Postridie eius diei Caesar,		
	priusquam se hostes ex terrore ac fuga reciperent,	
in fines Suessionum,		
	qui proximi Remis erant,	
exercitum duxit et magno itinere confecto ad oppidum Noviodunum contendit.		
(2) Id ex itinere oppugnare conatus,		
	quod vacuum ab defensoribus esse audiebat,	
propter latitudinem fossae murique altitudinem paucis defendentibus expugnare non potuit.		

HS | NS 1 | NS 2

(3) Castris munitis vineas agere
  quaeque ad oppugnandum usui erant,
comparare coepit.

(4) Interim omnis ex fuga Suessionum multitudo in oppidum proxima nocte convenit.

(5) Celeriter vineis ad oppidum actis, aggere iacto turribusque constitutis, magnitudine operum,
  quae neque viderant ante Galli neque audierant,
et celeritate Romanorum permoti legatos ad Caesarem de deditione mittunt et petentibus Remis,
  ut conservarentur,
impetrant.

2. HS | NS 1 | NS 2

(1) Postridie eius diei Caesar,
  priusquam se hostes ex terrore ac fuga reciperent,
in fines Suessionum,
  qui proximi Remis erant,
exercitum duxit et (magno itinere confecto) ad oppidum Noviodunum contendit. — **Abl. abs.**

(2) (Id ex itinere oppugnare conatus), — **P. C.**
  quod vacuum ab defensoribus esse audiebat, — **AcI**
propter latitudinem fossae murique altitudinem (paucis defendentibus) expugnare non potuit. — **Abl. abs.**

(3) Castris munitis vineas agere — **Abl. abs.**
  quaeque ad oppugnandum usui erant, — **Gerund**
comparare coepit.

(4) Interim omnis ex fuga Suessionum multitudo in oppidum proxima nocte convenit.

(5) (Celeriter vineis ad oppidum actis), (aggere iacto) (turribusque constitutis), (magnitudine operum, — **Abl. abs.**
  quae neque viderant ante Galli neque audierant,
et celeritate Romanorum permoti) legatos ad Caesarem de deditione mittunt et (petentibus Remis), — **P. C.** / **Abl. abs.**
  ut conservarentur,
impetrant.

Für die weitere Vorklärung wichtig:
- *priusquam* mit folgendem Konjunktiv weist auf die (in diesem Fall fehlende) Möglichkeit hin.
- Satz 2: *paucis defendentibus:* Abl. abs. mit konzessivem Nebensinn
- Satz 3: *quaeque*: hier wie *et quae*
- Satz 5: *de* hier: „bezüglich"

2. (1) Am folgenden Tag führte Cäsar das Heer, bevor die Feinde sich von dem Schrecken und der Flucht (*freier als Hendiadyoin betrachtet:* panikartigen Flucht) erholen (sammeln) konnten, in das Gebiet der Suessionen, die den Remern am nächsten waren (der nächsten Nachbarn der Remer) und strebte (eilte), nachdem er einen Eilmarsch (Gewaltmarsch) zurückgelegt hatte, zur Stadt Noviodunum.

   (2) Er versuchte (*wörtl.* Als er versuchte), diese (sie) (unmittelbar) aus dem Marsch heraus zu bestürmen, weil er hörte, dass in ihr keine Verteidiger seien (*wörtl.* dass sie von Verteidigern frei war / sei), konnte (er) sie (*erg.* aber) wegen der Breite des Grabens und der Höhe der Mauer trotz der wenigen Verteidiger (obwohl nur wenige sie verteidigten) nicht erobern.

   (3) Als (Nachdem) das Lager befestigt war (nach der Befestigung des Lagers; nachdem ein festes Lager errichtet war) begann er Schutzdächer aufzustellen (vorzuschieben) und alles, was zur Belagerung von Nutzen (nötig) war, zu beschaffen.

   (4) Unterdessen kam in der nächsten Nacht die ganze Menge der Suessionen nach (von) der Flucht in die Stadt (in der Stadt) zusammen.

   (5) Nachdem schnell die Schutzdächer an die Stadt herangerückt (herangeschoben), ein Damm aufgeworfen und Türme errichtet worden waren (Nachdem er schnell die Schutzdächer an die Stadt heranrücken, einen Damm aufwerfen und Türme hatte errichten lassen), schickten sie, beeindruckt durch die Größe der Belagerungswerke (-anlagen, -maschinen), wie die Gallier sie (*wörtl.* die die Gallier) vorher nie gesehen oder von denen sie auch nie gehört hatten (wie die Gallier sie vorher weder gesehen noch von denen sie je gehört hatten; *schöner:* von denen die Gallier vorher nie etwas gesehen oder gehört hatten), und durch die Schnelligkeit der Römer, Gesandte zu Cäsar bezüglich der Übergabe (um sich zu ergeben) und erreichten auf Bitten der Remer (weil die Remer darum baten), dass sie geschont (*wörtl.* bewahrt) wurden.

Übung 57 Text 7: Bellum Gallicum VI 44

1. HS | NS 1 | NS 2

(1) Tali modo vastatis regionibus exercitum Caesar duarum cohortium damno Durocortorum Remorum reducit concilioque in eum locum Galliae indicto de coniuratione Senonum et Carnutum quaestionem habere instituit et de Accone,

qui princeps eius consilii fuerat,

graviore sententia pronuntiata more maiorum supplicium sumpsit.

(2) Nonnulli iudicium veriti profugerunt.

(3) Quibus cum aqua atque igni interdixisset,

duas legiones ad fines Treverorum, duas in Lingonibus, sex reliquas in Senonum finibus in hibernis collocavit frumentoque exercitui proviso,

ut instituerat,

in Italiam ad conventus agendos profectus est.

2. HS | NS 1 | NS 2

(1) (Tali modo vastatis regionibus) exercitum Caesar duarum cohortium damno Durocortorum Remorum reducit (concilioque in eum locum Galliae indicto) de coniuratione Senonum et Carnutum quaestionem habere instituit et (de Accone, — **Abl. abs., Abl. abs.**

qui princeps eius consilii fuerat,

graviore sententia pronuntiata) more maiorum supplicium sumpsit. — **Abl. abs.**

(2) (Nonnulli iudicium veriti) profugerunt. — **P. C.**

(3) Quibus cum aqua atque igni interdixisset, — **rel. SA**

duas legiones ad fines Treverorum, duas in Lingonibus, sex reliquas in Senonum finibus in hibernis collocavit (frumentoque exercitui proviso), — **Abl. abs.**

ut instituerat,

in Italiam (ad conventus agendos) profectus est. — **Gerundiv**

2. (1) Nachdem die Gegend (das Land; *eigtl. Plural*) auf solche (diese) Weise verwüstet (worden) war, führte *(wörtl.* führt, *hist. Präs.)* Cäsar das Heer mit (unter) einem Verlust von zwei Kohorten nach Durocortorum (*erg.* im Land) der Remer zurück, und nachdem er eine gallische Versammlung (Versammlung Galliens) an diesem Ort einberufen hatte, begann er (*bzw. neuen Satz beginnen:* Er ließ ... einberufen und begann) eine Untersuchung über die Verschwörung der Senonen und Karnuten durchzuführen, verhängte über Acco, der der Anstifter (*wörtl.* Anführer) zu diesem Plan gewesen war, eine ziemlich harte Strafe und ließ ihn nach Art der Vorfahren hinrichten.

(2) Einige flohen aus Angst vor einer Verurteilung (weil sie eine Verurteilung fürchteten).

(3) Nachdem er diese für vogelfrei erklärt hatte, (*freier:* Er erklärte diese für vogelfrei und dann) legte er zwei Legionen an der Grenze der (zu den) Treverern, zwei im Gebiet der (*wörtl.* bei den) Lingonen, die übrigen sechs im Gebiet der Senonen ins Winterlager, und nachdem er für das Heer Getreide besorgt hatte (nachdem er für den Getreidenachschub für das Heer gesorgt hatte), brach er, wie er es gewöhnlich tat (wie gewöhnlich; *wörtl.* wie er das eingerichtet hatte), nach Italien auf, um Gerichtstage abzuhalten.

Übung 58

Text 8: Bellum Gallicum V 48

1.

	HS	NS 1	NS 2
(1)	Venit (Caesar) magnis itineribus in Nerviorum fines.		
(2)	Ibi ex captivis cognoscit,		
		quae apud Ciceronem gerantur,	
		quantoque in periculo res sit.	
(3)	Tum cuidam ex equitibus Gallis magnis praemiis persuadet,		
		uti ad Ciceronem epistulam deferat.	
(4)	Hanc Graecis conscriptam litteris mittit,		
		ne intercepta epistula nostra ab hostibus consilia cognoscantur.	
(5)			Si adire non possit,
	monet,		
		ut tragulam cum epistula ad amentum deligata intra munitionem castrorum abiciat.	
(6)	In litteris scribit se cum legionibus profectum celeriter adfore; hortatur,		
		ut pristinam virtutem retineat.	
(7)	Gallus periculum veritus,		
		ut erat praeceptum,	
	tragulam mittit.		
(8)	Haec casu ad turrim adhaesit neque ab nostris biduo animadversa tertio die a quodam milite conspicitur, dempta ad Ciceronem defertur.		
(9)	Ille perlectam in conventu militum recitat maximaque omnes laetitia adficit.		
(10)	Tum fumi incendiorum procul videbantur; quae res omnem dubitationem adventus legionum expulit.		

2. HS | NS 1 | NS 2

(1) Venit (Caesar) magnis itineribus in Nerviorum fines.

(2) Ibi ex captivis cognoscit,
  quae apud Ciceronem gerantur, — **indirekte**
  quantoque in periculo res sit. — **Fragesätze**

(3) Tum cuidam ex equitibus Gallis magnis praemiis persuadet,
  uti ad Ciceronem epistulam deferat.

(4) (Hanc Graecis conscriptam litteris) mittit, — **P. C.**
  ne (intercepta epistula) nostra ab hostibus consilia cognoscantur. — **Abl. abs.**

(5)   Si adire non possit,
monet,
  ut tragulam cum (epistula ad amentum deligata) intra munitionem castrorum abiciat. — **P. C.**

(6) In litteris scribit se (cum legionibus profectum) celeriter adfore; — **AcI, P. C.**
hortatur,
  ut pristinam virtutem retineat.

(7) Gallus periculum veritus, — **P. C.**
  ut erat praeceptum,
tragulam mittit.

(8) Haec casu ad turrim adhaesit neque (ab nostris biduo animadversa) — **P. C.**
tertio die a quodam milite conspicitur, dempta ad Ciceronem — **P. C.**
defertur.

(9) Ille perlectam in conventu militum recitat — **P. C.**
maximaque omnes laetitia adficit.

(10) Tum fumi incendiorum procul videbantur;
quae res omnem dubitationem adventus legionum expulit. — **rel. SA**

3. (1) Er (Cäsar) gelangte (kam; *hist. Präs.*) in Eilmärschen in das Gebiet der Nervier.

(2) Dort erfuhr er von Gefangenen, was sich bei Cicero ereignete (ereigne) und in welch großer Gefahr die Sache sei (*freier:* wie gefährlich die Lage sei).

(3) Da (Dann) gewann (*wörtl.* überredete) er durch große (hohe; mithilfe großer) Belohnungen einen (der) gallischen Reiter dafür, Cicero einen Brief zu überbringen (dass er Cicero einen Brief überbrachte).

(4) Diesen Brief schickte er in griechischer Sprache (*wörtl.* in griechischer Schrift geschrieben / verfasst), damit die Feinde nicht, wenn unser Schrei-

ben abgefangen würde (*eigtl.* vorzeitig), (auf diese Weise) von unseren Plänen erführen (unser Schreiben abfingen und so von unseren Plänen erführen; *eigtl. Passiv, hier aber unschön).*

(5) Er trug ihm auf, er solle, wenn er nicht näher herankommen (*wörtl.* hingehen) könne, einen Wurfspeer mit dem an den Wurfriemen gebundenen Brief in die Lagerbefestigung schleudern (*freier:* den Brief an den Wurfriemen binden und den (Wurf)speer (so) in die Lagerbefestigung schleudern).

(6) In dem Brief schrieb er, er sei mit den Legionen (*erg.* schon) aufgebrochen und werde schnell (in Kürze) da sein, und er forderte (*erg.* ihn; d. h. Cicero) auf, die altgewohnte Tapferkeit zu bewahren (*freier:* weiter so tapfer zu sein wie bisher).

(7) Der Gallier, der sich vor der Gefahr fürchtete (voller Furcht vor der Gefahr), schleuderte den Wurfspeer, wie ihm vorgeschrieben worden war (wie befohlen).

(8) Dieser blieb zufällig an einem Turm hängen, und nachdem er zwei Tage lang von den Unsrigen nicht bemerkt worden war, wurde er am dritten Tag von einem (bestimmten) Soldaten gesehen, herabgeholt und dann zu Cicero gebracht (*freier:* Er wurde zwei Tage lang von den Unsrigen nicht bemerkt, jedoch am dritten Tag von einem (bestimmten) Soldaten gesehen; *noch besser:* am dritten Tag bemerkte ihn ein Soldat; er / man nahm ihn herab und überbrachte ihn Cicero).

(9) Dieser (*wörtl.* Jener) las ihn durch, trug ihn in der Versammlung der Soldaten vor (gab ihn der Versammlung der Soldaten bekannt) und erfüllte (so) alle mit größter Freude.

(10) Dann sah man in der Ferne den Rauch *(wörtl. Plural)* von Bränden; (und) dies ließ jeden Zweifel an der Ankunft der Legionen schwinden (*wörtl.* vertrieb ...).

Übung 59 **Text 9: Bellum Gallicum VII 38**

1. **HS** | **NS 1** | **NS 2**

(1) Litaviccus accepto exercitu,
cum milia passuum circiter XXX ab Gergovia abesset,
convocatis subito militibus lacrimans,
„Quo proficiscimur," inquit, „milites?
(2) Omnis noster equitatus, omnis nobilitas interiit;
principes civitatis, Eporedorix et Viridomarus,
insimulati proditionis ab Romanis interfecti sunt.
(3) Haec ab ipsis cognoscite,
qui ex ipsa caede fugerunt:
nam ego fratribus atque omnibus meis propinquis interfectis
dolore prohibeor,
quae gesta sunt,
(pro)nuntiare."
(4) Producuntur hi,
quos ille (e)docuerat,
quae dici vellet,
atque eadem,
quae Litaviccus (pro)nuntiaverat,
multitudini exponunt:
(5) Multos equites Haeduorum interfectos,
quod collocuti cum Arvernis dicerentur;
ipsos se inter multitudinem militum occultasse atque ex media
caede fugisse.
(6) (Con)clamant Haedui et Litaviccum obsecrant,
ut sibi consulat.
(7) „Num dubitamus,
quin nefario facinore admisso Romani iam
ad nos interficiendos concurrant?
(8) Proinde,
si quid in nobis animi est,
persequamur eorum mortem,
qui indignissime interierunt,
atque hos latrones interficiamus."
(9) Nuntios tota civitate Haeduorum dimittit,
eodem mendacio de caede equitum et principum permanet.

2. Besonderheiten finden sich in den Sätzen 1–5 und in Satz 7.

	HS	NS 1	NS 2	
(1)	Litaviccus (accepto exercitu),			Abl. abs.
		cum milia passuum circiter XXX ab Gergovia abesset,		
	(convocatis subito militibus) lacrimans,			Abl. abs., P. C.
	„Quo proficiscimur," inquit, „milites?			
(2)	Omnis noster equitatus, omnis nobilitas interiit;			
	principes civitatis, Eporedorix et Viridomarus,			
	(insimulati proditionis) ab Romanis interfecti sunt.			P. C.
(3)	Haec ab ipsis cognoscite,			
		qui ex ipsa caede fugerunt:		
	nam ego (fratribus atque omnibus meis propinquis interfectis)			Abl. abs.
	dolore prohibeor,			
		quae gesta sunt,		
	(pro)nuntiare."			
(4)	Producuntur hi,			
		quos ille (e)docuerat,		
			quae dici vellet,	AcI, vs. RS
	atque eadem,			
		quae Litaviccus (pro)nuntiaverat,		
	multitudini exponunt:			
(5)	Multos equites Haeduorum interfectos, erg. *esse*			Oratio obliqua
		quod collocuti cum Arvernis dicerentur; erg. *esse;* NcI		
	ipsos se inter multitudinem militum occultasse atque ex media caede fugisse.			
(7)	„Num dubitamus,			
		quin (nefario facinore admisso) Romani iam		Abl. abs.
		(ad nos interficiendos) concurrant?		Gerundiv

3. (1) Als Litaviccus nach Übernahme des Heeres (nachdem er das Heer übernommen hatte) (noch) ungefähr 30 Meilen von Gergovia entfernt war, rief er plötzlich (überraschend) seine Soldaten zusammen und sagte (*wörtl.* sagte er, nachdem er plötzlich seine Soldaten zusammengerufen hatte) unter Tränen (*wörtl.* weinend): „Wohin ziehen wir, Soldaten?

(2) Unsere ganze Reiterei, unser ganzer Adel ist zugrundegegangen; die führenden Männer unseres Stammes, Eporedorix und Viridomarus, sind – des Hochverrates bezichtigt (nach Bezichtigung des Hochverrats) – von den Römern getötet worden.

(3) Erfahrt dies von denen (Lasst euch das von denen erzählen), die mitten (unmittelbar) aus dem Blutbad entkommen sind: Denn ich werde nach dem Tod meiner Brüder und all meiner Verwandten vom Schmerz daran gehindert (*freier:* Denn mich hält der Schmerz ab), zu berichten, was geschehen ist."

(4) Es wurden (*wörtl.* werden, *hist. Präs.*) die (Leute) vorgeführt, die er unterrichtet (denen er erklärt) hatte, was sie (seinem Wunsch nach) sagen sollten (*eigtl. Passiv, im Dt. unschön*); (und) sie legten der Menge das Gleiche dar, was Litaviccus berichtet hatte:

(5) Viele Reiter der Häduer seien getötet worden, weil sie, wie es hieß (man sagte), mit den Arvernern Gespräche geführt hätten (*wörtl.* weil sie Gespräche geführt haben sollten). Sie selbst hätten sich unter (in) der Menge der Soldaten versteckt und seien mitten aus dem Gemetzel geflohen.

(6) Die Häduer schrieen (laut; erhoben ein lautes Geschrei) und beschworen Litaviccus, sich um sie zu kümmern (*wörtl.* für sie zu sorgen).

(7) „Zweifeln wir etwa daran, dass die Römer, nachdem sie diese verbrecherische (Un)Tat begangen haben (*freier:* nach dieser verbrecherischen Tat), nun zusammenströmen (sich zusammenrotten), um uns zu töten?

(8) Nun denn, wenn wir auch nur eine Spur von Mut besitzen (*wörtl.* etwas an Mut in uns ist), lasst uns den Tod derer verfolgen, die auf höchst unwürdige Weise zugrundegegangen sind, und lasst uns diese Räuber töten!"

(9) Er sandte Boten im ganzen Gebiet (*wörtl.* Stamm) der Häduer umher und beharrte auf derselben Lüge über die Ermordung der Reiter und der Anführer (*schöner:* Er sandte ... umher; dabei beharrte er auf ...).

Übung 60

Text 10: Bellum Gallicum V 6

1. HS | NS 1 | NS 2

(1) Erat una cum ceteris Dumnorix Haeduus,
de quo ante ab nobis dictum est.

(2) Hunc secum habere in primis constituerat,
quod eum cupidum rerum novarum, cupidum imperii, magni animi, magnae inter Gallos auctoritatis cognoverat.

(3) Accedebat huc,
quod in concilio Haeduorum Dumnorix dixerat sibi a Caesare regnum civitatis deferri;
quod dictum Haedui graviter ferebant,
neque recusandi aut deprecandi causa legatos ad Caesarem mittere audebant.

(4) Id factum ex suis hospitibus Caesar cognoverat.

(5) Ille omnibus primo precibus petere contendit,
ut in Gallia relinqueretur,
partim quod insuetus navigandi mare timeret, partim quod religionibus impediri sese diceret.

(6) Post(ea)quam id obstinate sibi negari vidit,
omni spe impetrandi adempta principes Galliae sollicitare, sevocare singulos hortarique coepit,
ut(i) in continenti remanerent;
metu territare:
non sine causa fieri,
ut Gallia omni nobilitate spoliaretur;
id esse consilium Caesaris,
ut,
quos in conspectu Galliae interficere vereretur,
hos omnes in Britanniam traductos necaret;
fidem reliquis interponere:

(7) Haec a compluribus ad Caesarem deferebantur.

2. Besonderheiten finden sich in den Sätzen 2, 3, 5 und 6:

	HS	NS 1	NS 2	
(2)	Hunc secum habere in primis constituerat,			
		quod eum cupidum rerum novarum, cupidum imperii, magni animi, magnae inter Gallos auctoritatis cognoverat.		**AcI (*esse* ergänzbar)**
(3)	Accedebat huc,			
		quod in concilio Haeduorum Dumnorix dixerat sibi a Caesare regnum civitatis deferri;		**AcI**
	quod dictum Haedui graviter ferebant,			**rel. SA,**
	neque recusandi aut deprecandi causa legatos ad Caesarem mittere audebant.			**Gerund**
(5)	Ille omnibus primo precibus petere contendit,			
		ut in Gallia relinqueretur,		
			partim quod (insuetus navigandi) mare timeret, partim quod religionibus impediri sese diceret.	**Gerund** **AcI**
(6)		Post(ea)quam id obstinate sibi negari vidit,		**AcI**
	(omni spe impetrandi adempta) principes Galliae sollicitare, sevocare singulos hortarique coepit,			**Abl. abs., Gerund**
		ut(i) in continenti remanerent;		
	metu territare:			**hist. Inf.**
	non sine causa fieri,			**Oratio obliqua**
		ut Gallia omni nobilitate spoliaretur;		
	id esse consilium Caesaris,			
		ut,		
			quos in conspectu Galliae interficere vereretur,	
		(hos omnes in Britanniam traductos) necaret;		**P. C.**
	fidem reliquis interponere:			**hist. Inf.**

3. (1) Unter *(wörtl.* zusammen mit, *hier aber nicht passend)* den übrigen war der Häduer Dumnorix, über den wir vorher (schon) gesprochen haben (*wörtl.* über den von uns vorher gesprochen worden ist.).

   (2) Er hatte beschlossen, diesen vor allen anderen (vor allem) mitzunehmen (*wörtl.* bei sich zu haben), weil er erkannt hatte (wusste / sich bewusst war), dass dieser begierig nach Umsturz war und nach der Herrschaft strebte, dass er sehr mutig war und über großen Einfluss bei den Galliern verfügte

(*wörtl.* weil er diesen als begierig nach Umsturz, begierig nach Herrschaft, als Mann mit großem Mut und großem Einfluss bei den Galliern erkannt hatte).

(3) Dazu kam, dass Dumnorix in der Versammlung der Häduer gesagt hatte, es werde ihm von Cäsar die Herrschaft über seinen Stamm übertragen (Cäsar übertrage ihm ...); diese Behauptung empörte die Häduer (über diese Behauptung waren die Häduer empört/ungehalten) und sie wagten weder, um dies abzulehnen (zu verweigern; *wörtl.* sich zu weigern), noch um ihn umzustimmen (*wörtl.* dies durch Bitten abzuwehren), Gesandte zu Cäsar zu schicken.

(4) Dies(e Tatsache) hatte Cäsar von seinen Gastfreunden erfahren.

(5) Jener bemühte sich zunächst, mit allen (*erg.* möglichen) Bitten zu erreichen, dass er in Gallien zurückgelassen wurde (werde), teils, weil er (wie er angab; *der Konjunktiv gibt hier den subjektiven Grund an*) – da er nicht an die Schifffahrt gewöhnt sei (*freier:* da er nicht mit der Schifffahrt vertraut sei; da er noch nie zur See gefahren sei) – das Meer fürchte, teils weil er, wie er sagte, von religiösen Bedenken gehindert wurde (werde).

(6) Nachdem er gesehen hatte, dass ihm dies beharrlich (hartnäckig) verweigert wurde, begann er, da ihm jede Hoffnung genommen war, seinen Wunsch *(erg.)* durchzusetzen, die führenden Männer Galliens aufzuwiegeln (und) sie einzeln beiseite zu nehmen und aufzufordern, sie sollten auf dem Festland (zurück)bleiben; er schüchterte sie durch Furcht ein: Nicht ohne Grund geschehe es, dass Gallien des (seines) ganzen Adels beraubt werde; der Plan Cäsars bestehe darin (*wörtl.* sei dies), alle die, die er sich vor den Augen Galliens zu töten scheue, mit nach Britannien hinüberzunehmen und dort zu töten (*wörtl.* alle diese, nachdem sie nach Britannien hinübergebracht worden seien, zu töten); den übrigen legte er einen Treueschwur auf.

(7) Dies wurde Cäsar von einigen Leuten hinterbracht.

Übung 61

Text 11: Bellum Gallicum VII 4

1. HS | NS 1 | NS 2

(1) Vercingetorix Arvernus,
summae potentiae adulescens,
    cuius pater principatum Galliae totius obtinuerat et
    ob eam causam,
        quod regnum appetebat,
    ab civitate erat interfectus,
convocatis suis clientibus facile incendit.

(2) Cognito eius consilio ad arma concurritur.

(3) Prohibetur ab Gobannitione, patruo suo, reliquisque principibus,
    qui hanc temptandam fortunam non existimabant;
expellitur ex oppido Gergovia; non destitit tamen atque in agris
habet dilectum egentium ac perditorum.

(4) Hac coacta manu,
    quoscumque adit ex civitate,
ad suam sententiam perducit;
hortatur,
    ut communis libertatis causa arma capiant,
magnisque coactis copiis adversarios suos,
    a quibus paulo ante erat eiectus,
expellit ex civitate.

(5) Rex ab suis appellatur.

(6) Dimittit quoque versus legationes; obtestatur,
    ut in fide maneant.

(7) Celeriter sibi Senones, Parisios, Pictones, Cadurcos, Turonos,
Aulercos, Lemovices, Andos reliquosque omnes,
    qui Oceanum attingunt,
adiungit: omnium consensu ad eum defertur imperium.

(8) Qua oblata potestate omnibus his civitatibus obsides imperat,
certum numerum militum ad se celeriter adduci iubet,
imprimis equitatui studet.

(9) Summae diligentiae summam imperii severitatem addit;
magnitudine supplicii dubitantes cogit.

2. Besonderheiten finden sich in den Sätzen 1–4 und in Satz 8:

HS	NS 1	NS 2	
(1) Vercingetorix Arvernus, summae potentiae adulescens,			
	cuius pater principatum Galliae totius obtinuerat et ob eam causam,		
		quod regnum appetebat,	
	ab civitate erat interfectus,		
(convocatis suis clientibus) facile incendit.			**Abl. abs.**
(2) (Cognito eius consilio) ad arma concurritur.			**Abl. abs.**
(3) Prohibetur ab Gobannitione, patruo suo, reliquisque principibus,			
	qui hanc temptandam fortunam non existimabant;		**erg. *esse*: AcI, Gerundiv**
expellitur ex oppido Gergovia; non destitit tamen atque in agris habet dilectum egentium ac perditorum.			
(4) (Hac coacta manu),			**Abl. abs.**
	quoscumque adit ex civitate,		
ad suam sententiam perducit;			
hortatur,			
	ut communis libertatis causa arma capiant,		
(magnisque coactis copiis) adversarios suos,			**Abl. abs.**
	a quibus paulo ante erat eiectus,		
expellit ex civitate.			
(8) (Qua oblata potestate) omnibus his civitatibus obsides imperat, certum numerum militum ad se celeriter adduci iubet, imprimis equitatui studet.			**Abl. abs., rel. SA, AcI**

Hinweise zu weiteren möglichen Schwierigkeiten:

- Satz 2: *Concurritur*: unpersönliche Form („es wird zusammengelaufen"); am besten Übersetzung mit „man"
- Satz 3: *egentium*: von *egens:* PPA von *egere* (bedürfen, Mangel haben); hier als substantiviertes Adjektiv gebraucht (*egens:* der Bedürftige) ebenso *perditus* (PPP zu *perdere*): der Verdorbene; freier auch: Verbrecher
- Satz 5: *sui:* die Seinen (seine Leute)
- Satz 8: *obsides imperare:* im Deutschen zu ergänzen: „die Stellung von"
- Satz 9: *dubitantes:* hier substantivisch gebraucht (die Zögernden)

3. (1) Der Arverner Vercingetorix, ein höchst mächtiger junger Mann (junger Mann von höchster Macht), dessen Vater die Vorherrschaft (die führende Stellung) über (in) ganz Gallien besessen (innegehabt) hatte und deshalb

(aus dem Grund), weil er nach der Königsherrschaft strebte, von seinem Stamm getötet worden war, rief seine Klienten zusammen und hetzte *(eigtl. hist. Präsens)* sie ohne Mühe (*wörtl.* leicht) auf (*wörtl.* hetzte, nachdem er seine Klienten zusammengerufen hatte, diese auf).

(2) Als man von seinem Plan erfahren hatte (als sein Plan bekannt geworden war), stürzte man zu den Waffen.

(3) Er wurde von Gobannitio, seinem Onkel, und den übrigen führenden Leuten (*erg.* des Stammes) (von den Stammesführern) gehindert, die glaubten, das Schicksal (Glück) nicht so (*wörtl.* dieses Schicksal) herausfordern (*wörtl.* versuchen) zu dürfen; er wurde aus der Stadt Gergovia verjagt; dennoch gab er aber (*erg.* sein Vorhaben) nicht auf (stand aber dennoch von seinem Vorhaben nicht ab) und führte auf dem Land *(wörtl. Übersetzung hier unschön)* eine Aushebung unter den Bedürftigen und Verbrechern (*wörtl.* eine Aushebung der Bedürftigen und Verdorbenen) durch.

(4) Nachdem er diese Schar gesammelt hatte, brachte er aus seinem Stamm alle, die er traf, dazu, sich seiner Auffassung (Meinung) anzuschließen (*wörtl.* zog er aus seinem Stamm alle, die er traf, zu seiner Meinung hinüber); er forderte sie auf, um der gemeinsamen Freiheit willen zu den Waffen zu greifen, und nachdem er starke (große) Truppen gesammelt hatte, vertrieb er seine Gegner, von denen er kurz vorher verjagt worden war, aus dem Stamm.

(5) Von den Seinen wurde er zum König ernannt.

(6) Er schickte auch überallhin Gesandtschaften und beschwor (*erg.* „die Stämme" *oder* „alle"), bei ihrem (Treu-)Wort zu bleiben.

(7) Schnell gewann er (*wörtl.* schloss er sich an) die Senonen, Parisier, Pictonen, Cadurcer, Turoner, Aulercer, Lemovicen und Anden und alle übrigen (*erg.* Stämme) für sich, die an den Ozean grenzen, und unter allgemeiner Übereinstimmung wurde ihm die Herrschaft übertragen.

(8) Als (Nachdem) ihm diese Position übertragen worden war (*wörtl.* ihm dieses Amt angeboten worden war), befahl er all diesen Stämmen (*erg.* die Stellung von) Geiseln; er ließ sich schnell eine bestimmte Anzahl Soldaten zuführen (*wörtl.* er befahl, dass ihm schnell eine bestimmte Anzahl Soldaten zugeführt werde) und bemühte sich besonders um eine Reiterei.

(9) Mit der höchsten Umsicht (Gründlichkeit) vereinigte er die höchste Strenge in der Herrschaftsausübung (*wörtl.* der höchsten Umsicht fügte er die höchste Strenge der Herrschaft hinzu); (und) durch hohe (harte) Strafen (*wörtl.* die Größe der Strafe) übte er Zwang auf die Zögernden aus (*wörtl.* zwang er die Zögernden).

Übung 62

Text 12: Bellum Gallicum V 44

1. | HS | NS 1 | NS 2 |

(1) Erant in ea legione fortissimi viri, centuriones,
qui primis ordinibus appropinquarent,
Titus Pullo et Lucius Vorenus.

(2) Hi perpetuas inter se controversias habebant,
quinam anteferretur,
omnibusque annis de locis summis contendebant.

(3) Ex his Pullo,
cum acerrime ad munitiones pugnaretur,
„Quid dubitas," inquit, „Vorene? Aut quem locum tuae probandae virtutis exspectas? Hic dies de nostris controversiis iudicabit."

(4) Haec cum dixisset,
procedit extra munitiones
quaque pars hostium confertissima est visa,
irrumpit.

(5) Ne Vorenus quidem tum sese vallo continet,
sed omnium veritus existimationem subsequitur.

(6) Mediocri spatio relicto Pullo pilum in hostes immittit
atque unum ex multitudine procurrentem traicit;
quo percusso et exanimato hunc scutis protegunt,
in hostem tela universi coniciunt neque dant regrediendi facultatem.

(7) Transfigitur scutum Pulloni et verutum in balteo defigitur.

(8) Impeditum hostes circumsistunt.

(9) Succurrit inimicus illi Vorenus et laboranti subvenit.

(10) Ad hunc se confestim a Pullone omnis multitudo convertit:
illum veruto arbitrantur occisum.

(11) Gladio comminus rem gerit Vorenus
atque uno interfecto reliquos paulum propellit;
dum cupidius instat,
in locum deiectus inferiorem concidit.

(12) Huic rursus circumvento fert subsidium Pullo, atque ambo incolumes compluribus interfectis summa cum laude sese intra munitiones recipiunt.

(13) Sic fortuna in contentione et certamine utrumque versavit
ut alter alteri inimicus auxilio salutique esset,
neque (di)iudicari posset,
uter utri virtute anteferendus videretur.

2. Grammatikalische Besonderheiten finden sich in den Sätzen 3–6 und 8–13:

	HS	NS 1	NS 2	
(3)	Ex his Pullo,			
		cum acerrime ad munitiones pugnaretur,		
	„Quid dubitas," inquit, „Vorene? Aut (quem locum tuae probandae virtutis) exspectas? Hic dies de nostris controversiis iudicabit."			Gerundiv
(4)		Haec cum dixisset,		
	procedit extra munitiones			
		quaque pars hostium confertissima est visa,		NcI
	irrumpit.			
(5)	Ne Vorenus quidem tum sese vallo continet,			
	sed (omnium veritus existimationem) subsequitur.			P. C.
(6)	(Mediocri spatio relicto) Pullo pilum in hostes immittit			Abl. abs.
	atque (unum ex multitudine procurrentem) traicit;			P. C.
	quo percusso et exanimato hunc scutis protegunt, in hostem tela universi coniciunt neque dant (regrediendi facultatem).			rel. SA, Abl. abs., Gerund
(8)	Impeditum hostes circumsistunt.			P. C.
(9)	Succurrit inimicus illi Vorenus et laboranti subvenit.			P. C.
(10)	Ad hunc se confestim a Pullone omnis multitudo convertit:			
	illum veruto arbitrantur occisum.			erg. *esse:* AcI
(11)	Gladio comminus rem gerit Vorenus			
	atque (uno interfecto) reliquos paulum propellit;			Abl. abs.
		dum cupidius instat,		
	(in locum deiectus inferiorem) concidit.			P. C.
(12)	(Huic rursus circumvento) fert subsidium Pullo, atque ambo			P. C.
	incolumes (compluribus interfectis) summa cum laude sese intra munitiones recipiunt.			Abl. abs.
(13)	Sic fortuna in contentione et certamine utrumque versavit			
		ut alter alteri inimicus auxilio salutique esset,		
		neque (di)iudicari posset,		
			uter utri virtute anteferendus videretur.	erg. *esse:* NcI, Gerundiv, ind. FS

2. (1) In dieser Legion gab es zwei sehr tapfere Männer, Zenturionen *(Apposition)*, die vor (der Beförderung zu) den höchsten Rängen standen (*wörtl.* sich den ersten Rängen näherten), Titus Pullo und Lucius Vorenus.

(2) Diese hatten beständige Streitigkeiten untereinander, wer denn nun vorzuziehen sei (vorgezogen werden solle), und all die Jahre kämpften sie unter sich um den höchsten Rang (*wörtl.* die höchsten Plätze).

(3) Als sehr heftig bei den Befestigungen gekämpft wurde, sagte von diesen (beiden) Pullo: „Was zögerst du, Vorenus? Oder auf welche Gelegenheit, deine Tapferkeit unter Beweis zu stellen, wartest du? Dieser Tag wird eine Entscheidung unserer Streitigkeiten bringen (wird über unsere Streitigkeiten entscheiden)."

(4) Nach diesen Worten (Als er dies gesagt hatte,) trat *(eigtl. hist. Präs.)* er vor die Befestigungen (trat er aus den Befestigungsanlagen heraus) und sprang dort hinein, wo der Haufen (*wörtl. unschön:* Teil) der Feinde am dichtesten zu sein schien.

(5) Da hielt es auch (*wörtl.* hielt sich auch) Vorenus nicht mehr auf dem Wall, sondern er folgte aus Furcht vor der allgemeinen Meinung (*wörtl.* vor der Meinung aller; *freier:* besorgt um seinen allgemeinen Ruf) auf dem Fuß (*wörtl.* unmittelbar nach).

(6) Aus geringer Entfernung (*wörtl.* Als nur noch ein mäßig großer Zwischenraum übrig war) schleuderte Pullo seinen Wurfspeer auf (in die Menge der) die Feinde und durchbohrte einen, der aus der Menge vorwärts stürmte; als dieser tödlich getroffen (*wörtl.* durchbohrt und getötet) war, bedeckten sie ihn mit den Schilden, alle schleuderten ihre Wurfgeschosse auf (gegen) den Feind und gaben (ihm) keine Gelegenheit (mehr) zurückzuweichen.

(7) Der Schild Pullos wurde durchbohrt (*wörtl.* dem Pullo wurde der Schild durchbohrt) und ein Wurfspieß blieb in seinem Wehrgehenk stecken (*wörtl.* wurde festgeheftet).

(8) Als er (nun so) behindert war, umringten ihn die Feinde.

(9) Sein Gegner Vorenus kam ihm (jenem) zu Hilfe und unterstützte ihn in seiner Bedrängnis (*wörtl.* half dem Leidenden).

(10) Sofort wendete sich die ganze Menge von Pullo zu diesem: Sie glaubten, er (jener) sei von dem Wurfspieß tödlich getroffen (*wörtl.* getötet) worden.

(11) Vorenus führte den Nahkampf (*wörtl.* die Sache aus der Nähe) mit dem Schwert, und als einer getötet war, trieb er die übrigen ein wenig vor sich her; (doch) während er allzu stürmisch (*wörtl.* begierig) vordrang, stürzte (stolperte) er in eine Bodenvertiefung (*wörtl.* in eine tiefere Stelle) und kam zu Fall (stürzte).

(12) Als dieser wiederum umdrängt wurde, brachte ihm Pullo Hilfe (*wörtl.* Diesem wiederum Umringten brachte Pullo Hilfe) und beide konnten sich, nachdem sie einige *(erg.)* Feinde getötet hatten, unverletzt mit höchstem Ruhm (unter höchstem Lob) in die Befestigungen zurückziehen (*wörtl.* zogen sich zurück).

(13) So trieb das Schicksal bei diesem Kampf und Wettstreit mit beiden sein Spiel, sodass der eine Feind dem anderen Hilfe und Rettung brachte und man nicht entscheiden konnte, welcher von beiden wem offensichtlich vorgezogen werden musste (*wörtl.* vorgezogen werden zu müssen schien).

Übung 63

Text 13: Bellum Gallicum VIII 7

1. | HS | NS 1 | NS 2 |

(1) His copiis coactis ad Bellovacos proficiscitur
castrisque in eorum finibus positis equitum turmas dimittit
in omnes partes ad aliquos excipiendos,
    (ex) quibus hostium consilia cognosceret.

(2) Equites officio functi renuntiant paucos in aedificiis esse inventos,
atque hos,
    non (qui) agrorum colendorum causa remansissent,
    sed (qui) speculandi causa essent remissi.

(3)   A quibus (cum) quaereret Caesar,
        (quo) loco multitudo esset Bellovacorum
        (quod)ve esset consilium eorum,
inveniebat Bellovacos omnes,
    (qui) arma ferre possent,
in unum locum convenisse,
locum castris excelsum in silva circumdata palude delegisse,
impedimenta omnia in ulteriores silvas contulisse.

(4) Complures esse principes belli auctores,
sed multitudinem maxime Correo obtemperare,
    (quod) ei summo esse odio nomen populi Romani
    intellexissent.

(5) Paucis ante diebus ex his castris Atrebatem Commium discessisse
ad auxilia Germanorum adducenda.

(6) Constituisse autem Bellovacos
omnium principum consensu, summa plebis cupiditate,
    (si) Caesar cum tribus legionibus veniret,
offerre se ad dimicandum,
    (si) maiores copias adduceret,
in eo loco permanere,
    (quem) delegissent,
pabulatione autem et frumentatione et reliquo commeatu
ex insidiis prohibere Romanos.

2.

	HS	NS 1	NS 2	
(1)	(His copiis coactis) ad Bellovacos proficiscitur			Abl. abs.
	(castrisque in eorum finibus positis) equitum turmas dimittit			Abl. abs.
	in omnes partes ad aliquos excipiendos,			Gerundiv
		ex quibus hostium consilia cognosceret.		fin./kons. RS
(2)	(Equites officio functi) renuntiant paucos in aedificiis esse			P. C., AcI
	inventos,			
	atque hos,			
		non qui agrorum colendorum causa remansissent,		Gerundiv
		sed qui speculandi causa essent remissi.		Gerund
(3)		A quibus cum quaereret Caesar,		rel. SA
			quo loco multitudo esset Bellovacorum	ind. FS
			quodve esset consilium eorum,	
	inveniebat Bellovacos omnes,			AcI
		qui arma ferre possent,		
	in unum locum convenisse,			
	locum castris excelsum (in silva circumdata palude) delegisse,			P. C.
	impedimenta omnia in ulteriores silvas contulisse.			
(4)	Complures esse principes belli auctores,			
	sed multitudinem maxime Correo obtemperare,			
		quod ei summo esse odio nomen populi Romani		AcI
		intellexissent.		
(5)	Paucis ante diebus ex his castris Atrebatem Commium discessisse			
	(ad auxilia Germanorum adducenda). Gerundiv			
(6)	Constituisse autem Bellovacos			Oratio
	omnium principum consensu, summa plebis cupiditate,			obliqua
		si Caesar cum tribus legionibus veniret,		
	offerre se ad dimicandum, Gerund			
		si maiores copias adduceret,		
	in eo loco permanere,			
		quem delegissent,		
	pabulatione autem et frumentatione et reliquo commeatu			
	ex insidiis prohibere Romanos.			

3. (1) Als (Nachdem) er diese Truppen zusammengezogen hatte, brach *(eigtl. hist. Präs.)* er zu den Bellovakern (gegen die Bellovaker) auf, und nachdem er ein Lager in deren Gebiet aufgeschlagen hatte, entließ er Reiterabteilungen in alle Richtungen (nach allen Seiten; schickte er Reiterabteilungen los), um irgendwelche Leute aufzugreifen, von denen er die Pläne der Feinde erfahren konnte (um von ihnen die Pläne der Feinde zu erfahren).

   (2) Die Reiter erfüllten ihre Pflicht und meldeten, sie hätten wenige (einige) Leute in den Gehöften (*wörtl.* Gebäuden) gefunden (*wörtl.* es seien wenige Leute gefunden worden), die nicht etwa (*wörtl.* und zwar nicht die, die) zurückgeblieben seien, um die Äcker zu bebauen, sondern die man als Kundschafter (*wörtl.* des Auskundschaftens wegen) zurückgelassen habe (*wörtl.* die zurückgelassen worden seien).

   (3) Als Cäsar diese fragte, wo (an welchem Ort) die Menge der Bellovaker sei oder was sie planten (was ihr Plan sei), fand er heraus, dass alle waffenfähigen Bellovaker (alle Bellovaker, die Waffen tragen konnten), sich an einem Ort versammelt hätten, einen höher gelegenen Ort in einem von einem Sumpf umgebenen Wald für das Lager ausgewählt und allen Tross (alles Gepäck) in die Wälder geschafft hätten.

   (4) Mehrere Anführer seien Anstifter für den Krieg, doch die Menge folge hauptsächlich dem Correus, weil sie erkannt hätten *(Verb in 3. Pers. Plural, da* multitudo *sinngemäß einen Plural meint),* dass er den Namen des römischen Volkes (das römische Volk) glühend (*wörtl.* in höchstem Maße) hasse (*wörtl.* dass ihm der Name des römischen Volkes in höchstem Maße verhasst sei).

   (5) Vor wenigen Tagen habe der Atrebate Commius dieses Lager verlassen, um Hilfstruppen der Germanen herbeizuholen.

   (6) Die Bellovaker aber hätten mit Zustimmung aller Anführer und auf dringlichen (*wörtl.* höchsten) Wunsch des Volkes beschlossen, (*erg.* Cäsar) eine Schlacht anzubieten (*wörtl.* sich zum Kampf anzubieten), wenn er (Cäsar) mit drei Legionen komme (käme), wenn er (aber) größere Truppen heranführe, am ausgesuchten Platz (an dem Platz, den sie ausgewählt hätten) zu bleiben, aber die Römer aus dem Hinterhalt am Beschaffen von Futter und Getreide (Futter- und Getreideholen) und dem übrigen Nachschub zu hindern.

Übung 64 **Text 14: De bello civili I 8**

1. | HS | NS 1 | NS 2 |
|---|---|---|
| (1) Cognita militum voluntate Ariminum cum ea legione proficiscitur ibique tribunos plebis, | | |
| | qui ad eum profugerant, | |
| convenit; reliquas legiones ex hibernis evocat et subsequi iubet. | | |
| (2) Eo L. Caesar adulescens venit, | | |
| | cuius pater Caesaris erat legatus. | |
| (3) Is reliquo sermone confecto, | | |
| | cuius rei causa venerat, | |
| habere se a Pompeio ad eum privati officii mandata demonstrat: | | |
| (4) velle Pompeium se Caesari purgatum, | | |
| | ne ea, | |
| | | quae rei publicae causa egerit, |
| | in suam contumeliam vertat. | |
| (5) Semper se rei publicae commoda privatis necessitudinibus habuisse potiora. | | |
| (6) Caesarem quoque pro sua dignitate debere et studium et iracundiam suam rei publicae dimittere neque adeo graviter irasci inimicis, | | |
| | ut, | |
| | | cum illis nocere se speret, |
| | rei publicae noceat. | |
| (7) Pauca eiusdem generis addit cum excusatione Pompei coniuncta. | | |

2. | HS | NS 1 | NS 2 | |
|---|---|---|---|
| (1) (Cognita militum voluntate) Ariminum cum ea legione proficiscitur ibique tribunos plebis, | | | **Abl. abs.** |
| | qui ad eum profugerant, | | |
| convenit; reliquas legiones ex hibernis evocat et subsequi iubet. | | | **AcI** |
| (2) Eo L. Caesar adulescens venit, | | | |
| | cuius pater Caesaris erat legatus. | | |
| (3) Is (reliquo sermone confecto), | | | **Abl. abs.** |
| | cuius rei causa venerat, | | |
| habere se a Pompeio ad eum privati officii mandata demonstrat: | | | **AcI** |

	HS	NS 1	NS 2	
(4)	velle Pompeium se Caesari purgatum,			erg. *esse:* AcI
		ne ea,		
			quae rei publicae causa egerit,	
		in suam contumeliam vertat.		
(5)	Semper se rei publicae commoda privatis necessitudinibus habuisse potiora.			Oratio obliqua
(6)	Caesarem quoque pro sua dignitate debere et studium et iracundiam suam rei publicae dimittere neque adeo graviter irasci inimicis,			
		ut,		
			cum illis nocere se speret,	AcI
		rei publicae noceat.		
(7)	Pauca eiusdem generis addit (cum excusatione Pompei coniuncta).			P. C.

2. Du solltest erkannt haben, dass der Text vorwiegend von der indirekten Rede durchzogen ist: Sie beginnt nach *demonstrat* und endet bei *noceat*. Äußere Anzeichen dafür sind der Doppelpunkt nach einem Verbum des Sagens *(demonstrare)* und die Tatsache, dass danach keine einzige Verbform mehr im Indikativ steht, sondern lediglich Infinitive bzw. Konjunktivformen zu finden sind.

3. (1) Nachdem er den (guten) Willen seiner (der) Soldaten in Erfahrung gebracht hatte (*freier:* sich vom Willen seiner Soldaten überzeugt hatte), brach *(wörtl. hist. Präs.)* er mit dieser Legion nach Ariminum auf und traf dort die Volkstribunen, die sich zu ihm geflüchtet hatten; die übrigen Legionen holte (*wörtl.* rief) er aus dem Winterlager und befahl ihnen, (ihm) (unmittelbar) zu folgen.

   (2) Dorthin kam (auch) der junge L. Cäsar, dessen Vater Legat Cäsars war.

   (3) Dieser erklärte, nachdem die übrige Rede (*schöner:* die Rede ansonsten) beendet war – weswegen er gekommen war – (nach Abschluss der übrigen Besprechung, der Angelegenheit, deretwegen er gekommen war), er habe von Pompejus Aufträge (Mitteilungen) privater Natur an (für) ihn (*erg. evt.:* zu überbringen).

   (4) Pompejus wolle sich vor Cäsar entschuldigt (gerechtfertigt) wissen (*wörtl.* entschuldigt sein), damit er nicht das, was er des Staates wegen getan habe, als persönliche Beleidigung verstehe (*wörtl.* zu einer Beleidigung gegen sich wende).

(5) Er habe immer das Wohl des Staates (*wörtl.* die Vorteile für den Staat) vor private Bindungen (Beziehungen, Verpflichtungen) gestellt.

(6) Auch solle Cäsar im Hinblick auf sein Ansehen seinen (leidenschaftlichen) Eifer und seinen Zorn gegen den Staat aufgeben und seinen (eigenen) Feinden nicht so schwer zürnen, dass er dem Staat schade, wo er doch hoffe, jenen Schaden zuzufügen.

(7) Er fügte (noch), verbunden mit einer (der) Entschuldigung des Pompejus, wenige Worte derselben Art (*wörtl.* weniges der gleichen Art; *freier:* wenige Worte gleichen Inhalts) hinzu.

Übung 65 Text 15: De bello civili III 13

1. **HS** | **NS 1** | **NS 2**

(1) Pompeius cognitis his rebus
  quae erant Orici et Apolloniae gestae,
Dyrrachio timens diurnis eo nocturnisque itineribus contendit.

(2) Simul Caesar appropinquare dicebatur;
tantusque terror incidit eius exercitui,
  quod properans noctem diei coniunxerat
  neque iter intermiserat,
  ut paene omnes ex Epiro finitimisque regionibus signa
  relinquerent, complures arma proicerent
  ac fugae simile iter videretur.

(3)
  Sed cum prope Dyrrachium Pompeius constitisset
  castraque metari iussisset,
perterrito etiam tum exercitu princeps Labienus procedit
iuratque se eum non deserturum eundemque casum subiturum,
  quemcumque ei fortuna tribuisset.

(4) Hoc idem reliqui iurant legati;
hos tribuni militum sequuntur atque idem omnis exercitus iurat.

(5) Caesar ad Dyrrachium finem properandi facit
castraque ad flumen Apsum ponit in finibus Apolloniatium,
  ut castellis vigiliisque bene meritae civitates
  tutae essent praesidio,
ibique reliquarum ex Italia legionum adventum exspectare et
hiemare constituit.

(6) Hoc idem Pompeius fecit et trans flumen Apsum positis castris
eo copias omnes auxiliaque conduxit.

2. Außer Satz 4 enthalten alle Sätze grammatikalischen Besonderheiten:

	HS	NS 1	NS 2	
(1)	Pompeius (cognitis his rebus)			Abl. abs.
		quae erant Orici et Apolloniae gestae,		
	(Dyrrachio timens) diurnis eo nocturnisque itineribus contendit.			P. C.
(2)	Simul Caesar appropinquare dicebatur;			NcI
	tantusque terror incidit eius exercitui,			
		quod properans noctem diei coniunxerat		P. C.
		neque iter intermiserat,		
		ut paene omnes ex Epiro finitimisque regionibus signa		
		relinquerent, complures arma proicerent		
		ac fugae simile iter videretur.		erg. *esse:* NcI
(3)		Sed cum prope Dyrrachium Pompeius constitisset		
		castraque metari iussisset,		AcI
	(perterrito etiam tum exercitu) princeps Labienus procedit			Abl. abs.,
	iuratque se eum non deserturum eundemque casum subiturum,			erg. *esse:* AcI
		quemcumque ei fortuna tribuisset.		
(5)	Caesar ad Dyrrachium (finem properandi) facit			Gerund
	castraque ad flumen Apsum ponit in finibus Apolloniatium,			
		ut castellis vigiliisque (bene meritae civitates)		P. C.
		tutae essent praesidio,		
	ibique reliquarum ex Italia legionum adventum exspectare et			
	hiemare constituit.			
(6)	Hoc idem Pompeius fecit et (trans flumen Apsum positis castris)			Abl. abs.
	eo copias omnes auxiliaque conduxit.			

3. (1) Als Pompejus von diesen Vorgängen bei Oricum und Apollonia (*wörtl.* von diesen Dingen, die bei O. und A. geschehen waren) Kenntnis genommen (erfahren) hatte, eilte er voller Besorgnis um Dyrrhachium (*wörtl.* um Dyrrhachium fürchtend) in Märschen bei Tag und bei Nacht dorthin (*eigtl. hist. Präsens; freier:* eilte er dorthin, wobei er Tag und Nacht durchmarschierte).

(2) Zugleich hieß es, Cäsar sei im Anmarsch begriffen (nähere sich); und es befiel sein *(gemeint des Pompejus)* Heer, weil er voller Eile Nacht und Tag verbunden und den Marsch nicht unterbrochen hatte (*freier:* Tag und Nacht ohne Unterbrechung marschiert war), ein so großer Schrecken, dass beinahe alle *(erg.)* Bewohner von Epirus und den benachbarten Gegenden die Feldzeichen zurückließen (desertierten), eine Reihe von Leuten die Waffen hinwarf und der Marsch einer Flucht ähnlich schien.

(3) Aber als Pompejus in der Nähe von Dyrrachium Halt gemacht und das Lager (*freier:* den Lagerplatz) hatte ausmessen lassen, trat *(eigtl. hist. Präs.)* – das Heer war sogar da (noch) von Schrecken erfüllt (*wörtl.* als / wobei das Heer von Schrecken erfüllt war) – Labienus als erster vor und schwor, er werde ihn nicht verlassen und dasselbe Los auf sich nehmen, das das Schicksal – wie auch immer – ihm zugeteilt habe (*wörtl.* welches auch immer ihm das Schicksal zugeteilt habe).

(4) Dasselbe („hoc“ *kann im Dt. entfallen*) schworen die übrigen Legaten; diesen folgten die Militärtribunen, und das ganze Heer leistete den gleichen Eid.

(5) Cäsar beendete bei Dyrrachium seinen Eilmarsch (*wörtl. unschön:* machte ein Ende des Eilens) und schlug das Lager beim (Fluss) Apsus im Gebiet von Apollonia (*wörtl.* der Apolloniaten) auf, damit die Städte, die sich (um ihn) verdient gemacht hatten, durch Kastelle und Wachposten sicheren Schutz hätten (*wörtl.* durch Schutz sicher seien); und er beschloss, dort die Ankunft der übrigen Legionen aus Italien zu erwarten und zu überwintern.

(6) Dasselbe (hoc *kann im Deutschen entfallen*) machte (auch) Pompejus und führte, nachdem er auf der anderen Seite (jenseits) des (Flusses) Apsus ein Lager aufgeschlagen hatte, alle Truppen und Hilfstruppen dorthin.

Übung 66 **Text 1: Aus der Vita des Kimon, Vita V, 4**

1.

	HS	NS 1	NS 2	NS 3
(1)	Hunc Athenienses non solum in bello, sed etiam in pace diu desideraverunt.			
(2)	Fuit enim tanta liberalitate,			
		ut,		
			cum compluribus locis praedia hortosque haberet,	
		numquam in eis custodem imposuerit fructus servandi gratia,		
			ne quis impediretur,	
				quominus eius rebus frueretur.
(3)	Semper eum pedisequi cum nummis sunt secuti,			
		ut,		
			si quis opis eius indigeret,	
		haberet,		
			quod statim daret.	

	HS	NS 1	NS 2	NS 3
(4)	Saepe,			
		cum aliquem offensum fortuna videret minus bene vestitum,		
	suum amiculum dedit.			
(5)	Cottidie sic cena ei coquebatur,			
		ut,		
			quos invocatos vidisset in foro,	
		omnis devocaret,		
			quod facere nullum diem praetermittebat.	
(6)	Nulli fides eius, nulli opera, nulli res familiaris defuit; multos locupletavit.			
(7)	Sic se gerendo minime est mirandum,			
		si et vita eius fuit secura et mors acerba.		

2. Grammatikalische Besonderheiten finden sich in folgenden Sätzen:

	HS	NS 1	NS 2	NS 3	
(2)	Fuit enim tanta liberalitate,				
		ut,			
			cum compluribus locis praedia hortosque haberet,		
		numquam in eis custodem imposuerit fructus servandi gratia,			**Gerundiv**
			ne quis impediretur,		
				quominus eius rebus frueretur.	
(4)	Saepe,				
		cum aliquem (offensum fortuna) videret minus bene vestitum,			**erg. *esse*: AcI, P. C.**
	suum amiculum dedit.				
(5)	Cottidie sic cena ei coquebatur,				
		ut,			
			quos invocatos vidisset in foro,		**AcI (*esse* ergänzbar)**
		omnis devocaret,			
			quod facere nullum diem praetermittebat.		**vs. RS**
(7)	(Sic se gerendo) minime est mirandum,				**Gerund,**
		si et vita eius fuit secura et mors acerba.			**Gerundiv**

Hinweise zu weiteren möglichen Schwierigkeiten:

- Satz 2: Bei *fuit tanta liberalitate* handelt es sich um einen Abl. qualitatis. *cum* ist hier konzessiv, also in der Bedeutung „obwohl" zu übersetzen.
- Satz 4: *cum* ist hier, obwohl der Konjunktiv folgt, mit „wenn" zu übersetzen (vgl. Kapitel 7. 2).
- Satz 5: *quod* (Akk. Sg. Neutrum des Relativpronomens) greift noch einmal den Inhalt des vorherigen Satzes auf, also das *omnis devocaret,* und ist wörtlich mit „was" zu übersetzen.

3. (1) Lange Zeit vermissten die Athener diesen (ihn) nicht nur im Krieg, sondern auch im Frieden.

   (2) Er war nämlich so freigebig, dass er, obwohl er an einigen Orten Landgüter und Gärten besaß, in ihnen niemals einen Wächter zum Bewachen der Erträge (der Ernte) postierte, damit keiner gehindert werde, sich seines Besitzes zu bedienen.

   (3) Immer folgten ihm Lakaien mit Münzen, damit er etwas (zur Hand) hatte, was er sofort verschenken (*wörtl.* geben) konnte (könne), wenn jemand seine Hilfe nötig hatte (habe).

   (4) Oft schenkte (gab) er, wenn er jemanden sah, der vom Schicksal benachteiligt und (aus diesem Grund) nicht gut gekleidet war (*wörtl.* einen vom Schicksal Benachteiligten, der weniger gut gekleidet war), diesem *(erg.)* seinen eigenen Mantel.

   (5) Täglich kochte man ihm das Essen so, dass er alle die zu Tisch laden konnte *(erg.),* die er ohne Einladung (*wörtl.* uneingeladen) auf dem Marktplatz angetroffen (*wörtl.* gesehen) hatte; dies unterließ er keinen einzigen Tag (*wörtl.* was zu tun er keinen keinen einzigen Tag unterließ).

   (6) Keinem kam sein Schutz, keinem seine Mühe (*freier:* seine Dienste) und keinem sein Vermögen nicht zugute (*wörtl.* Keinem fehlte sein Schutz, seine Mühe und sein Vermögen); viele beschenkte er reich.

   (7) Da (indem) er sich so verhielt, ist es keinesfalls verwunderlich (*wörtl.* darf man sich keinesfalls darüber wundern), wenn sein Leben sicher war und sein Tod schmerzlich (*wörtl.* sowohl sein Leben sicher war als auch sein Tod schmerzlich).

Übung 67 **Text 2: Aus der Vita des Dion, Vita X, 1, 2–2, 1**

1. | **HS** | **NS 1** | **NS 2** | **NS 2** |

(1) Dion autem praeter generosam propinquitatem nobilemque maiorum famam multa alia ab natura habuit bona, in iis ingenium docile, come, aptum ad artis optimas, magnam corporis dignitatem,
 quae non minimum commendat,
magnas praeterea divitias a patre relictas,
 quas ipse tyranni muneribus auxerat.

(2) Erat intimus Dionysio priori, neque minus propter mores quam adfinitatem.

(3) Namque etsi Dionysii crudelitas ei displicebat,
tamen salvum propter necessitudinem, magis etiam suorum causa studebat.

(4) Aderat in magnis rebus, eiusque consilio multum movebatur tyrannus.

(5) Legationes vero omnes,
 quae essent illustriores,
per Dionem administrabantur;
quas quidem ille diligenter obeundo, fideliter administrando crudelissimum nomen tyranni sua humanitate leniebat.

(6) Hunc a Dionysio missum Carthaginienses sic suspexerunt,
 ut neminem umquam Graeca lingua loquentem magis sint admirati.

(7) Neque vero haec Dionysium fugiebant;
 nam quanto esset sibi ornamento,
sentiebat.

2. Grammatikalische Besonderheiten finden sich in den Sätzen 1, 5, 6 und 7:

| **HS** | **NS 1** | **NS 2** |

(1) Dion autem praeter generosam propinquitatem nobilemque maiorum famam multa alia ab natura habuit bona, in iis ingenium docile, come, aptum ad artis optimas, magnam corporis dignitatem,
 quae non minimum commendat,
(magnas praeterea divitias a patre relictas), **P. C.**
 quas ipse tyranni muneribus auxerat.

(5) Legationes vero omnes,
 quae essent illustriores,
per Dionem administrabantur; **rel. SA,**
quas quidem ille (diligenter obeundo), (fideliter administrando) **Gerund**
crudelissimum nomen tyranni sua humanitate leniebat.

HS	NS 1	NS 2	
(6) (Hunc a Dionysio missum) Carthaginienses sic suspexerunt,			P. C.
	ut neminem umquam (Graeca lingua loquentem)		P. C.
	magis sint admirati.		
(7) Neque vero haec Dionysium fugiebant;			
	nam quanto esset sibi ornamento,		ind. FS
sentiebat.			

3. (1) Dion aber besaß abgesehen von seiner adeligen Verwandtschaft und dem Ruf seiner edlen Vorfahren *(eine Art verkürzter Enallagé)* von Natur aus viele andere Güter, unter ihnen (darunter) einen gelehrigen Verstand, eine freundliche Wesensart *(„ingenium" hier am besten in zwei verschiedenen Bedeutungen zu übersetzen)*, eine Befähigung (*wörtl.* eine fähige Art) zu den edelsten (*wörtl.* besten) Künsten, eine große körperliche Würde (*freier:* ein ansehnliches Äußeres / eine ansehnliche Gestalt), die (eine Person) besonders (*wörtl.* nicht zum wenigsten) empfiehlt, außerdem großen Reichtum, den ihm sein Vater hinterlassen hatte (großen von seinem Vater hinterlassenen Reichtum), (und) den er selbst mit (Hilfe von) Geschenken des Tyrannen (noch) vergrößert hatte.

   (2) Er war ein enger *(erg.)* Vertrauter von Dionysios I., und dies (und zwar) ebenso (*wörtl.* nicht weniger) wegen seines Charakters wie wegen ihrer Verwandtschaft.

   (3) Denn wenn ihm auch die Grausamkeit des Dionysios missfiel, so war er dennoch wegen ihrer Verwandtschaft, mehr noch wegen der Seinen an dessen Wohlergehen interessiert (*wörtl.* wollte er, dass dieser wohlbehalten war.)

   (4) Er unterstützte ihn in wichtigen Angelegenheiten, und der Tyrann ließ sich durch seinen Rat stark beeinflussen (*wörtl.* wurde stark bewegt / beeinflusst durch seinen Rat).

   (5) Alle Gesandtschaften aber, die bedeutender waren (alle bedeutenderen Gesandtschaften) wurden von Dion übernommen (geleitet); indem (weil) er diese (freilich) gewissenhaft antrat und getreulich (zuverlässig) ausführte, milderte er den sehr grausamen Ruf des Tyrannen durch seine Menschenfreundlichkeit.

   (6) Als er von Dionysios (*erg.* zu ihnen) geschickt worden war, verehrten ihn die Karthager so (sehr), wie sie niemals einen Griechisch sprechenden Mann bewundert haben (*wörtl.* dass sie niemals jemand mehr bewundert haben).

(7) Dies aber entging Dionysios nicht; denn er merkte, eine wie große Auszeichnung dies für ihn bedeutete *(Subjekt ist eigtl. „er", d. h. Dion, im Deutschen nicht wörtl. wiederzugeben).*

(8) Dadurch kam es, dass er diesem einen ganz besonders gewogen war und ihn genauso liebte wie (*wörtl.* nicht anders liebte als) einen Sohn.

Übung 68 **Text 3: Aus der Vita des Timoleon, Vita XX, 4, 1–4 a**

1.

	HS	NS 1	NS 2
(1)		Hic cum aetate iam provectus esset,	
	sine ullo morbo lumina oculorum amisit.		
(2)	Quam calamitatem ita moderate tulit,		
		ut neque eum querentem quisquam audierit	
		neque eo minus privatis publicisque rebus interfuerit.	
(3)	Veniebat autem in theatrum,		
		cum ibi concilium populi haberetur,	
	propter valetudinem vectus iumentis iunctis atque ita de vehiculo dicebat.		
(4)	Neque hoc illi quisquam tribuebat superbiae; nihil enim umquam neque insolens neque gloriosum ex ore eius exiit.		
(5)	Qui quidem,		
		cum suas laudes audiret praedicari;	
	numquam aliud dixit quam se in ea re maxime dis agere gratias atque habere,		
		quod,	
			cum Siciliam recreare constituissent,
		tum se potissimum ducem esse voluissent.	
(6)	Nihil enim rerum humanarum sine deorum numine geri putabat.		

Satzanalyse von Satz 5 nach der Kästchenmethode:

HS	Qui quidem,		numquam … V quam se … agere … habere			
NS 1		cum … V praedicari		quod,		tum se … ducem esse V
NS 2					cum … constituissent,	

2. Besonderheiten finden sich in den Sätzen 2, 3, 5 und 6:

HS	NS 1	NS 2	
(2) Quam calamitatem ita moderate tulit,			rel. SA
	ut neque eum querentem quisquam audierit		AcP
	neque eo minus privatis publicisque rebus interfuerit.		
(3) Veniebat autem in theatrum,			
	cum ibi concilium populi haberetur,		
(propter valetudinem vectus iumentis iunctis) atque ita de vehiculo dicebat.			P. C.
(5) Qui quidem,			rel. SA
	cum suas laudes audiret praedicari;		AcI
numquam aliud dixit quam se in ea re maxime dis agere gratias atque habere,			AcI
	quod		
		cum Siciliam recreare constituissent,	
	tum se potissimum ducem esse voluissent.		AcI
(6) Nihil enim rerum humanarum sine deorum numine geri putabat.			AcI

3. (1) In vorgerücktem Alter (*wörtl.* Als dieser schon im Alter vorgerückt war,) verlor er ohne irgendeine Krankheit sein Augenlicht.

   (2) Dieses Unglück trug er so gelassen, dass keiner ihn jemals (*wörtl.* dass ihn weder jemand) klagen hörte und er deshalb auch nicht (noch dass er deshalb) weniger an privaten wie (und) öffentlichen Ereignissen teilnahm.

   (3) Er kam aber *(hier eigentl. nicht notwendig)* ins Theater, wenn dort eine Volksversammlung abgehalten wurde; wegen seines Gesundheitszustandes fuhr er auf (*wörtl.* fahrend auf) einem Zweigespann und sprach (so) von seinem Wagen herab.

   (4) (Und) dies legte ihm niemand als hochmütiges Verhalten (Hochmut) aus; denn niemals entschlüpfte ihm (*wörtl. unschön:* kam aus seinem Mund) etwas Überhebliches oder Prahlerisches (*freier:* eine überhebliche oder prahlerische Bemerkung).

   (5) (Jedesmal) Wenn dieser (freilich) hörte, dass sein Lob gesungen wurde, sagte er niemals etwas anderes, als dass er in dieser Sache den Göttern am meisten Dank wisse und abstatte, dass sie damals, als sie beschlossen hätten, Sizilien wiederherzustellen, ihn vorzugsweise als Leiter hätten haben wollen (*wörtl.* gewollt hätten, dass er der Leiter sei.).

   (6) Er glaubte nämlich, dass nichts im menschlichen Bereich (*freier:* nichts Irdisches) ohne das Walten der Götter geschehe.

Übung 69

Text 4: Aus der Vita des Chabrias, Vita XII, 4

1.

	HS	NS 1	NS 2	NS 3
(1)	Chabrias autem periit bello sociali tali modo.			
(2)	Oppugnabant Athenienses Chium.			
(3)	Erat in classe Chabrias privatus, sed omnis,			
		qui in magistratu erant,		
	auctoritate anteibat, eumque magis milites,			
		quam		
			qui praeerant,	
		suspiciebant.		
(4)	Quae res ei maturavit mortem.			
(5)		Nam dum primus studet portum intrare gubernatoremque iubet eo dirigere navem,		
	ipse sibi perniciei fuit;			
		cum enim eo penetrasset,		
	ceterae non sunt secutae.			
(6)		Quo facto circumfusus hostium concursu cum fortissime pugnaret,		
	navis rostro percussa coepit sidere.			
(7)		Hinc refugere cum posset,		
			si se in mare deiecisset,	
			quod suberat classis Atheniensium,	
				quae exciperet natantis,
	perire maluit quam armis abiectis navem relinquere,			
		in qua fuerat vectus.		
(8)	Id ceteri facere noluerunt,			
		qui nando in tutum pervenerunt.		
(9)	At ille praestare honestam mortem existimans turpi vitae comminus pugnans telis hostium interfectus est.			

2. In den Sätzen 1–4 dürften keine besonderen grammatikalischen Schwierigkeiten auftauchen; beachte, dass *privatus* in Satz 2 prädikativ zu übersetzen und vor *qui praeerant* in Satz 3 am besten *eos* zu ergänzen ist.

	HS	NS 1	NS 2	
(5)		Nam dum primus studet portum intrare		
		gubernatoremque iubet eo dirigere navem,		AcI
	ipse sibi perniciei fuit;			
		cum enim eo penetrasset,		
	ceterae non sunt secutae.			
(6)		(Quo facto) (circumfusus hostium concursu)		rel. SA,
		cum fortissime pugnaret,		Abl. abs., P. C.
	(navis rostro percussa) coepit sidere.			P. C.
(7)		Hinc refugere cum posset,		
			si se in mare deiecisset,	
			quod suberat classis Atheniensium,	
			quae exciperet natantis,	kons. RS
	perire maluit quam armis abiectis navem relinquere,			Abl. abs.
		in qua fuerat vectus.		
(8)	Id ceteri facere noluerunt,			
		qui nando in tutum pervenerunt.		Gerund
(9)	At (ille praestare honestam mortem existimans turpi vitae)			AcI, P. C.
	(comminus pugnans) telis hostium interfectus est.			P. C.

3. (1) Chabrias aber kam im Bundesgenossenkrieg auf folgende (solche) Weise ums Leben.

(2) Die Athener belagerten (gerade) Chios.

(3) Chabrias war *(wörtl.)* als Privatmann *(d. h. ohne Kommando)* bei der Flotte, hatte aber mehr Einfluss als (*wörtl.* übertraf an Einfluss) alle die, die ein Kommando innehatten (*wörtl. zuwenig konkret:* „die im Amt waren"), und die Soldaten verehrten ihn mehr als ihre Vorgesetzten (*wörtl.* die, die sie befehligten).

(4) Dies beschleunigte seinen Tod (*wörtl.* ihm den Tod.)

(5) Denn während er sich darum bemühte *(wörtl. hist. Präsens),* als erster in den Hafen einzudringen (*wörtl.* den Hafen zu betreten) und dem Steuermann befahl, das Schiff dorthin zu lenken, brachte er sich selbst dadurch *(erg.)* den Tod: als (obwohl; *auch:* während) er selbst nämlich dorthin durchgedrungen war, folgten ihm die übrigen Schiffe *(zu ergänzen, erkennbar an*

der weiblichen Endung) nicht (*freier:* zwar war er selbst nämlich dorthin durchgedrungen, aber die übrigen Schiffe folgten ihm nicht).

(6) Aufgrund dessen wurde er von den herbeigeeilten Feinden (*wörtl. unschön:* „durch den Zusammenlauf der Feinde") umzingelt und, obwohl er aufs Tapferste kämpfte (*wörtl. weniger elegant:* Obwohl er, nachdem er aufgrund dieser Umstände von den herbeigeeilten Feinden umzingelt worden war, aufs Tapferste kämpfte), begann das Schiff – von einem Rammsporn durchbohrt – zu sinken.

(7) Obwohl er sich aus dieser Lage (*wörtl.* von hier) hätte retten (*wörtl.* flüchten) können, wenn er sich ins Meer gestürzt hätte, weil eine athenische Flotte (Flotte der Athener) in der Nähe war, die die Schwimmer aufnehmen konnte, wollte er lieber zugrunde gehen als die Waffen fortwerfen und das Schiff verlassen, auf dem er gefahren war.

(8) Die Übrigen wollten dies nicht (tun), die sich schwimmend (*wörtl.* „durch Schwimmen") in Sicherheit brachten (*wörtl.* in Sicherheit gelangten; *freier:* Die übrigen wollten dies nicht tun, sondern / und brachten sich ...).

(9) Jener aber, der (*auch:* weil er) die Meinung vertrat, ein ehrenvoller Tod sei einem Leben in Schande vorzuziehen, wurde im Nahkampf (*wörtl.* während er aus der Nähe kämpfte) von den Wurfgeschossen der Feinde getötet.

bung 70 **Text 5: Aus der Vita des Iphikrates, Vita XI,1,1–2,1**

1. | **HS** | **NS 1** | **NS 2** |
|---|---|---|

(1) Iphicrates Atheniensis non tam magnitudine rerum gestarum quam disciplina militari nobilitatus est.

(2) Fuit enim talis dux,
    (ut) non solum aetatis suae cum primis compararetur, sed ne de maioribus natu quidem quisquam antiponeretur.

(3) Multum vero in bello est versatus, saepe exercitibus praefuit, nusquam culpa male rem gessit, semper consilio vicit tantumque eo valuit,
    (ut) multa in re militari partim nova attulerit, partim meliora fecerit.

(4) Namque ille pedestria arma mutavit.

| HS | NS 1 | NS 2 |

(5) Cum ante illum imperatorem maximis clipeis, brevibus hastis, minutis gladiis uterentur,

ille e contrario peltam pro parma fecit,

ut ad motus concursusque essent leviores,

hastae modum duplicavit, gladios longiores fecit.

(6) Idem genus loricarum mutavit et pro sertis atque aeneis linteas dedit.

(7) Quo facto expeditiores milites reddidit.

(8) Bellum cum Thraecibus gessit;
Seuthem, socium Atheniensium, in regnum restituit.

(9) Apud Corinthum tanta severitate exercitui praefuit,

ut nullae umquam in Graecia neque exercitatiores copiae neque magis dicto audientes fuerint duci.

2. Besonderheiten sollten dir in Satz 7 und 9 aufgefallen sein:

| HS | NS 1 | NS 2 |

(7) (Quo facto) expeditiores milites reddidit. **rel. SA, Abl. abs.**

(9) Apud Corinthum tanta severitate exercitui praefuit,

ut nullae umquam in Graecia neque exercitatiores copiae neque magis dicto audientes fuerint duci. **P. C.**

3. (1) Der Athener Iphikrates wurde weniger (*wörtl.* nicht so sehr) durch die Größe seiner Taten als (*wörtl. zu erg.* „vielmehr“) durch die taktische Ausbildung seiner Soldaten berühmt.

(2) Er war nämlich ein so guter (*wörtl.* solcher) Feldherr, dass er nicht nur mit den Ersten seiner Zeit (seines Alters) verglichen werden (*freier:* konkurrieren) konnte, sondern nicht einmal einer von den Älteren den Vorzug vor ihm fand (*wörtl.* ihm nicht einmal einer von den Älteren vorgezogen wurde).

(3) Er verbrachte (aber) einen großen Teil seines Lebens im Krieg (*wörtl.* hielt sich viel im Krieg auf), oft befehligte er Truppen, nirgendwo hatte er einen Misserfolg aufgrund eigener Schuld (*freier:* einer fehlerhaften Entscheidung), immer siegte er infolge strategischen Geschicks (*wörtl.* Planung) und war hierin so geschickt (überlegen), dass er auf dem Gebiet des Militärwesens teils (zum einen) viel Neues einführte, teils (zum anderen) Verbesserungen bewirkte (*wörtl.* vieles besser machte).

(4) Denn er (*wörtl.* jener) änderte (Er änderte nämlich) (auch) die Bewaffnung der Fußsoldaten.

(5) Während man vor seinem Feldherrnamt (*wörtl.* vor ihm als Feldherrn) sehr große (gewaltige) Rundschilde, kurze Lanzen und verkürzte Schwerter benutzte, ersetzte *(wörtl. unschön)* jener im Gegenteil (hingegen) den Rundschild durch einen leichten (halbmondförmigen) Schild, damit man (die Soldaten) leichter *(erg.)* beweglich für (weniger belastet bei) Bewegungen und Zusammenstöße(n) war(en), die Lanzenlänge ließ er verdoppeln und die Schwerter länger machen.

(6) Die Art der Panzer ließ er ebenfalls verändern (*wörtl.* Derselbe veränderte auch die Art der Panzer) und anstelle von Ketten- und bronzenen Panzern setzte (*wörtl.* gab) er Leinenpanzer.

(7) Dadurch machte er die Soldaten (einsatz)bereiter.

(8) Mit den Thrakern führte er Krieg; (und) Seuthes, einen Bundesgenossen der Athener, setzte er wieder in seinem Königreich (in sein Königsamt) ein.

(9) Vor Korinth befehligte er das Heer mit solcher Strenge, dass keine Truppen in Griechenland jemals geübter und (*wörtl.* dem Wort ihres) ihrem Feldherrn gehorsamer waren.

Übung 71 **Text 6: Aus der Vita des Agesilaos: Vita XVII, 2, 1–5 Anfg.**

1.	HS	NS 1	NS 2
(1)		Hic simulatque imperii potitus est,	
	persuasit Lacedaemoniis,		
		ut exercitum emitterent in Asiam bellumque regi facerent,	
	docens satius esse in Asia quam in Europa dimicari.		
(2)	Namque fama exierat Artaxerxen comparare classis pedestrisque exercitus,		
		quos in Graeciam mitteret.	
(3)	Data potestate tanta celeritate usus est,		
		ut prius in Asiam cum copiis pervenerit,	
			quam regii satrapae eum scirent profectum.
(4)	Quo factum est,		
		ut omnis imparatos imprudentisque offenderet.	

	HS	NS 1	NS 2
(5)		Id (ut) cognovit Tissaphernes,	
			(qui) summum imperium tum inter praefectos habebat regios,
	indutias a Lacone petivit simulans se dare operam,		
		(ut) Lacedaemoniis cum rege conveniret,	
	re autem vera ad copias comparandas.		
(6)	Iuravit autem uterque se sine dolo indutias conservaturum.		
(7)	In qua pactione summa fide mansit Agesilaus, contra ea Tissaphernes nihil aliud quam bellum comparavit.		
(8)		Id (etsi) sentiebat Laco,	
	tamen ius iurandum servabat.		

2.

	HS	NS 1	NS 2	
(1)		Hic (simulatque) imperii potitus est,		
	persuasit Lacedaemoniis,			
		(ut) exercitum emitterent in Asiam bellumque regi facerent,		
	(docens satius esse in Asia quam in Europa dimicari).			**P. C., AcI**
(2)	Namque fama exierat Artaxerxen comparare classis pedestrisque exercitus,			**AcI**
		(quos) in Graeciam mitteret.		**fin. RS**
(3)	(Data potestate) tanta celeritate usus est,			**Abl. abs.**
		(ut) prius in Asiam cum copiis pervenerit,		
			(quam) regii satrapae eum scirent profectum.	**AcI, erg. *esse***
(4)	Quo factum est,			**rel. SA**
		(ut) omnis imparatos imprudentisque offenderet.		
(5)		Id (ut) cognovit Tissaphernes,		
			(qui) summum imperium tum inter praefectos habebat regios,	
	indutias a Lacone petivit (simulans se dare operam),			**P. C., AcI**
		(ut) Lacedaemoniis cum rege conveniret,		
	re autem vera ad copias comparandas.			**Gerundiv**
(6)	Iuravit autem uterque se sine dolo indutias conservaturum.			**erg. *esse*: AcI**
(7)	In qua pactione summa fide mansit Agesilaus,			**rel. SA**
	contra ea Tissaphernes nihil aliud quam bellum comparavit.			
(8)		Id (etsi) sentiebat Laco,		
	tamen ius iurandum servabat.			

3. (1) Sobald dieser die Regierung angetreten hatte (*wörtl. hier nicht passend:* sich der Herrschaft bemächtigt hatte), überredete er die Spartaner dazu, ihr Heer nach Asien zu entsenden und Krieg gegen den Großkönig zu beginnen, indem er darlegte, dass es geratener sei, in Asien als in Europa Krieg zu führen (*wörtl.* zu kämpfen).

   (2) Denn es hatte sich das Gerücht verbreitet, Artaxerxes stelle Streitkräfte zur See (*wörtl.* Flotten) und Fußtruppen zusammen, um sie nach Griechenland zu schicken (die er nach Griechenland schicken wollte).

   (3) Als (Nachdem) er die Vollmacht erhalten hatte (*wörtl.* ihm die Vollmacht gegeben worden war), ging er mit so großer Schnelligkeit vor, dass er mit den Truppen eher nach Asien kam, als die königlichen Satrapen von seinem Aufbruch wussten (wussten, dass er aufgebrochen war).

   (4) So kam es, dass er alle unvorbereitet und ahnungslos antraf.

   (5) Sobald (Als) Tissaphernes dies erfuhr, der damals der höchste Feldherr des Königs war (*wörtl.* die höchste Stellung/Gewalt unter den königlichen Feldherrn hatte), erbat er Waffenruhe von dem Spartaner, wobei er vorgab (unter dem Vorwand), er bemühe sich darum, dass eine Vereinbarung zwischen den Spartanern und dem König zustande komme, in Wirklichkeit aber, um Truppen zusammenzustellen (aufzustellen).

   (6) Jeder der beiden (aber) schwor, er werde den Waffenstillstand ohne (*erg.* jede) List halten.

   (7) Agesilaos hielt sich höchst zuverlässig (treu) an diese Übereinkunft (*wörtl.* blieb bei dieser Übereinkunft mit höchster Zuverlässigkeit/Treue); Tissaphernes dagegen rüstete ausschließlich zum Krieg (*wörtl.* bereitete nichts anderes vor als den Krieg).

   (8) Auch wenn der Spartaner dies merkte, hielt er dennoch seinen Schwur ein.

Übung 72 **Text 7: Aus der Vita des Epaminondas, Vita XV, 3, 1–4**

1.

HS	NS 1	NS 2
(1) Ad hanc corporis firmitatem plura etiam animi bona accesserant.		
(2) Erat enim modestus, prudens, gravis, temporibus sapienter utens, peritus belli, fortis manu, animo maximo, adeo veritatis diligens,		
	ut ne ioco quidem mentiretur.	
(3) Idem continens, clemens patiensque admirandum in modum, non solum populi, sed etiam amicorum ferens iniurias, in primis commissa celans,		
	quod interdum non minus prodest quam diserte dicere,	
studiosus audiendi.		
(4)	Itaque cum in circulum venisset,	
		in quo aut de re publica disputaretur aut de philosophia,
numquam inde prius discessit,		
	quam ad finem sermo esset adductus.	
(5) Paupertatem adeo facile perpessus est,		
	ut de re publica nihil praeter gloriam ceperit.	
(6) Amicorum in se tuendo caruit facultatibus, fide ad alios sublevandos saepe sic usus est,		
	ut iudicari possit omnia ei cum amicis fuisse communia.	

2. Besonderheiten sollten dir in Satz 3 und 6 aufgefallen sein:

HS	NS 1	NS 2	
(3) Idem continens, clemens patiensque admirandum in modum, non solum populi, sed etiam amicorum ferens iniurias, in primis commissa celans,			**erg. *erat:* Gerundiv**
	quod interdum non minus prodest quam diserte dicere,		
studiosus audiendi.			**Gerund**
(6) Amicorum in se tuendo caruit facultatibus,			**Gerundiv**
fide ad alios sublevandos saepe sic usus est,			**Gerundiv**
	ut iudicari possit omnia ei cum amicis fuisse communia.		**AcI**

3. (1) Zu dieser körperlichen Kraft (*wörtl.* Stärke / Kraft des Körpers) waren (noch) mehr geistige Vorzüge (hinzu)gekommen.

   (2) Er war nämlich bescheiden, klug, ernsthaft, nutzte die Zeit vernünftig (*wörtl.* weise), er war erfahren im Krieg und persönlich tapfer und besaß sehr großen Mut (war stark in seiner Kampfeskraft); außerdem *(erg.)* war er so wahrheitsliebend, dass er nicht einmal zum Scherz log.

   (3) Ebenso war er (*wört.* Derselbe war) beherrscht, milde und in bewundernswerter Weise geduldig, er ertrug nicht nur die Ungerechtigkeiten von Seiten des Volkes, sondern auch die seiner Freunde; ganz besonders wusste er über ihm Anvertrautes zu schweigen (*wörtl.* verheimlichte er ihm Anvertrautes) und war ein guter Zuhörer (*wörtl.* bedacht aufs Zuhören), was bisweilen ebenso viel nützt wie gewandtes Reden.

   (4) Wenn er daher in einen Kreis gekommen war, in dem man entweder über den Staat (*freier:* über Politik) diskutierte oder ein Gespräch über Philosophie führte, ging er niemals vor Ende des Gespräches (*wörtl.* bevor das Gespräch zu seinem Ende geführt worden war,) von dort weg.

   (5) Seine Armut ertrug er so mühelos, dass er für seine Dienste am Staat (*wörtl. unschön:* im Hinblick auf den Staat) nichts außer den Ruhm in Anspruch nahm.

   (6) Um sich selber zu erhalten (*freier:* seine eigenen Bedürfnisse zu decken; *wörtl. hier unpassend:* schützen), machte er keinen Gebrauch von den Geldmitteln seiner Freunde; (aber) um andere zu unterstützen, machte er von der Treue (seiner Freunde) oft in der Weise Gebrauch, dass man meinen konnte, alles habe er mit seinen Freunden gemeinsam besessen.

Übung 73 Text 8: Aus der Vita des Datames, Vita XIV, 11

1.

	HS	NS 1	NS 2
(1)		Id cum satis se confirmasse arbitratus est,	
	certiorem facit Datamen tempus esse maiores exercitus parari et bellum cum ipso rege suscipi, deque ea re,		
		quo loco vellet,	
	in colloquium veniret.		
(2)	Probata re colloquendi tempus sumitur locusque,		
		quo conveniretur.	
(3)	Huc Mithridates cum uno,		
		cui maxime habebat fidem,	
	ante aliquot dies venit compluribusque locis separatim gladios obruit eaque loca diligenter notat.		
(4)	Ipso autem colloquii die utrique,		
		locum qui explorarent atque ipsos scrutarentur,	
	mittunt; deinde ipsi sunt congressi.		
(5)		Hic cum aliquamdiu in colloquio fuissent et diverse discessissent iamque procul Datames abesset,	
	Mithridates,		
		priusquam ad suos perveniret, ne quam suspicionem pareret,	
	in eundem locum revertitur atque ibi,		
		ubi telum erat infossum,	
	resedit, Datamenque revocavit simulans se quiddam in colloquio esse oblitum.		
(6)	Interim telum,		
		quod latebat,	
	protulit, veste texit ac Datami venienti ait: digredientem se animadvertisse locum quendam,		
		qui erat in conspectu,	
	ad castra ponenda esse idoneum.		
(7)		Quem cum digito demonstraret et ille respiceret,	
	aversum ferro transfixit priusque,		
		quam quisquam posset succurrere,	
	interfecit.		
(8)	Ita ille vir,		
		qui multos consilio, neminem perfidia ceperat,	
	simulata captus est amicitia.		

2. | HS | NS 1 | NS 2 |

(1)
 Id cum satis se confirmasse arbitratus est, — AcI
certiorem facit Datamen tempus esse maiores exercitus parari et bellum cum ipso rege suscipi, — AcI
deque ea re,
 quo loco vellet,
in colloquium veniret.
— Oratio obliqua

(2) (Probata re) (colloquendi tempus) sumitur locusque, — Abl. abs., Gerund
 quo conveniretur. — fin. RS

(3) Huc Mithridates cum uno,
 cui maxime habebat fidem,
ante aliquot dies venit compluribusque locis separatim gladios obruit eaque loca diligenter notat.

(4) Ipso autem colloquii die utrique,
 locum qui explorarent atque ipsos scrutarentur, — finaler RS
mittunt; deinde ipsi sunt congressi.

(5)
 Hic cum aliquamdiu in colloquio fuissent et diverse discessissent iamque procul Datames abesset,
Mithridates,
 priusquam ad suos perveniret,
 ne quam suspicionem pareret,
in eundem locum revertitur atque ibi,
 ubi telum erat infossum,
resedit, Datamenque revocavit simulans se quiddam in colloquio esse oblitum. — P. C., AcI

(6) Interim telum,
 quod latebat,
protulit, veste texit ac (Datami venienti) ait: — P. C.
digredientem se animadvertisse locum quendam, — P. C.
 qui erat in conspectu,
ad castra ponenda esse idoneum. — Gerundiv, AcI
— Oratio obliqua

(7)
 Quem cum digito demonstraret et ille respiceret, — rel. SA
aversum ferro transfixit priusque, — P. C.
 quam quisquam posset succurrere,
interfecit.

(8) Ita ille vir,
 qui multos consilio, neminem perfidia ceperat,
simulata captus est amicitia.

3. (1) Als er der Meinung war, diesen (Hass) hinreichend bewiesen (*wörtl.* bekräftigt) zu haben, benachrichtigte er *(hist. Präsens)* Datames, es sei (nun an der) Zeit, größere Heere zu rüsten und den Krieg mit dem (Groß)König selbst aufzunehmen *(wörtl. Passiv)*, und bezüglich (in) dieser Sache an einen selbstgewählten Ort (*wörtl.* an einen Ort, wohin er wolle,) zu einer Unterredung zu kommen.

(2) Nachdem er dies (die Sache) gebilligt hatte, wurde ein Tag für die Unterredung bestimmt (*wörtl. unschön:* „genommen"), ebenso (*wörtl.* und) der Ort, an dem man sich treffen wollte.

(3) Hierhin kam Mithridates einige Tage vorher mit dem einzigen (Mann), zu dem er besonderes Zutrauen hatte, vergrub an mehreren Stellen verteilt Schwerter und kennzeichnete diese Stellen genau (*wörtl.* sorgfältig).

(4) Am Tag der Unterredung selbst aber schickten beide Leute (aus), die die Stelle auskundschaften sollten und sie selbst (*gemeint:* jeweils den anderen) durchsuchen sollten; hierauf trafen sie selbst zusammen.

(5) Nachdem sie hier eine Weile ein Gespräch geführt hatten (*wörtl.* im Gespräch gewesen waren), in verschiedener Richtung auseinandergegangen waren und Datames schon weit entfernt war, kehrte Mithridates, um keinen Verdacht zu erregen, (noch) bevor er zu seinen Leuten kam, an denselben Ort zurück und ließ sich dort nieder, wo eine Waffe vergraben war; (und) Datames rief er zurück, indem er vorgab, er habe in ihrem Gespräch etwas vergessen.

(6) Unterdessen holte er die Waffe hervor, die (dort) verborgen war, verbarg sie in seinem Gewand und sagte Datames bei seinem Eintreffen (*wörtl.* als er kam): Als er weggegangen sei (Beim Weggehen) habe er bemerkt, dass ein (bestimmter) Platz, der in Sichtweite war, geeignet sei, ein Lager aufzuschlagen (habe er in Sichtweite einen geeigneten Platz zur Errichtung eines Lagers bemerkt).

(7) Als er (auf) diesen mit seinem Finger zeigte und jener hinter sich (zurück-) schaute, durchbohrte er ihn von hinten mit dem Schwert und tötete ihn, (noch) bevor jemand ihm zuhilfe kommen konnte.

(8) So wurde jener Mann, der viele durch seine planerische Klugheit (*wörtl.* Planungsfähigkeit), niemanden aber durch seine Unredlichkeit besiegt hatte, durch erheuchelte Freundschaft überwältigt.

Sicher durch alle Klassen!

Lernerfolg durch selbstständiges Üben zu Hause!
Die von Fachlehrern entwickelten Trainingsbände enthalten alle nötigen Fakten und viele Übungen mit schülergerechten Lösungen.

Mathematik – Training

Mathematik 5. Klasse … Best.-Nr. 90005
Mathematik 5. Klasse – Baden-Württemberg … Best.-Nr. 80005
Mathematik 6. Klasse … Best.-Nr. 900062
Algebra und Stochastik 7. Klasse … Best.-Nr. 50007
Algebra 7. Klasse – Bayern … Best.-Nr. 900111
Geometrie 7. Klasse … Best.-Nr. 900211
Algebra, Geometrie und Stochastik 8. Klasse … Best.-Nr. 900121
Algebra und Stochastik 9. Klasse … Best.-Nr. 900138
Geometrie 9. Klasse … Best.-Nr. 900221
Algebra und Stochastik 10. Klasse … Best.-Nr. 900148
Geometrie 10. Klasse … Best.-Nr. 900248
Wiederholung Algebra … Best.-Nr. 90009
Wiederholung Geometrie … Best.-Nr. 90010
Kompakt-Wissen Algebra … Best.-Nr. 90016
Kompakt-Wissen Geometrie … Best.-Nr. 90026
Kompakt-Wissen Grundwissen
Algebra · Stochastik · Geometrie – Bayern … Best.-Nr. 900168

Mathematik – Klassenarbeiten · Schulaufgaben

Klassenarbeiten Mathematik 5. Klasse … Best.-Nr. 500301
Schulaufgaben Mathematik 5. Kl. – Bayern … Best.-Nr. 900301
Klassenarbeiten Mathematik 6. Klasse … Best.-Nr. 500302
Schulaufgaben Mathematik 6. Klasse – Bayern … Best.-Nr. 900302
Klassenarbeiten Mathematik 7. Klasse … Best.-Nr. 900311
Klassenarbeiten Mathematik 8. Klasse … Best.-Nr. 900321
Klassenarbeiten Mathematik 9. Klasse … Best.-Nr. 500331
Schulaufgaben Mathematik 9. Kl. – Bayern … Best.-Nr. 900331
Klassenarbeiten Mathematik 10. Klasse … Best.-Nr. 900341

Physik

Physik – Mittelstufe 1 … Best.-Nr. 90301
Physik – Mittelstufe 2 … Best.-Nr. 90302
Physik – Übertritt in die Oberstufe … Best.-Nr. 80301

Chemie/Biologie

Chemie – Mittelstufe 1 … Best.-Nr. 90731
Chemie – Mittelstufe 2 … Best.-Nr. 90732
Kompakt-Wissen Grundwissen Chemie … Best.-Nr. 907301
Training Biologie – Unterstufe … Best.-Nr. 90701
Training Biologie – Mittelstufe 1 … Best.-Nr. 90702
Kompakt-Wissen Biologie
Unter- und Mittelstufe … Best.-Nr. 907001

Geschichte

Kompakt-Wissen Geschichte Unter-/Mittelstufe … Best.-Nr. 907601

Deutsch – Training

Leseverstehen 5./6. Klasse … Best.-Nr. 90410
Rechtschreibung und Diktat
5./6. Klasse mit CD … Best.-Nr. 90408
Grammatik und Stil 5./6. Klasse … Best.-Nr. 90406
Aufsatz 5./6. Klasse … Best.-Nr. 90401
Zeichensetzung 5.–7. Klasse … Best.-Nr. 944013
Leseverstehen 7./8. Klasse … Best.-Nr. 90411
Grammatik und Stil 7./8. Klasse … Best.-Nr. 90407
Aufsatz 7./8. Klasse … Best.-Nr. 90403
Aufsatz 9./10. Klasse … Best.-Nr. 90404
Diktat 5.–10. Klasse mit MP3-CD … Best.-Nr. 944012
Deutsche Rechtschreibung 5.–10. Klasse … Best.-Nr. 944011
Übertritt in die Oberstufe … Best.-Nr. 90409
Kompakt-Wissen Rechtschreibung … Best.-Nr. 944065
Kompakt-Wissen Deutsch Aufsatz
Unter-/Mittelstufe … Best.-Nr. 904401
Grundwissen
Epochen der deutschen Literatur im Überblick … Best.-Nr. 104401

Deutsch – Klassenarbeiten

Klassenarbeiten 5. Klasse … Best.-Nr. 104051
Klassenarbeiten 6. Klasse … Best.-Nr. 104061
Klassenarbeiten 7. Klasse … Best.-Nr. 104071
Klassenarbeiten 8. Klasse … Best.-Nr. 104081

(Bitte blättern Sie um)

Englisch Grundwissen

Englisch Grundwissen 5. Klasse mit MP3-CD Lesen · Schreiben · Hören · Wortschatz	Best.-Nr. 90516
Englisch Grundwissen Grammatik 5. Klasse	Best.-Nr. 90505
Englisch Grundwissen Grammatik 6. Klasse	Best.-Nr. 90506
Hörverstehen 6. Klasse mit CD	Best.-Nr. 90511
Wortschatzübung 6. Klasse mit CD	Best.-Nr. 90519
Rechtschreibung und Diktat 6. Klasse mit 2 CDs	Best.-Nr. 90532
Englisch Grundwissen 7. Klasse	Best.-Nr. 90507
Hörverstehen 7. Klasse mit CD	Best.-Nr. 90513
Englisch Grundwissen 8. Klasse	Best.-Nr. 90508
Leseverstehen 8. Klasse	Best.-Nr. 90522
Englisch Grundwissen 9. Klasse	Best.-Nr. 90509
Englisch Grundwissen 10. Klasse	Best.-Nr. 90510
Textproduktion 9./10. Klasse	Best.-Nr. 90541
Englische Rechtschreibung 9./10. Klasse	Best.-Nr. 80453
Wortschatzübung Mittelstufe	Best.-Nr. 90520
Englisch Übertritt in die Oberstufe	Best.-Nr. 82453

Englisch – Klassenarbeiten

Klassenarbeiten Englisch 5. Kl. mit Audio-CD	Best.-Nr. 905053
Klassenarbeiten Englisch 6. Kl. mit Audio-CD	Best.-Nr. 905063
Klassenarbeiten Englisch 7. Kl. mit Audio-CD	Best.-Nr. 905073
Klassenarbeiten Englisch 9. Klasse mit MP3-CD	Best.-Nr. 105093
Klassenarbeiten Englisch 10. Klasse mit MP3-CD	Best.-Nr. 104611

Englisch Kompakt-Wissen

Kompakt-Wissen Kurzgrammatik	Best.-Nr. 90461
Kompakt-Wissen Grundwortschatz	Best.-Nr. 90464

Sprachenzertifikat · DELF

Sprachenzertifikat Englisch Niveau A 2 mit Audio-CD	Best.-Nr. 105552
Sprachenzertifikat Englisch Niveau B 1 mit Audio-CD	Best.-Nr. 105550
Sprachenzertifikat Französisch DELF B1 mit MP3-CD	Best.-Nr. 105530

Französisch

Französisch im 1. Lernjahr	Best.-Nr. 905502
Rechtschreibung und Diktat 1./2. Lernjahr mit 2 CDs	Best.-Nr. 905501
Französisch im 2. Lernjahr	Best.-Nr. 905503
Französisch im 3. Lernjahr	Best.-Nr. 905504
Französisch im 4. Lernjahr	Best.-Nr. 905505
Wortschatzübung Mittelstufe	Best.-Nr. 94510
Kompakt-Wissen Grundwortschatz	Best.-Nr. 905001

Latein

Latein I/II im 1. Lernjahr 5./6. Klasse	Best.-Nr. 906051
Latein I/II im 2. Lernjahr 6./7. Klasse	Best.-Nr. 906061
Latein I/II im 3. Lernjahr 7./8. Klasse	Best.-Nr. 906071
Übersetzung im 1. Lektürejahr	Best.-Nr. 906091
Übersetzung im 2. Lektürejahr	Best.-Nr. 906092
Wiederholung Grammatik	Best.-Nr. 94601
Wortkunde	Best.-Nr. 94603
Kompakt-Wissen Kurzgrammatik	Best.-Nr. 906011
Kompakt-Wissen Sachwissen zum Lateinunterricht	Best.-Nr. 906012

Spanisch

Spanisch im 1. Lernjahr	Best.-Nr. 905401
Spanisch im 2. Lernjahr	Best.-Nr. 905402
Kompakt-Wissen Grundwortschatz	Best.-Nr. 945402

Natürlich führen wir noch mehr Titel für alle Fächer und Stufen: Alle Informationen unter
www.stark-verlag.de

Bestellungen bitte direkt an:
STARK Verlagsgesellschaft mbH & Co. KG · Postfach 1852 · 85318 Freising
Tel. 0180 3 179000* · Fax 0180 3 179001* · www.stark-verlag.de · info@stark-verlag.de
*9 Cent pro Min. aus dem deutschen Festnetz, Mobilfunk bis 42 Cent pro Min.
Aus dem Mobilfunknetz wählen Sie die Festnetznummer: 08167 9573-0

Lernen • Wissen • Zukunft
STARK

22-V1M